综合财务指数

——理论、编制与实践

王保平 著

中国财政经济出版社

图书在版编目（CIP）数据

综合财务指数：理论、编制与实践/王保平著.—北京：中国财政经济出版社，2015.7

ISBN 978-7-5095-5976-5

Ⅰ.①综…　Ⅱ.①王…　Ⅲ.①企业管理-财务会计　Ⅳ.①F275.2

中国版本图书馆CIP数据核字（2015）第011872号

责任编辑：宋学军　杨　光　　　责任校对：杨瑞琦

封面设计：耕　者　　　版式设计：董生平

中国财政经济出版社 出版

URL：http：//ckfz.cfeph.cn

E-mail：ckfz@cfeph.cn

社址：北京市海淀区阜成路甲28号　邮政编码：100142

营销中心电话：88190406　北京财经书店电话：64033436　84041336

北京财经印刷厂印刷　各地新华书店经销

787×960毫米　16开　18.5印张　270 000字

2015年7月第1版　2015年7月北京第1次印刷

定价：45.00元

ISBN 978-7-5095-5976-5/F·4811

（图书出现印装问题，本社负责调换）

本社质量投诉电话：010-88190744

打击盗版举报热线：010-88190492，QQ：634579818

课题主持人： 王保平

课题高级顾问：

贾　康　研究员、博士生导师
财政部财政科学研究所前所长
华夏新供给经济学研究院院长

王君彩　教　授、博士生导师
中央财经大学会计学院

蒋振成　教授级高级会计师
浙江省会计学会秘书长

课题组成员：

王榛楠　加拿大麦吉尔大学
应　佳　中央财经大学
杨　萍　中央财经大学
唐一玉　浙江工商大学

序

经济越发展，管理越进步，会计也就越重要。自从会计活动诞生以来，人们对会计核算与财务管理的认识也经历了一个不断演变、不断进化的漫长过程，从服务于内部管理人员的技术方法到服务于相关利益者的专业信息系统，再到直接参与企业管理控制与价值增值的决策支持系统。如今，大数据（big data）时代已经到来，在商业、经济及其他领域中，决策将日益基于数据和分析而作出，而并非基于经验和直觉。最早提出“大数据”时代到来的全球知名咨询公司麦肯锡认为，大数据带来的信息风暴正在变革我们的生活、工作和思维，它开启了一次重大的时代转型，包括大数据时代的思维变革、商业变革和管理变革。着眼于此，财务管理与会计核算在动态的商业环境中，肩负起价值管理与价值增值的特殊使命，这也是其始终深受相关方面关注的生命力所在。进一步看，过往的岁月，人们关注更多的是会计对企业微观个体的信息支撑系统，而本书的主题则有所区别。本书试图走出企业微观个体，从中观或宏观的企业群体的会计视角，探索企业群体的财会数据如何更加简约地面对更多受众、走向更高平台、辐射更宽视野，从而提供一种更加集成化、指针化、简约化的动态信息。与常见的财会专业图书不同，作者致力于与精细化财务指标的常规思维逆向而行，力主构建一个集成化的中国企业综合财务指数，将以往众多局限于企业个体范围的封闭式财会数据统一到中国企业综合财务指数这一总体信息系统之中，呈现给更多的受众群体。这种从微观而宏观、从个体而群体、从封闭而开放的财会数据宏观化破冰之路，自然是一种有益的尝试。

基于大数据时代的思维变革，数据更多，因为不是随机样本，而是所有数据；数据更杂，因为不是精确性，而是混杂性；数据更好，因为不是因果关系，而是相关关系。我们务必从海量财会数据中产生会计能量，这就是价值。因此，面对“取之不尽，用之不竭”的财会数据创新，必须确定新的角色定位，即数据、技术与思维的三足鼎立。“只见树木，不见森林”，这在以前的财会数据领域中是一种极为常见的现象。人们时常津津乐道于单个企业范围内的财务分析，然而，那些来自于一线的价值连城的财会数据却没有在宏观层面找到应有的位置，来源于大量企业个体的有价值信息没能被有效挖掘出来。没有一个由点集成线、由线集成面的提升过程，其财会数据的价值是不可能被积极开发的。要知道，“春江水暖鸭先知”，宏观经济的跌宕起伏一定是天然地植根于微观企业的筹资、投资和经营活动中的。国内外会计学界的财务分析大多针对单个企业而没有从企业群体进行综合评价，采用单个财务指标而没有采用集成性的综合财务指数。这必然在时间和空间上制约了财务分析效能的拓展运用。其实，我们不仅对“星星点点”的单体财会数据抱有兴趣，而且早已期待着能够直接目睹宏观管理里“众星捧月”的“月”是如何演绎其阴晴圆缺景象的。有鉴于此，几位年轻的会计学者将这种微观的财务分析拓展到宏观经济领域，期待实现财务分析的转型升级，将“个体研究”转变为

“系统研究”，将“时点研究”转化为“时期研究”，完成研究视点“点→线→面”的逻辑思维转移，这无疑是一件具有学术价值和应用价值的探索之旅。

简单地看，通过将来自于一个个企业主体的财会数据整合转化为集成性的企业综合财务指数，可能进一步增强宏观经济分析的可靠性。因为，财会数据源于《企业会计准则》的支配且多为专业审阅或审计的，其客观性和可靠性自然相比其他任何渠道产生的信息具有更加殷实可信的依赖基础。通过财务指数，有助于拓宽财会数据的应用范畴。因为在微观企业基础上的集成数据可以反映某一行业、整体企业乃至宏观经济的运行状况，为相关部门分析、决策提供增量信息和参考依据。当然，凭借财务指数来分析宏观经济运行情况、预测前景走势，可以进一步在更大范围、更高层面来提升会计的决策支持作用和地位，从而增强财会数据的社会影响力。总之，如果说对单个企业的财务分析，已经是我们能够驾轻就熟地掌握微观经济行为的“体温计”，从而引导企业主体在市场运行中的投资、筹资、经营更加科学和稳健的话，那么，我们同样可以满怀信心地说，由一大批企业的个体财务指标集合而成的中国企业综合财务指数，就是微观经济集结而成的中国宏观经济的运行“晴雨表”，众多企业构成一个行业、众多行业构成一个中国企业群体的财务指数自然构成了整体经济活动着力推进的“指南针”，从而帮助相关方面采取更加合适的决策与管理行为。

王保平博士的新著《综合财务指数——理论、编制与实践》是在其两年前完成的专著《综合财务指数——大数据时代的会计新能量》基础上，进一步在综合财务指数领域深耕细作的精品。如果说三年之前的专著是侧重于指数理论探索的，那么，这次是他在持续进行理论探索的同时，原汁原味地采摘了浙江省县级市——富阳的数据，编制了全市2009、2010、2011三年间的整套综合财务指数。数据原汁原味、分析活灵活现、指数潮起潮落，可以通过次贷危机之后这一特殊时期的综合或分类财务指数，及时了解该市企业的综合性或分行业的经济运行态势，针对企业财务管理活动中存在的问题透视其相应的决策。

在书稿基本敲定付印之际，翻阅作者送来成型样稿，欣然前论，是作为序。经济领域正在发生着巨大的变化，信息时代对财会数据提出了多元化的要求。本书在财会数据的综合开发与利用理论上，也是一种创新性的探索。当然，也期待更多的有识之士主动参与到这样的开拓创新之中，共同为中国企业界财会数据研发与利用的百花齐放作出新的贡献。

2015年6月

目　录

第一乐章　序曲 ……………………………………………… (1)

第一节　财务分析：从传统走向现代 ……………………… (2)
第二节　管控进化：数据成为主宰 ………………………… (18)

第二乐章　理念前行：开启财务指数之路 ……………………… (28)

第一节　财务指数研究的基本出发点：知冷暖、强预警 …… (30)
第二节　财务指数理论的应用动态：融经济、嵌社会 ……… (46)

第三乐章　理论建构：财务透视的价值观判断 ………………… (62)

第一节　企业财务“质量观”探析：从“一元”到“多元” ……………………………………………… (63)
第二节　企业财务“评价观”探析：从“单一价值”到“多元集成” ………………………………………… (74)
第三节　企业财务“目标观”探析：从“利润至上”到“持续发展” ………………………………………… (87)
第四节　三个核心观念的内在联系及方法论意义 …………… (101)

第四乐章　理论建构：财务透视的方法论基础 ………………… (106)

第一节　研究样本的选择 …………………………………… (107)
第二节　财务指标的遴选 …………………………………… (116)

第三节 数据转换的逻辑 …………………………………………（146）
第四节 财务数据的价值挖掘 ……………………………………（151）

第五乐章 编制技术：基于现代综合评价方法 ………………（159）

第一节 基本流程与技术 …………………………………………（160）
第二节 权重系数的确立 …………………………………………（163）
第三节 无量纲化方法介绍 ………………………………………（169）
第四节 财务指数编制步骤 ………………………………………（173）

第六乐章 编制案例：基于县域经济综合案例 ………………（181）

第一节 相关说明 …………………………………………………（181）
第二节 2009 年度行业与综合财务指数 …………………………（185）
第三节 2010 年度行业与综合财务指数 …………………………（213）
第四节 2011 年度行业与综合财务指数 …………………………（238）
第五节 指数变异简析与小结 ……………………………………（263）

第七乐章 终曲 ………………………………………………………（266）

第一节 提升综合财务指数理论严谨性的思考 ………………（267）
第二节 强化综合财务指数成果实战性的思考 ………………（269）

附录：县域经济的综合样本编制之行业大类 ……………………（272）

主要参考文献 ………………………………………………………（279）

后 记 ………………………………………………………………（281）

第一乐章

序　　曲

“在信息社会，数据将成为核心资源，就像农业时代的土地、工业时代的能源。”① 这已经成为当今社会有识之士的共识。越来越多的企业也进一步认识到“信息就是生产力，信息中蕴含着社会和企业发展的巨大能量。”因此，一个从数据尤其是象征着“真金白银”的财务数据中挖掘财富的浪潮正在渐行渐近。

在正式开始我们的财务指数探索之旅前，对企业财务数据分析、企业管理与控制等主题与互联网时代、大数据潮流进行交互式解读是至关重要的。因此，本书的序曲便以财务分析如何从传统走向现代、管理控制如何利用大数据技术开场。

互联网技术正在以迅雷不及掩耳之势横扫众多传统行业，与此相伴随的是，大数据时代也正在扑面而来。在数据量爆发增长和数据结构多样性突飞猛进之时，零碎散布于各个领域、各个主体的数据通过某个点联结起来，并通过集中和专业处理发现其中的规律，可以有针对性地采取应对行为，进而提升相应的工作效率和质量，这就是我们眼中的互联网与大数据，是我们财会战线必将面对的大数据态势。对于我们这样一群财会专业领域的耕耘者来说，在 2013 年完成专著《综合财务指数——大数据时代的会计新能量》之后，我们依然觉得在综合财务指数之路上不能停下步

① 引自“数据就是生产力”，载于中国网 www. china. com. cn,2013 年 4 月 19 日。

伐，应该进一步有所深思、有所作为。因为当我们走出书斋、走向基层企业之林、畅游经济主战场时，发现还有许多问题值得进一步去分析和研究，为此，我们情不自禁地开始了本专著所定位的以县域经济指数之旅的研究征程，并期待着能够进一步挖掘其研究深度、分析精度和操作力度。

面向企业群体的财务管理与会计核算，一个始终不变的重要问题，就是在激烈的市场竞争中，企业如何充分利用相关的会计信息来优化自身的相关决策，以便保持企业生存、获利和发展征程中的活力、核心竞争力，并保持可持续发展态势。与此同时，政府相关机构和社会有关组织也需要基于企业系统生成的会计信息来安排与企业之间的良性互动关系。数据的内在价值应该得到体现。经过前后五年的积极筹划、潜心钻研、协同进取和轮回而战，由我们全力而为并得到有关各方关注的专业会计科研课题——《综合财务指数——理论、编制与实践》终于出版面世了。作为这一研究项目自始至终的积极倡导者、主动参与者和全力推进者，当然需要将伴随这一课题研究前行中的点点滴滴简要地追踪记录一下。我们不遗余力地推进这一项目，除了一种使命、一份荣幸和一股自豪之外，还怀有一些对创新时代的深切感触和相关体会。通过简短的文字追踪传达给本书的读者，期待它能够抒发我们的一种创作情怀，表达我们的一种耕作感悟，还有寄托我们对指数应用未来的祝福和期盼。

第一节 财务分析：从传统走向现代

这是一个最好的时代，这是一个最坏的时代；这是一个充满机会的年代，这是一个遍布挑战的年代；这是一个需要“真金白银”的季节，这是一个需要谋划策略的季节；这是一个不论管控风险或应对危机，还是掌控运营或应对挑战，都需要“借我一双慧眼，去看个清清楚楚、明明白白”的商业时代。

不论是企业生产经营与市场竞争的直接担当者，还是相关理论研究等间接支持者，全都在凭借专业数据（尤其是财务数据）分析而应对危机、管控风险，去进一步适应时代的春天，奔向更精、更准、更深、更透的理想天地。

翻阅企业财务数据分析①的久远家谱，可以说，源远流长，纷繁更迭。伴随着财务数据分析所处时代的变迁、相关要求的升级、自身思路的改进、专业水平的提高与技术工具的更新，关于企业财务数据分析的思维、观念、技术、方法也在持续不断地发生着变化。

一、常用分析方法的回顾

现对几种比较流行的财务数据分析方法与情形，按照其相应的应用基础、专业技术含量等特征从三个层面进行回顾与展望。

（一）基于传统会计思维的企业财务分析技术

财务数据分析带给分析者所期盼的理想境界从传统会计思维就开始了。企业经营活动与财务收支的数据分析是一种深层次的企业经济活动的数据梳理与市场解剖，通过分析来揭示数据背后所表示的产品与市场、投入与产出的趋势、规律、问题、原因等，并据此提出相应的改善对策和提升建议。毋庸置疑，高水平的企业财务数据分析可以成为领导决策的重要依据和参考，成为企业重要管理情报而进入到领导决策的“高大上”视野。我们既要看到数据所显示的“是非曲直”，更要看透数据背后所隐藏的“实质问题”。财务数据分析除了要以财务数据为基础，遵循“全面、真实、客观、有效”的原则外，关键是要掌握和应用科学的分析技术和

① 本书着眼于财务数据的创新性分析研究，尽管传统财务分析与统计分析之间存在着明显的边界线，但是为了叙述方便，我们不特别强调其各自特点，而在于强化其相通相融之处，亦即利用统计分析的专业技术来适当改造传统财务分析，从微观经济出发，着眼于中观、宏观视角的分析，书中除非特别指出，财务分析、财务数据分析、统计分析皆有相同或相近的内在意义。

分析方法，使财务数据分析尽可能做到深入、准确，从而使我们对数据背后所隐含的问题、原因、趋势和规律的认识能更接近于真理。

财务数据分析的功能决定了财务数据分析的方法应用。通过财务数据分析，可全方位展示“现状”，告诉你过去发生了什么；可以全流程透视“原因”，告诉你为什么发生；还可以全天候预测未来，告诉你将来发生什么。明确财务数据分析这三大功能后，我们来简明扼要地回顾一下常用的数据分析方法。

1. 对比分析法

“有比较才能有鉴别，有鉴别才能有选择和发展。”这句名言众人皆知。所谓对比分析法，是指将两个或两组以上具有某种内在联系的数据进行比较。这种对比得出的差异性，直接揭示着相关数据所代表事物的发展变化情况和相关规律性。

对比分析法可分为静态比较和动态比较两类。静态比较是在同一时间条件下对不同总体指标的比较，如不同部门、不同责任主体的比较，也叫横向比较；动态比较是在同一总体条件下对不同时期指标数值的比较，也叫纵向比较。这两种方法既可单独使用，也可结合使用。进行对比分析时，可以单独使用总量指标、相对指标或平均指标，也可将它们结合起来进行对比。比较的结果可用相对数表示，如百分数、倍数等指标。目前，企业对比分析常用的有以下两个维度：一是与目标对比，即实际完成值与目标值进行对比。比如，每个公司每年都有自己的业绩目标（KPI）或事业计划，通过其实际业绩与全年的业绩目标进行对比，看完成目标的进度如何。二是不同时期对比，即选择不同时期的相同指标数值作为对比标准。与去年同期对比简称同比，与上一期间完成情况对比简称环比。通过这种纵向比较就可知道自身是进步了？还是退步了？当然，还可以是同级部门、主体对比或者行业内对比。对比分析的维度可以根据不同地区情况选择更有价值的标杆。

2. 结构分析法

“龙生九子，各不相同”，这也是普遍存在的道理。所谓结构分析法，就是通过分析数据的构成情况，即分析构成某一数据的各子数据的情况和权重，从而揭示构成某一事物的各方面因素在其中的作用大小和变化情况。通过结构分析法，有利于发现和把握事物的主要矛盾和矛盾的主要方面。对企业而言，可以据此确定工作重点或经营的主攻方向。在实际工作中，当我们需要对企业的某一数据作深入分析时，常常需要用到结构分析法。比如：我们分析某保险公司保费收入的来源结构，以便考核各省公司所获得的收入情况。为了直观地反映某一数据的构成情况，结构分析法一般采用圆饼图来表示分析的结果。结构分析法是指研究总体内各部分与总体之间关系的分析方法，即总体内各部分占总体的比例。一般而言，某构成部分的比例越大，说明其重要程度越高，对总体的影响也就越大。比如：通过对某集团所属子公司 2007 年度实现利润额的构成分析，可以得到各家子公司对集团整体利润的影响力，而这个比例的高低也与该集团年终聚会时主座的座位顺序直接相关，尽管好像是个笑话，但却是事实。风云突变，三四年之后，利润构成变化了，开会座位也随之变化了。结构分析法的优点是简单实用，在实际的企业运营分析中，市场占有率也是一个非常经典的应用实例。在编写企业数据分析时，往往不是单一地使用一种数据分析方法，为了使数据分析更透彻、更深入，更多时候我们都需要采用综合分析的方法。

3. 分组分析法

财务数据分析不仅要对总体的数量特征和数量关系进行分析，还要深入总体内部进行分组分析。分组分析法是一种重要的数据分析方法，这种方法是根据数据分析对象的特征，按照一定的标志（指标），把数据分析对象划分为不同的部分和类型来进行研究，以揭示其内在的联系和规律。分组的目的就是为了进行组间对比，是把总体中具有不同性质的对象区分开，把性质相同的对象合并在一起，保持各组内对象属性的一致性、组与组之间属性的差异性，以便进一步运用各种数据分析方法来解构内在的数量关系，因此分组分析法必须与对比分析法结合运用。分组分析法的关键在于确定组数与组距。在数据分组中，各组之间的取值界限称为组限，一个组的最小值称为下限值，最大值称为上限值；上限与下限的差值称为组距；上限值与下限值的平均数称为组中值，它是一组变量值的代表值。

上述几种方法，经常被用于对现状分布情况的分析。同时，传统的财务分析，还可以采用因素替代法、连环代替法来分析其变化的影响因素及各个因素的影响程度。

当然，随着数据分析的进一步专业化，还可以采用交叉分析法和矩阵分析法。

交叉分析法通常用于分析两个或两个以上分组变量（字段）之间的关系，以交叉表形式进行变量间关系的对比分析，所以也叫交叉表分析法。交叉分析的原理就是从数据的不同维度综合进行分组细分，以进一步了解数据的构成、分布特征。

矩阵分析法是指根据事物（如产品、服务等）的两个重要属性（指标）作为分析的依据，进行分类关联分析，进而找出解决问题的一种分析方法，也称为矩阵关联分析法，简称矩阵分析法。矩阵以属性 A 为横轴，属性 B 为纵轴，组成一个坐标系，在两坐标轴上分别按某一标准（可取平均值、经验值、行业水平等）进行刻度划分，构成 4 个象限，将要分析的每个事物对应投射至这 4 个象限内，进行交叉分类分析，直观地将两个属性的关联性表现出来，进而分析每一个事物在这两个属性上的表现，因此它也称为象限图分析法。

（二）基于专业方法改进的企业财务分析技术

随着对企业运转规律探索的日益加强，数据分析也进一步朝着更加深入浅出的方向进化。人们发现，企业财务状况的指标是互相联系、互相作用的整体。此情此景下，如何从一个整体出发去逐一剖析形成整体的各个部分的优劣？或者如何从各个构成部分的优劣去综合判断一个整体处于何种水平？这些诉求都要求进一步改进原有的财务数据分析方法。于是便在管理实践与理论基础研究中产生了改进工作的技术方法。目前，在这方面的财务数据分析方法已有多种，不过，其中最为经典的代表就是杜邦分析法和沃尔综合评分法。

1. 杜邦分析法

杜邦分析法是用来评价公司赢利能力和股东权益回报水平，从财务角度评价企业绩效的一种经典方法。其基本思想是将企业净资产收益率逐级分解为多项财务比率乘积，这样有助于深入分析比较企业经营业绩。

其基本的财务逻辑如下：

净资产收益率 = 总资产净利率 × 权益乘数

= 销售净利率 × 总资产周转率 × 权益乘数

其中：销售净利率 = 净利润/销售收入

总资产周转率 = 销售收入/平均资产总额

权益乘数 = 资产总额/所有者权益总额

= 1/（1 - 资产负债率）

= 1 + 产权比率

其进一步的分析原理直观表达如图 1 - 1 所示。

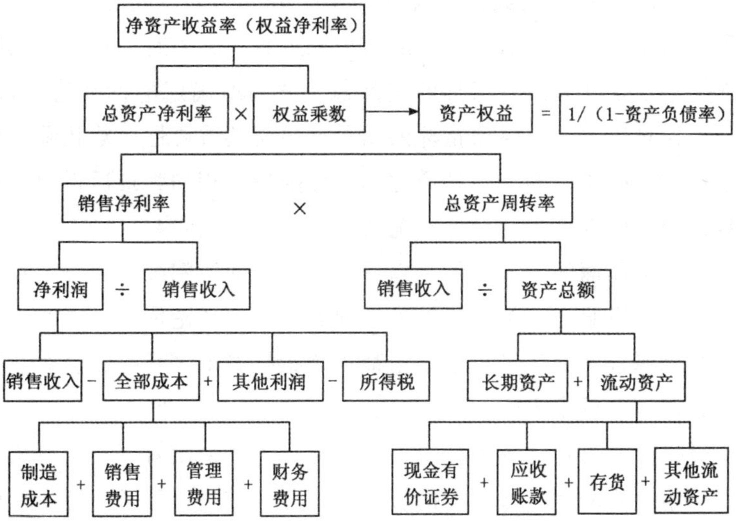

图 1 - 1　杜邦分析体系图

在具体运用杜邦分析法进行分析时，可以采用因素分析法，首先确定销售净利率、总资产周转率和权益乘数的基准值，然后顺次代入这三个指标的实际值，分别计算分析这三个指标的变动对净资产收益率的影响方向和程度，还可以使用因素分析法进一步分解各个指标并分析其变动的深层次原因，找出解决的方法。

可见，杜邦分析法采用了一种逐层“剥皮”的思路，便于一步步、一层层剖析得出事物变化的具体原因。不过，杜邦分析法只用到有限的几个指标，损失的信息较多。

2. 沃尔综合评分法

沃尔综合评分法是将流动比率、产权比率、固定资产比率、存货周转率、应收账款周转率、净资产周转率等七项财务比率用线性关系结合起来，设定总和为100分，分别给定各个比率在总评价中所占的比重，然后通过与标准比率进行比较，确定各项指标的得分及总体指标的累计分数，从而对企业的信用水平作出评价。

沃尔综合评分法的步骤：一是选定若干财务比率，按其重要程度给定一个分值，即重要性权数，其总和为100分；二是确定各个指标的标准值，可以采用行业平均值、企业的历史先进数、国家有关标准或国际公认的基准等；三是计算出各指标的实际值，并与所确定的标准值进行比较，计算一个相对比率，将各项指标的相对比率与其重要性权数相乘，得出各项比率指标的指数；四是将各项比率指标的指数相加，最后得出企业的综合指数，即可以判明企业财务状况的优劣。

当然，从前面的分析我们可以看出，原始的沃尔综合评分法在一些细节上缺乏权威说服力，标准值的大小缺乏应有的理论依据。同时，在使用原始的沃尔综合评分法过程中，当某一个指标严重异常时，会对总的评分产生不合逻辑的重大影响。

不过，人们对财务数据分析的科学化探索从来没有停止。分析人员总是不断探索更好的、有效可信的统计数据分析方法。除了上述介绍的一些常用的基本数据分析方法外，工作中还会涉及一些类似的、高级的数据分析方法以解决我们的业务问题。

3. 多元复合财务系数分析法

随着计算机应用的普及，数据分析方法也在迅速发展，比较成熟的方法有主成分法、因子分析法、聚类分析法、判别分析法等等，它们的主要思想都是通过对反映事物不同侧面的多个指标进行综合抽取，找出影响事物发展现状及趋势的决定性因素的少数几个“因子”。多元复合财务系数（Multiple Financial System，简记为 MFS）是指为了评价企业的资产运用水平和盈利能力，以若干财务指标为基础综合计算而得的一个评估系数，已被西方许多国家所采用，它可对企业某一时期内财务状况和经营业绩进行综合分析评价。

复合财务系数的一般模型为：

$$MFS = (N_1X_1 + N_2X_2 + \cdots + N_iX_i) + (N_{i+1}X_{i+1} + N_{i+2}X_{i+2} + \cdots + N_{i+j}X_{i+j}) + (N_{i+j+1}X_{i+j+1} + N_{i+j+2}X_{i+j+2} + \cdots + N_nX_n)$$

式中，N_i 是加权因子（其中 $N_1 + N_2 + \cdots + N_i + \cdots + N_{i+j} + \cdots + N_n = 1$），$X_i$ 是被选中的财务指标，可分成三大类，第一类是 $X_1 \sim X_i$，反映资产运用状况；第二类是 $X_{i+1} \sim X_{i+j}$反映盈利能力；第三类是 $X_{i+j+1} \sim X_n$ 反映资产运用与盈利的相互关系。

由于评估系数的确定至今尚无公认的、合理的标准，往往是根据主观经验，通过分析估测来给定，难免有其片面性。

4. 综合评价分析法

综合评价分析法是针对事物不同方面的数量特征，运用数学、统计等方法，得出综合数量水平的一种分析方法。综合评价分析法的基本思想是将多个指标转化为一个能够反映综合情况的指标来进行分析评价。如不同国家的经济实力、不同地区的社会发展水平、各企业经济效益评价、企业内各员工绩效评价等，都可以运用这种方法。进行综合评价分析，主要有5个步骤：第一步，确定综合评价指标体系，即包含哪些指标；第二步，收集数据并进行不同计量单位的数据标准化处理；第三步，确定指标体系中各指标的权重；第四步，对经过处理后的指标进行汇总并计算综合得分；第五步，根据综合得分对参评对象进行排序，得出结论。

（三）基于数理分析偏好的企业财务分析技术

在市场竞争日趋激烈的今天，企业的现代化管理成为人们普遍追求的共同目标，没有现代化的管理，就没有现代化的企业，企业不在技术现代化和管理现代化的征程中实施改革就不可能生存和发展，这已经成为人们的普遍共识。而数据分析的基础工作往往被人们所忽视，甚至整个财务数据分析工作也常常被视为是财务工作中可有可无的一个细小枝节。因此，有必要重新强调数据分析在现代化管理中的意义与作用。财务数据分析，岂能限制在财务的附属范围与狭窄空间里。有不少著名企业在市场分析、产品开发与设计、工艺设计、生产控制与营销策略方面应用数据分析技术，结果使得其产品成本下降，产品质量和市场占有率提高，公司经济效益显著提高。在偶然中寻求必然是应用数据分析技术的核心。所谓数据分析技术，就是通过有效收集、整理与产品质量、市场销售、经营业绩等有关的数据信息，运用现代数据分析与推断的原理，以部分（样本）推测全体（总体）的特性，通过测量、描述、分析相关指标特性的变化，形成数学模型，从而对生产、经营过程进行监控，对各指标质量变异提前预防，为降低缺陷和预防风险的产生，特别是为保持财务指标的稳定前行指明方向。

如果借助于数据统计的思路来看，数据分析方法可以归类于三种思维：一是描述性分析方法，即对分析总体所有单位的有关数据进行收集、整理和计算等加工处理，用来描述总体特征的数据分析方法。它是市场调研的重要组成部分，在高级数据分析研究中有着广泛的应用。其主要内容包括数据的频率分布分析、集中趋势分析和离散趋势分析等内容。二是推论性分析方法，即在市场调研中，除了对样本数据的水平或其他特征进行描述以外，还经常需要根据样本的信息，对总体的分布以及分布的数学特征进行分析与推断。其主要内容包括方差分析、回归分析等内容。三是多元统计分析方法。这也是一种综合分析方法，它能够在多个对象和多个指标互相关联的情况下分析数据的分布与变化规律，主要内容包括相关分析、主成分分析、因子分析、聚类分析和判别分析等内容。在日常数据分析中，须根据市场需求选择不同的技术方法，做到“三看”：一看研究目的，确定数据特征（是否为正态分布等）和样本量大小、分析研究因素和设计类型；二看资料所对应的类型（计量、计数和等级资料），同时应根据数据分析方法的适宜条件进行正确的量值计算；三看专业知识与资料的实际情况，结合统计学原则，灵活地选择数据分析方法。

现将上述主要方法整理列示如图 1－2 所示。

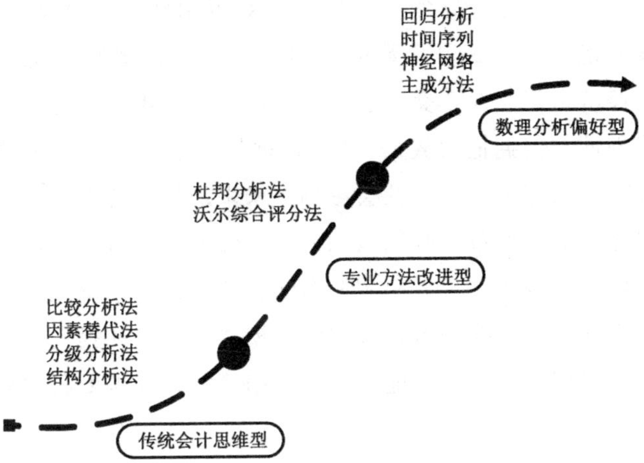

图 1－2　常用财务数据分析方法示意图

据我们的观察，在图 1－2 所列的各类财务数据分析方法中，简单、直观的对比分析法、结构分析法等传统会计思维型分析方法依旧占据着实际工作部门财务分析的主要地位，而各类专业方法改进型、数理分析偏好型分析技术则依然是理论界常规分析的重要武器。不过，我们也发现多家企业财务数据分析采用了现代综合评价技术，这种“混搭”格局可能将在未来成为一种实务选择。因此，上述众多财务数据分析方法并不是相互排斥、彼此矛盾的，而是各有千秋，实际工作中，也是可以互为补充，相得益彰的。

二、创新分析方法的思路

（一）大数据时代的新亮点

大数据时代已经来临，如何从海量数据中发现知识，寻找隐藏在数据中的基本模式、固有趋势和相关性，揭示经济现象与预知经济发展规律，需要我们拥有更好的数据洞察力。“这是一个令人兴奋的时代，也是一个大数据的时代，数据科学让我们越来越多地从数据中观察到人类社会的复杂行为模式。以数据为基础的技术决定着人类的未来，但并非是数据本身改变了我们的世界，起决定作用的是我们对可用知识的增加。”① 大数据时代已向我们走来，什么是大数据（Big Data）？它将如何改变我们的社会生活？对经济生态、商业交易、政府管理、个人生活等将产生怎样深刻的影响？我们该如何拥抱大数据？“大数据热”已经成为不争的事实，但是围绕着大数据的相关概念、社会影响、未来趋势，特别是针对信息时代的社会化媒体发展和变革，我们该如何获取数据，分析并应用它来解决社会和商业问题，已成为学术界和实业界面临的新机遇与挑战。如何从海量的数据中发现知识，寻找隐藏在数据中的模式、趋势和相关性，揭示社会现象与社会发展规律，以及可能的商业应用前景，都需要我们拥有更好的数据洞察力。

维基百科（Wikipedia）载明：大数据（Big Data）就是这样一种数据集，它特指用现有通用软件在可容忍的时间内无法加工、处理和分析的数据就是大数据。而数据挖掘（Data Mining）就是从大量的、不完全的、有噪声的、模糊的、随机的实际应用数据中，提取隐含在其中的、人们事先不知道的、但又是潜在有用的信息和知识的过程。在一定程度上说，大数据概念只是点燃了数据挖掘的社会意义和应用价值，今天的大数据是泛化了的数据挖掘。所以我们更愿意说这是一个大数据时代，但大数据所具有的特征和对社会的影响却是巨大而深远的，特别是在社会科学领域，大数据带来的变革和挑战是颠覆性的，显著特征就是人类社会的数字化生存，社会化媒体使得人们的社会生活、行为态度、交往过程、互动关系都被数据记录并保存下来，这为社会科学研究和预知社会产生革命性影响。

大数据的基本特征主要有以下几个方面：

一是思维方式不同。我们传统的思维方式倾向于线性思维，线性的就是直线的，直线的就是简单的因果关系。比如：长期以来，人们期待并相信“一个在校全面发展的学生肯定会成为一个在企业、在社会都成功且

---

① 沈浩、黄晓兰，“大数据助力社会科学研究：挑战与创新”，《现代传播》，2013 年第 8 期。

受用的人”，而现实中好像并不完全如此。从因果关系的分析跨越到对相关关系的分析，这是一个认识的提高。不仅如此，我们还要不被表面的相关性所蒙蔽①。我们已经进入一个复杂科学领域，互联网技术条件下的人类各种社会互动、沟通设备、社交网络和传感器正在生成海量数据。商业自动化导致海量数据存储，但用于决策的有效信息又隐藏在数据中，因此，为了从数据中发现这些信息，以数据挖掘为代表的大数据分析技术正应运而生。

二是社交网络数据源。大数据真正的兴奋点来自于社交网络，如：国外的 Facebook、Twitter，国内的微博、微信等，信息传播的关系数据，为大数据的社会影响带来无限想象力和商业应用价值，大数据产生的背景离不开社交网络、移动互联网和物联网的兴起，大数据会越变越大，具有边收集、边应用、边生产的特点。

三是开放性、公开、易获得。商业过程中，数据自动化产生并存储下来，并在一定规则开放性下，通过应用程序接口和爬虫技术采集，一些商业机构和政府组织也向社会研究机构提供各种海量数据源，这是大数据时代的基本特征和产生社会影响的本质。

---

① 为证明相关性问题的复杂，这里简单讲一个作者曾经经历的真假“相关性”故事——是“管理有效”？还是另有他因？前几年，在某城市的一个区，一向疯狂被盗的窨井盖案件数量急剧下降。特别是八、九两个月，困扰有关部门和危害市民的窨井盖被盗，更是出现了从未有过的零发案率……这下，群众广为称道，有关部门和工作人员也由于措施得力、管理有效，得到了表彰和奖励。就在有关部门不遗余力地总结整治窨井盖被盗所取得的成就时，在一次反扒专项行动中，警方抓到一名中年男子。他以前是专门偷窨井盖的惯偷，可谓臭名昭著。警察问他：“你以前是专门偷盗窨井盖的，现在怎么又当起扒手来了?”中年男子道：“我也是没办法，所以才当起了扒手。”警察不解：“怎么回事?”中年男子道：“以前钢铁的价格贵，一个窨井盖可卖 80 元，所以值得偷，后来降到了四五十元一个，再后来，特别是金融危机爆后，钢铁价格暴跌，窨井盖更是降到了 20 元一个。我费那么大的劲儿，担惊受怕地将窨井盖弄起来，砸碎了再雇辆车去废品收购站卖，搞不好连车费都不够，所以就不做这个了。”可见，“偷盗窨井盖事件”大降与“市场价格跌落”直接相关，而与表面的“反扒专项行动”相关性并不高。相关性的探索既是数据分析的热点，也是会计研究的热点。因为会计信息质量的相关性要求，需要企业在确认、计量和报告会计信息的过程中，充分考虑使用者的决策模式和信息需要。但是，相关性是以可靠性为基础的，两者之间并不矛盾，不应将两者对立起来。也就是说，会计信息在可靠性前提下，尽可能地做到相关性，以满足财务报告使用者的决策需要。

四是重发现非实证。传统的实证研究，强调在理论的前提下建立假设，收集数据，证伪理论的适用性，采用随机抽样的定量调查问卷获取数据，验证假设，你不问的问题被访者也不会回答。这是一种自上而下的决策和思维过程。大数据时代重在发现知识，预知未来，为探索未知的社会现象带来机遇。这种预见性是一种自下而上的知识发现过程，是在没有理论假设的前提下去预知社会和洞察商业趋势、规律。经典的案例就是"沃尔玛超市利用海量的购物篮交易数据，发现每到周末男人去买婴儿尿布一般都会买啤酒"的现象。一般来说，数据挖掘是在没有明确假设的前提下去挖掘信息、发现知识，数据挖掘所得到的信息应具有先前未知、有效和可实用三个特征。先前未知的信息是指该信息是预先未曾预料到的。

五是重关系非因果，大数据重关系而不关心因果，"问什么而不问为什么"是另一个重要特征。因果关系并非来自统计，而是来自研究者的理论和假设。但是大数据分析更关注数据的相关性测量和商业应用价值。大数据能发现那些不能靠直觉发现的信息和知识，甚至是违背直觉的信息，有时候越是出乎意料可能越有商业价值。

六是重全体轻抽样。大数据是商业自动化存储的数据，在软硬条件满足时可以分析海量数据。随着存储、软硬件的经济性和工具的进步，海量数据的处理能力得到提升，数据挖掘算法不断改进和丰富，特别是统计分析和机器学习的神经网络建模技术发展，使抽样不再是必要的手段和方法论。尽管大数据不一定是总体，理论上讲再大的局部也没有随机抽样更具代表性，但是大数据分析技术也需要抽样，随机抽样和过度抽样也是必要的建模过程和方法论。

七是非结构化数据。数据挖掘要发现那些先前未知、实用、有效的信息和知识，往往更多来自非结构化数据，这是大数据时代更为显著的特征。有一种说法，地球上产生的数据只有10%的是结构化数据，90%的数据都是非结构化数据。社交媒体，特别是微博产生的大量文本导致海量有价值信息隐藏其中。大数据分析带来对中文文本挖掘的技术突破，从大量的文本挖掘中发现人们的行为、态度和情感，文本挖掘和语义分析技术带来了大数据时代的社会情感挖掘、意见挖掘和舆情监测的需求和商机。与此同时，传统 IT 行业面对非结构化的大数据存储、抽取和转换提出了新的需求和变革。从一定意义上讲，大数据落地就是近年来非常流行的数据挖掘、文本挖掘、网络挖掘、NLP 自然语言处理、机器学习等 IT 和商业智能信息技术和决策支持系统的广义概念和流行趋势，只是更强调对社会科学领域的应用。

总之，大数据时代的诞生即将催生很多创新产业，重构甚至颠覆某些行业的传统产业链。

（二）数据分析的实践应用

1. 现代数据分析技术在企业的应用

在市场经济条件下，商业企业的经营和销售情况一般不由经营者主观愿望所决定，完全是一个随机过程。比如：某单位时间内有多少位顾客光顾该商场？已经进入该商场的顾客中又有多少人真正实施购物行为？每位顾客在这次购物活动中总共购买多少货币的商品？等等。此类不可控的具体问题，需要用概率论分析方法来解决。再比如：某市四家大型电器商场的手机销售情况抽样表明，在一周内总计销售了 2000 部的手机，其中某品牌手机 214 部，则可用数理统计中的参数区间估计理论与方法，以 95% 的把握程度判断出该品牌手机的市场占有率在 9.42% ~12.23% 之间。此类产品市场占有率问题则需要通过数理统计来解决。

2. 统计数据分析的方法类型

统计数据是获得的反映国民经济和社会现象的数字资料以及与之相联系的其他资料的总称，是表示某一地理区域自然经济要素特征、规模、结构、水平等指标的数据，是定性、定位和定量统计分析的基础数据。所谓数据分析就是运用统计学的方法对数据进行处理。在实际的市场调研工作中，数据分析能使我们挖掘出数据中隐藏的信息，并以恰当的形式表现出来，并最终指导决策的制定。通常，这种统计数据分析方法类型分为两类：

一类是逻辑思维方法。逻辑思维是人对事物的思考、辨别、判断的能力。逻辑思维方法是指辩证唯物主义认识论的方法。数据分析必须以马克思主义哲学作为世界观和方法论的指导。唯物辩证法对于事物的认识要从简单到复杂，从特殊到一般，从偶然到必然，从现象到本质，坚持辩证的观点、发展的观点，从事物的发展变化中观察问题，从事物的相互依存、相互制约中来分析问题，对数据分析具有重要的指导意义。

另一类是数量关系分析方法。数量关系分析方法是运用统计学中论述的方法对社会经济现象的数量表现，包括社会经济现象的规模、水平、速度、结构比例、事物之间的联系进行分析的方法。如对比分析法、平均和变异分析法、综合评价分析法、结构分析法、平衡分析法、动态分析法、因素分析法、相关分析法等。在统计分析中逻辑思维方法和数量关系分析方法两者密不可分，应结合运用。

我们在选择正确分析方法的同时，要加大新的数据分析技术的应用，这是提高数据质量的必要途径。计算机技术在数据分析工作中的应用，不仅可以实现数据处理高速化、数据传输网络化、数据贮存资源化，降低数据在人工处理、传输、贮存等环节上的技术性误差和逻辑性差错，而且有利于从机制上形成强有力的数据质量管理体系，维护数据管理相对独立性并有效地遏止随意虚报、瞒报以及影响数据质量的行为。如上所述，选择正确的数据分析方法，提高数据的准确性，是时代对数据分析的基本要求。近期，习近平总书记对我国经济和统计工作提出了新的要求：增长必须是实实在在和没有水分的增长。实实在在、没有水分的增长，从本质上讲就是有效益、有质量、可持续的增长，就是转方式、调结构基础上的增长，就是资源利用率高、生态环境良好的增长。表现在统计数据上就是实打实、硬碰硬、没有水分。这一阐述点明了数据分析工作在实现实实在在、没有水分增长中所承担的重大责任。因此，我们必须把提高数据质量作为管理工作的核心内容，选择正确的分析方法将企业数据进行收集、整理、分析和解释，力求作出较为准确的结论，更好地服务于经济发展和社会进步。

（三）数据分析的创新探索

目前，中国经济尤其是中国企业已经是在世界范围内与对手接触，传统的粗放管理模式已经越来越不适应国际竞争的需要，企业管理越来越细化，基于产品、客户、竞争对手、利润最大化等进行数据分析的精确化产品定位和营销，已经成为企业成功的关键。因此，健全企业的管理制度，促进信息化建设，从而有效地进行数据分析，为企业的决策者提供准确而有效的决策信息显得至关重要。

通过切身体会和调查，我们不难发现许多企业在数据分析方面存在问题，比如：对数据分析的认识不足、对数据分析的重视程度不够、没有专门人员做数据分析工作，对销售额预测、费用预测等大多是通过管理人员的经验来判断，没有系统化的分析模型，存在较大的不确定性。因此，数据分析对企业经营管理者决策的参考作用就有所减弱，或者说没有发挥太大的作用，从而陷入作用越小就越得不到重视，越得不到重视就越难以有效发挥作用的怪圈。究其原因，主要在于企业管理者和部分数据分析人员对数据分析工作的内容了解不够，对数据分析工作的性质认识不清。面对这些困难，我们应该如何开启数据分析的新时代呢？

1. 提高企业数据分析工作的地位。长期以来，在不同类型的企业中，很多企业并没有相应的数据分析人员，或者各种数据分析业务分别由不同的部门负责，分别向主管领导呈送并对外报出。这种管理体制及运行方式存在诸多弊端。如没有一个专门的部门从企业适应市场竞争的多侧面、多角度、全方位来综合考虑企业需要的各种数据信息，更谈不上对企业目前收集汇总的各种数据分析信息进行更高层次的配套综合分析，即使是企业各部门之间也难以实现有效的信息交换与共享。针对这些问题，需要设立综合数据分析部门并明确其职责，同时要明确各个职能部门的数据分析职能及责任。

2. 科学设置和完善企业指标体系。规范企业数据分析工作，使数据分析资料实现为企业经营管理所用与为数据分析部门所用的有机结合。随着市场经济的不断发展，企业的所有制形式不断丰富，原有的数据分析指标体系在很大程度上已不能适应企业自身的发展要求，科学设置和完善指标体系已成为企业数据分析工作的当务之急。始终要坚持全面性原则、规范性和及时性、客观性原则，确保指标体系客观有效地反映本企业在建立现代企业制度过程中和市场经济条件下的经济效益、市场竞争能力、主要业务的发展前景等重要信息。

3. 加快数据分析信息化建设。为确保数据分析的质量，现在很多企业都已经建立了商务智能系统，但是绝大部分还停留在报表阶段，还没有达到建立数据分析模型的要求，更谈不上数据挖掘。企业应充分利用信息化技术的优势，建立数据分析信息网络，实现主要数据的及时更新，加快企业数据分析信息网络与部门数据分析网络的连接，实行企业联网直报，使数据分析信息既可及时地为政府和行业数据分析部门提供必要的数据分析资料、满足国家和行业的数据分析需要，又可立足本企业，建立适合本企业特点和市场需要的数据库与内部报表，及时反映本企业的业务发展和经济效益情况。这样，就要求企业数据分析信息系统必须做到规范、统一。总之，企业应充分运用现代科技管理手段和计算机技术，广泛收集信息，加快信息处理、传递和反馈速度，进一步提高数据分析的质量。

4. 利用数据分析模型进行数据分析与预测，为企业发展提供更科学的依据。企业数据分析模型是企业特有的模型，具有企业自身的特点，不能套用固有的模式，需要有适合本企业的模型。企业数据分析人员应能根据管理与决策的需要，对集中起来的诸多数据进行排列组合，利用各种数据分析信息进行综合分析研究。

第二节 管控进化：数据成为主宰

管理与控制已经成为当今企业管理的主旋律，企业作为一个微观主体需要将管理与控制紧握不放，而中观层面甚至宏观层面也需要这样。结合本课题，需要强调的是，一切有效的管理活动、控制措施甚至决策结论，都不可能脱离对相关数据精准的量化分析。因此，让数据主宰我们的管理与控制行为应该是一种新时代的理性选择了。

一、时代背景：大数据的新挑战

毋庸置疑，我们已经身处于互联网与大数据时代。关于大数据价值的核心逻辑是：在互联网技术与大数据背景的武装下，商业经济、政府管制及其他领域中，决策行为将日益基于数据和分析作出，而并非基于经验和直觉。这种大数据无时不刻地联系着我们的生活、工作和其他一切活动，就看我们在意与否。比如说，数字在我们的工作和生活中不可避免，小到我们今天通过网络或电视获取新闻“几”篇、吃饭花了“多少”钱，大到国家经济总量是不是已经坐上了全球经济总量“第二”把交椅，甚至在某些所谓的理论体系中飞奔到“老大”位置。显而易见，在这些看起来一个个“枯燥单调”的数字背后，却饱含着相当丰富、相当深刻的内涵与价值。浏览新闻的篇章太少说明你可能对“中东风云”、“朝韩关系”等国际局势以及“市场变化”、“转型升级”等国内大事一无所知，太多了又会占用你过多的时间；吃饭花钱太少了会不会没有吃饱，花钱太多了又会不会突破你当月的收支预算；全球经济总量“第二”把交椅的座次固然值得庆幸，但是，是货真价实的吗？社会和谐发展了吗？总量“第二”的同时，我们的人均水平第几？地区均衡吗？群体均衡吗？所以，数字的学问相当深奥，人们经常用满腹经纶来形容对数字拥有独到见解的专家。也正因为如此，大多数人对数字常常抱着敬而远之的态度。然而，一个不可抗拒的现实是，随着信息化时代的到来，各式各样的数据如波涛般涌入社会生活的方方面面，面对这样汹涌的数据浪潮，人们要么被它弄得晕头转向，最终被淹没，要么努力掌握其规律，作一名数据弄潮儿。

其实，所谓大数据分析，从最原始的起源探求无疑是一种定量分析。而谈到定量分析，就必然要与定性分析联系起来看。定性与定量本是一对孪生兄弟。哲学的基本原理告诉我们，“质”是一事物区别于他事物的内在规定性，由事物内部矛盾的特殊性决定。“量”也是事物所固有的一种规定性，是指事物的规模、程度、速度以及它的构成因素在空间上的排列组合等可以用数量表示的规定性。在我们的实践和研究工作中，认识事物的质可以把一事物与他事物区别开来，但尚不能清晰准确地把握该事物，要达到精致的顶点，还必须对事物进行量的分析，即进行定量研究。只有这样，才能更准确、更具体、更深刻地认识该事物。这也正是量化分析的重要性所在。当然，质和量是事物两种不同的规定性，二者是互相依赖、互相制约的。一方面，质是量的基础，世界上没有无质之量，量总是一定质的量，质还规定着量的活动范围；另一方面，质总是一定量的质，没有一定的量，也就没有质，量制约着质。这种质与量的相互依赖、相互制约充分体现在“度”中。简言之，“度”就是保持事物原来的质与量的范围。一个常见的例证就是“冰—水—气”之间的区别与转换，作为一种常态的“水”，通常是外界温度保持在 0°C ~ 100°C 之间时的对应状态，不过，当温度降低到 0°C 以下时，就衍生出固体的“冰”了，而当温度超过 100°C 以上时，水就慢慢变成了“蒸汽”了。这种例证强烈而直观地论证了随着外界环境渐进、持续的变化，“量变引起质变”、“量变和质变辩证统一并相互依赖和相互转换”的客观事实。作为人类生活与生命所不可缺少的“水”是这样，而作为企业生产经营所赖以进行的对外负债——“资产负债率”也毫不迟疑地表现为这种变化关系。尽管各个行业、各个主体对资产负债率的合理性水平选择有所差异，不过，这仍然不排斥对资产负债率合适水平的探讨。一般认为，资产负债率在 40% ~ 60% 相当是适宜的。根据公开数据计算，2000 年我国综合类上市公司的资产负债率平均数为 53.09%。从逻辑关系上分析，资产负债率过低，就可能没有有效利用负债经营的标杆效应，不利于做大做强，这种“保守”风格可能会在激烈的商业竞争中处于被动局面；过高则有可能会导致不能归还到期债务，从而引发债务风险与危机，并将企业推向资不抵债的破产边缘。

尽管如此，掌握这种哲学原理，其实对于从事企业财务管理来说无疑是相当现实、相当实用的。每一个以财务管理与会计核算为职业生涯的专业工作者，总是日复一日地在与简单数字所构成的数据交响曲中度过春夏秋冬。不过，过去的多数岁月，财务管理也好，会计核算也好，接触的数字主要是与一个企业的个体、一个集团的合并数据或一个系统的汇总情况相联系的，整体上是一个相对封闭的内部数字，并且这些数字随着交易规模的增大、制度设计的复杂而越来越节外生枝、越来越失去其纯朴直观的本来面目。有什么办法能够在这样一个信息爆炸、数字泛滥的时代，让纷繁复杂的数字给我们提供新的定量化思维方式，去高瞻远瞩地透视那些企业群体的运行态势，回避枯燥无味的数据，而通过统一、集中、简洁的数字来探求企业界的运行道理与解决问题呢？这就是本书所探索的综合财务指数的核心使命，在我们这个时代，用简便、形象的指数刻画出复杂万象的财务世界，应该是本书的最高追求了。因此，当直观、传统的“算盘时代”已经完全让位于“网络时代”后，会计人必须紧紧跟上大数据时代的要求，挖掘出海量数据可能潜藏的巨大潜力与经济能量。

在当今社会，缤纷多彩的“指数”已经渗透到我们生活的方方面面，甚至属于每天能够耳闻目睹的新闻范畴了。大众的神经也时常被这样那样的指数牵挂着。在每个月应该公布 CPI 指数、GDP 指数等敏感指数的那些日子里，报界、电视甚至于相关市场常常会引起一些或大或小的轰动。主管官员们面对一个“不恰当的指数”也要出面澄清或被责令作出解释，而面对一个“让人满意的指数”又常常会被人喜悦地请为座上宾，对某一指数的各路解读也思路千差万别。在当今社会，指数已经被深深地嵌套在经济和社会生活中了，除了 CPI、PPI 指数之外，还有存货指数、房产指数，甚至幸福指数等等，纷繁的指数也引领着相关专业话题走向公众耳目。毫不夸张地说，“复杂问题简单化”，指数已经不再是统计人孤芳自赏的“阳春白雪”了，而是触角已经深入到所有“下里巴人”的大众知识了。

企业是独立于其管理人和所有人的法人实体，能够和自然人一样缔结合约，提起或被提起诉讼，从法律和会计的角度看，它既有资产，也有负债，既可能实现丰盛的盈利果实，也可能发生巨额的亏损，既可能积累成百年老店，也可能会在某种风浪下一命呜呼。作为企业主流形态的公司制企业应该成为我们重点关注的目标群体。因此，本书以公司制企业为蓝本，通过财务数据来观察其生存与发展的态势，真实记载每个企业个体所组成的群体之生存与发展的现实态势。

财务数据作为企业的核心信息，反映和支撑着企业资金及业务的正常运转，通过对财务数据的处理和信息的充分挖掘，能够有效地改进财务管理，压缩资金成本，为企业带来丰厚利润。财务数据也是企业最基本、积累量最为丰富的一种数据，基于大数据的处理和分析能为企业带来巨大的商业价值。在财务实战领域，我们的使命是在财务大数据时代的机遇和挑战下，掌握管理会计精华并在大数据时代协助企业通过整理与统计进行复杂的财务数据处理，挖掘市场规律，优化企业内部管理，保证企业绩效稳步前进。还要看到，如今的互联网时代，财务所面对的数据规模越来越庞大、数据类型越来越复杂，而企业管理者要求能够将数据在几秒钟内甚至是实时被分析出有价值的信息，这就需要财务数据分析者具备娴熟的财务分析技巧和能力。

大数据是人们获得新的认知、创造新的价值的源泉。大数据有哪些特点呢？大数据的数据挖掘与传统财务分析存在着明显的区别，可以集中归纳为：一是全体数据取代抽样数据，这就要求我们坚定不移地向着海量数据的挖掘迈进，而减轻对样本分析的依赖；二是混杂性代替精确性，我们不再需要那么担心某个数据点对整套分析的不利影响，当前要做的就是接受这些纷繁的数据，并从中收益，而不是以昂贵的代价消除所有的不确定性；三是相关关系取代因果关系，不再太过依赖凭借直觉而来的因果关系，帮助我们加深对这个世界的理解。总之，随着大数据的兴起，我们可以不再受限于传统思维模式和特定领域里隐含的固有偏见，数据精细化分析能为我们提供更多、更新的深刻洞见。

正是在大数据时代的熏陶下，关于中国企业财务指数的理论体系与编制案例的“种子”生根开花了。《综合财务指数——理论、编制与实践》，是在适应市场经济和财务管理事业发展要求，秉持严肃态度、履行严格程序下组织开展的，必将为深化内部控制研究丰富新思路、创造新视角、注入新活力。

二、转型升级：从指标走向指数

从财务比率的静态分析到动态研究，从绩效评价的单一指标到综合体系，从偏重事后数据分析到风险预警体系创建，纵横交错的分析体系看起来都已经比较成熟了。但是，这些研究视点仍然被禁锢在传统的、封闭的微观经济个体范围内，在时间和空间上存在缺陷，始终没有能够站在更高层面、更长历史、更多受众的诉求上来分析企业运行整体财务态势。美国威斯康星大学麦迪逊分校会计学教授约翰 J. 怀尔德（John J. Wild）在其《财务会计——为决策提供的信息》一书中明确提出："我们要避免狭隘地理解会计。""一朵鲜花不是春，万紫千红春满园"，放眼一批又一批的企业群体所构成的永不消失的市场运行彩虹线，对企业的关注才能更加艳而不俗。中国财政部副部长王军先生曾经明确指出："应该利用企业财会信息，充分借鉴国内外先进模型和方法，吸收相关指数的编制经验，研究出一个或者一套权威的会计指数，以综合反映一个企业、一个行业乃至一个国家的经济实力和景气程度，使之成为指导微观经济的'指南针'和反映宏观经济的'晴雨表'，提升会计工作在宏观经济决策中的地位与影响。"因此，跳出单一企业的封闭圈子、展示企业群体的整体态势、绘制多年变化的系列墨迹，将复杂化的财会信息集中再造为具有宏观、历史和公众价值的综合性指数系列，是一个必须面对的课题了。

将关注点从原来单一的"点"转变为"线"、提升到"面"，由当期或近期的"时点"向长期发展的"时期"转移，由"个体研究"向"系统研究"转移，将微观经济的财务比率分析扩展到宏观经济研究领域，将若干财务指标综合为一个指数，以微观财务数据反映我国宏观和各行业经济运行态势——这就是本书的使命。如果想直观、形象、简单地理解本书的使命，那就是将众多企业整合集成一个企业群体，建立起统一、集中的中国企业综合财务指数，即体现纵向的企业群体财务指数，并在每一个规定会计期间结束后编制并发布综合财务指数，从而形成不同财务期间所组成的连续指数系列。

温斯顿·丘吉尔曾经说过："你能看到多远的过去，就能看到多远的未来。"对"过去"的"看"，其实就是总结过去，即对一个人、一个企业在过去岁月里所经历的成与败、欢与泪、爱与恨的重新审视与总结。"多远"则表明你对过去审视的程度，程度越深，那么你所面对未来作出的决策就越有影响力。即：看到更远的未来、更远的自己。这种人就是被人们逐步理解与称赞的"先行者"。只有当我们的视野从扎根于许许多多的企业个体升华于企业群体时，只有当我们胸怀大局且更加由点到面地深刻剖析和判断一个行业或一个地区的企业群体趋势时，我们的思路才会更加开放、我们的策略也才会更加适应。因此，从繁冗复杂的个体指标中解放出来，集成于统一、简约的指数体系，必将得到更加宽阔的企业市场。

总之，通过长期、连续的企业财务指标系列，从专注于单个企业的多指标分析，到关注企业群体的综合性指数化分析，这种转变可以提升财务分析在时间和空间上的拓展应用价值。所以，这是一次从微观个体到宏观整体的尝试，是对现存财务理念和会计理念的一次重大冲击，也是应用相关学科知识的一次借鉴与应用。

"万丈高楼平地起"。在浓厚的传统财务管理与会计核算的海洋里搭建一个通向中国企业的综合财务指数的通途，我们需要薪火传承的精神，继承和演绎相关知识，开拓和创新未知的知识领地。比如，如何尊重和利用现有的企业个体财务运行指标；面对指数编制的需求与可能，如何科学地设置和优化能够体现企业整体运行态势的相关数据；面向数据采集和数据分析的整体构架，如何激发出财务指数对相关使用者的内在兴趣；如何生成质量更趋综合、使用更加简便，能够适合于微观经济、中观经济和宏观经济进行相关决策的数据信息，定期提供给投资者、监管者和其他利益相关者，这必将是一项具有使命的新生事业。

从现有的企业个体化财务指标，走向企业群体化、集成化、指针化、简约化的中国企业的综合财务指数，是一个渐进式演变过程，数据的处理也需要相应的技术方法。这里，群体化是指多个拥有共同目标的企业主体所构成的一批又批群体，彼此之间产生着相同的认同感和归属感；集成化就是将多种功能集合一身，集中起来进行统一反应；指针化则是通过赋值使得指数这一计量“尺子”能够沿标尺刻度方向相对运动从而直接显示动态进程；简约化是在系统思想指导下，利用科学方法，扬弃主要特征以外的枝节因素，使复杂问题简单化，使简单问题条理化，使条理问题线性化。因此，在作者的眼里，综合财务指数就是一把拥有规范刻度的用于丈量企业生存与发展态势的直接标尺。

三、研发流程：规范构造精设计

需要说明，综合财务指数是面向实际工作应用方法的探索主题，但是，首先要经得起理论的推敲，这就要求能够从政治经济学、企业管理学、公司理财学、应用统计学等学科领域引申出相应的知识支撑和理论要点，本书也在相关理论支撑方面进行相对系统的阐述，出发点便是在现有企业财务分析基础上构建中国企业的综合财务指数的专著，从内容的逻辑递进关系来看，可以形成如图 1－3 所示的研究流程图。

在构建整部专著的骨架结构上，力图始终沿着由现已相当普及的企业财务分析指标转型升级为综合财务指数的主线，并借助于必要的相关管理与统计知识储备，通过七个相对独立的篇章来共同演绎整篇研究报告。

除第一乐章序曲外，其他各乐章具体安排和主要内容如下：

第二乐章是整个指数研究的前奏。旨在开启财务指数之路，并首先阐明财务指数研究的基本出发点，在阐述财务信息即财务数据与经济活动的传导与联动原理的基础上，分析本课题研究工作的理论价值与实践价值并进一步分析探索财务指数产品化形态在现实经济与社会生活中的应用情形。

第三乐章是理论建构的财务透视价值观判断。从财务的价值观来看，首先是企业财务“质量观”探析，即从单纯追逐利润的“一元”目标到可持续发展的“多元”目标均衡的进化过程，其次是企业财务“评价观”

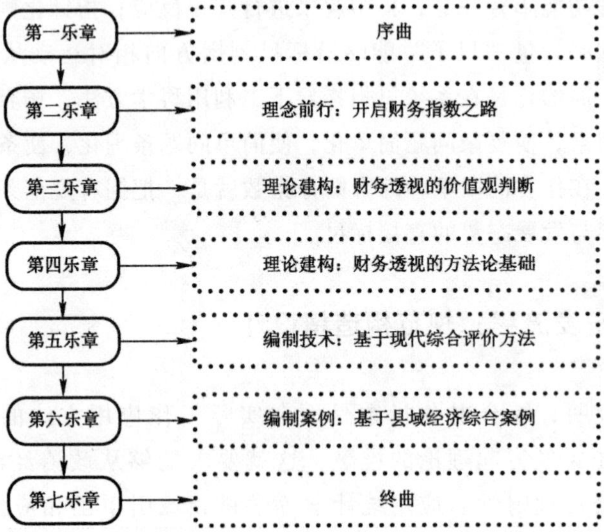

图 1－3 《综合财务指数——理论、编制与实践》逻辑图

探析，即从“单一价值”到“多元集成”的提升进程，然后是企业财务“目标观”探析，即从“利润至上”到“持续发展”的终极目标，最后，进一步探究上述三个核心观念的内在联系。

第四乐章是理论建构的方法论基础。即在上述财务透视价值观论证的前提下，进一步剖析各种各样的分析角度所提出的财务分析指标群体。观察者的个体偏好、管控导向等各不相同，势必出现了众多相互差异的财务指标种类。在全面系统分析其适用环境与指标特性基础上，优选出现实情况下能体现企业运行态势的财务指标，并在确定选取后进一步论证将财务指标转换成指数构成要素的转换逻辑等。

第五乐章是编制技术，即现代综合评价方法。包括财务指数的框架结构、财务指数的总体方案设计。重点阐述财务指数内容结构的权重配置，即各项财务指标指数的相关权重取决于层次分析法的专家意见，此外，针对行业、地区的相对位置，通过规模化总量标志决定其相对权重。

第六乐章是编制案例，基于县域经济体的综合样本。重点阐述启动中国企业的综合财务指数编制工作需要配合默契的几个关键点，如基础指标的选择标准、指数体系的构建层级、采集样本的优化筛选、指数计算的要点关注，以及技术处理流程，具体编制了富阳市连续三年的综合财务指数。

第七乐章是终曲。在通过对富阳市经济的“块”状样本财务数据进行相应的指数化编制后，简要总结并提出相关的结论，并进一步讨论完善指数编制工作的关键点。

第二乐章

理念前行：开启财务指数之路

经过了30多年的对外开放与渐进式经济改革，中国已经成为全球第二大经济体，并且仍将以相对稳健而有力的前进速度向第一经济体的方向迈进。不可否认，改革（Reform）与创新（Innovate）始终被看作是揭秘中国发展奇迹的一把钥匙。着眼未来，中国经济发展“新常态”已经显现，其突出表现就是我国目前正在经历经济增速换挡期、经济结构调整期、前期刺激政策消化期的三期叠加阶段。经济增长同时面临着多种约束条件，如去杠杆化、产能过剩、房地产泡沫、地方政府债务、金融市场风险等。正是基于这种“新常态”，党中央总揽全局，十八大报告中明确提出，“确保到2020年实现全面建成小康社会宏伟目标”，“实现国内生产总值和城乡居民人均收入比2010年翻一番”。从全面建成小康社会目标对GDP的要求看，因为2011—2013年的GDP实际增速分别为9.3%、7.8%和7.7%，我们假设2014—2015年的GDP增速分别为7.5%和7.2%。那么，为了实现在2020年实际GDP翻一番的目标，2016—2020年期间的GDP平均增速为6.5%即可。GDP增速的新常态从目前的7.5%左右降至2020年的6.0%左右即可。因此，毫不夸张地说，面对举国关注的2020年小康目标，“改革”依然被看作是通向这个目标的必由之路。上下一致认为，改革是中国当下的最大红利，是当前中国人的最新共识，全面深化改革，是新时期中国国家发展战略的主旋律。

在这样的基本框架下，进一步细化分析，经济总量恒定地与经济细胞血肉相连着，宏观经济必定与微观经济紧密拥抱着。新一轮改革开启，无数困扰中国多年的问题有待解决，社会的继续发展有赖于所有人的合力而为。就经济领域而言，当每一个企业都充满激情地“前行”时，就可能会出现互动体验并协同进取，是此起彼伏？还是气脉相通？是抱团取暖？抑或井水不犯河水？不论是基层经济系统的个体细胞分析，还是高层经济系统的全局肌体分析，基于产业链的上下游效应，众多经济主体之间必然需要一个既有联系、又有区别的差异化分析过程，微观、中观、宏观之间必然存在着彼此之间的相互传导与通融关系。“知己知彼，百战不殆”是《孙子兵法》的精髓，实践证明，它不管是对战争、商业活动，甚至政治活动都有深刻的指导意义。作为对企业运行态势的考察与分析，群体不仅需要分析个体的态势，也同样需要分析群体的态势。

只要对企业自身或相近伙伴的踪迹进行深入分析，你自然会发现其中暗藏玄机。技术能帮助我们认清企业运行或动作的优势所在，进而更透彻地了解动态化的竞争。尤其是日益方便化的大数据与分析、可拓展商业数据，必将持续诱惑我们走向数据改变企业的日子。在经济领域和社会生活当中，微观视角的分析自始至终是重要的，这不仅是因为微观分析是宏观理论的基础，缺乏微观分析作为根基，宏观理论必将成为无源之水、无本之木，而且因为微观主体常常是多数分析主体的直接利益相关者，他们对自身利益“冷暖”的关注从来就是本能的，是不需要强加任何外在条件的。但是，微观分析的重要丝毫不能否认综合分析具有不可或缺性。微观主体对事物的分析，同样也绝对不可能无视“他人”的动态，知己知彼，方可百战不殆！正是在这种思维下，我们需要在当今财务分析进一步细化的基础上，实现相应的转型升级，力争跨越到一个更加具有综合性、更加富有直观性、更加具有集成化的财务指数时代。

第一节 财务指数研究的基本出发点：知冷暖、强预警

在一个通过以经济交易、技术支撑为载体而与国际社会实现完全对接的一体化时代，不论是亚洲的金融危机，还是美国的次贷危机甚至于欧洲国家的主权债务危机，都一次次给我们示范了经济领域的“蝴蝶效应”①。有学者曾经这样阐释“蝴蝶效应”的传导原理：一个坏的微小的机制，如果不及时地引导、调节，会给社会带来非常大的危害，戏称为“龙卷风”或“风暴”；一个好的微小的机制，只要正确指引，经过一段时间的努力，将会产生轰动效应，或称为“革命”。因此，对于在市场大潮中前行的中国企业而言，如何进行事前的风险预警与专业监测就成为摆在我们面前的重要使命了。建立在数据来源权威、编制方法科学、指标体系完善基础上的中国企业综合财务指数，对于准确把握行业运行状况、科学预判行业发展趋势具有“风向标”作用，对于资本市场的投资决策与研究工作也颇具参考价值。简而言之，财务指数是体验企业（包括单体与整体、行业与综合）运行冷暖，预警（一定行业或地区范畴内甚至全国性）经济前行风险的“新标杆”。

---

① 20世纪70年代，美国气象学家洛伦兹提出蝴蝶效应理论，其直接源起这样一个比方，南美洲亚马逊河流域热带雨林中一只蝴蝶，偶尔扇动几下翅膀所引起的微弱气流，经过地球大气环流系统的复杂作用和影响，可能两周后会在美国得克萨斯州引起一场龙卷风。蝴蝶效应形象地说明了无论是自然现象还是政治、经济等社会现象，都存在着彼此相互联系的直接或间接的因果关系，很多看似风马牛不相及的事情，恰恰是问题的初始根源。

一、财务信息与经济活动的传导与联动

众所周知，世界是由矛盾所组成的，矛盾就是对立统一，对立属性即斗争性，统一属性即同一性。在生物界中对立统一性的例子随处可见，就像猫和老鼠是一对“老冤家”，它们能在竞争中生存是因为在同对方的竞争中不断完善自己；庄稼吸收水分和蒸发水分，是一对矛盾，它们贯穿于庄稼生长过程的始终。在企业领域，企业的生产和消费也是一对矛盾，而企业经营、管理、控制等也是一对对矛盾，只要生产经营活动存在，这种多种表现的矛盾运动就不会停止。人类生活与繁衍也属此理，生活中有许许多多的矛盾，旧的矛盾解决了，新的矛盾又开始了，人的生命就是在这些矛盾中产生、发展直至死亡。矛盾的实质在于彼此相关着、彼此联动着。国内与国外、微观与宏观之间也同样如此。

具体问题具体分析是马克思主义的活的灵魂，是我们认识财务信息与经济传导的基础，也是我们正确解决经济活动中矛盾的关键。在当今社会，包括财务信息在内的信息，无疑是统筹谋划经济活动的活的灵魂。围绕财务数据或称会计信息等这一财会领域的“灵魂”问题，可以分成以下三个层面来理解：

（一）基于企业可持续发展与转型升级的管理要求

转型升级，已经成为中国经济高速增长30年后的必然选择。企业转型升级的决定要素，主要是基于宏观经济环境与企业未来发展趋势，其中，国际金融危机、中国经济结构的调整和经济周期的驱动致使我国企业进入全面转型时期；后工业时代的经济运行规律和政策导向是企业转型升级必须考虑的因素；而顺应绿色企业的发展趋势，将环保纳入企业转型升级过程中也是企业发展的必然选择。另外，资源、创新、管理、文化、能力等企业内部原因以及政府因素也是转型升级的动因和推动因素。所谓转型，在 Levey 和 Merry 看来，是对组织的一种彻底的、全面的变革，需要解决组织的核心流程、精神、意识、创新能力和进化等方面的问题；所谓

升级，在 Gereffi 看来，是一个企业或经济体迈向更具获利能力的资本和技术密集型经济领域的过程。吴家曦（2009）将企业转型升级描述为企业在不同产业之间的转换和不同发展模式之间的转变，表现为转行与转轨。毛蕴诗（2010）认为企业升级包括产品升级、功能升级、过程升级，产品、服务的附加值提升，竞争能力提高。

企业转型升级要求企业顺应不断变化的市场环境对其发展战略进行调整，从而更新各方面的能力以便抓住发展机遇和迎接未来挑战，一些学者从价值链的角度出发、明确了企业升级的实施模式。比如：资源型企业产业转型可能通过深化产业链模式、实施产业更新模式、复合转型模式。加工贸易企业转型升级，则基于全球价值链的视角，从国际国内两个角度出发，采用延伸产业链、培育新产业、尝试多元化等不同的转型升级路径。中小企业转型升级则依托构建创新体系和建立资金支撑体系，需要从产品结构、外部环境的影响、市场风险、金融支持力度、人才制约等方面推进。

放眼中国经济前行的步伐，我们毋庸置疑地进入了一个“新常态”的经济发展阶段。从目前学者们的研究视角来看，对企业转型升级的研究主要集中于运用产业集群、价值链、能力、可持续发展和创新理论等方面，但尚未形成统一的体系，对于企业转型升级能力的构成与评价的研究也尚未得到充分的发掘，对于企业转型升级效果的评价至今还未确定统一的标准，没有一套完整的评价体系。

（二）基于市场决定性框架与宏观微观的联动要求

经济体制改革的实践使人们把理论研究的重点转向社会经济生活的现实运行过程。经济运行问题研究的主要内容就是从宏观经济和微观经济两个层面以及它们之间相互协调的角度，来揭示经济运行的内在机制，既要从国民经济整体的角度来把握总量运动，即宏观经济生活，又要从微观角度来把握各个具体经济单位的个量运动，即微观经济生活。前者的核心问题是国民经济形成和分配当中的总供给与总需求的总量和结构两个方面的平衡，即在实物和价值两种形式上，协调总供给与总需求的总量和结构相平衡的内在力量和关联结构。在宏观经济机制中，政府行为的经济机制具有突出的重要意义。因为在社会化商品经济的条件下，政府承担着协调和组织宏观经济运行的繁重任务，政府行为的合理化是保证宏观经济运行的基本前提。政府行为的经济机制主要包括：政府行为的偏好机制、政府行为的约束机制、政府行为的组织机制、政府行为的传导机制。但是必须指出，宏观经济中政府行为的作用不应干扰和破坏微观经济组织的经济机制的运转，不应妨碍市场机制作用的正常发挥。总之，宏观经济机制作为启动和维持整个国民经济总量运动的内在力量，具体地体现为市场机制、财政机制、信贷机制、计划机制和政府行为的经济机制。这些机制互相作用和影响，构成了完整统一的宏观经济运行机制。

微观经济运行机制的主体就是企业和个人，实际上就是企业与个人两个方面活力勃发与维持的过程。

就企业的经济运行来说，微观经济行为与宏观经济政策之间存在着强烈的刺激与约束机制。如图 2－1 所示，在宏观经济政策与微观经济行为之间，来自政府的经济政策就是一剂“药方”，其刺激机制是企业行为的启动机制，它激发企业的主动性和创造性，刺激企业对其自身经济利益的追求，一方面表现为企业作为商品生产者追求利润最大化，另一方面体现为企业追求劳动者整体的个人收入最大化，正是这两个方面的目标偏好，使企业具有经济运行的内在动力。约束机制是企业行为受到的各个方面的限制，包括市场约束、预算约束和社会约束等。

如果再进一步对在此框架下的具体运行与互动机理进行分析，如图 2－2所示，我们可将微观企业行为与宏观经济政策之间的周期性互动划分成 5 个步骤。

第 1 步，政策推出具体的政策，与企业预期相对接而直接影响企业的行为（比如：提高基准利率或准备金率，传导效应就是增加企业融资成本）；第 2 步，影响企业行为（比如：融资投资困难加剧、成本提高将直接弱化企业投资融资活动）；第 3 步，企业行为相应影响整体经济经营绩效与经济产出（比如：盈利少了、交税少了、经济产出下降、经济增速放缓）；第 4 步，企业绩效与经济产出的变化必然导致宏观层面的 GDP 增

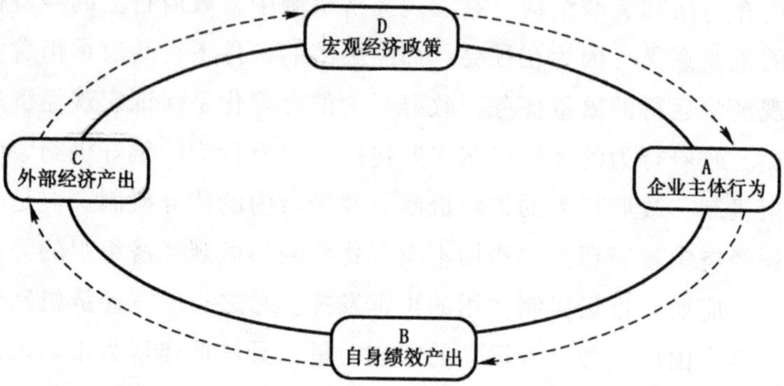

图 2-1 微观企业行为与宏观经济政策的传导互动机理示意图

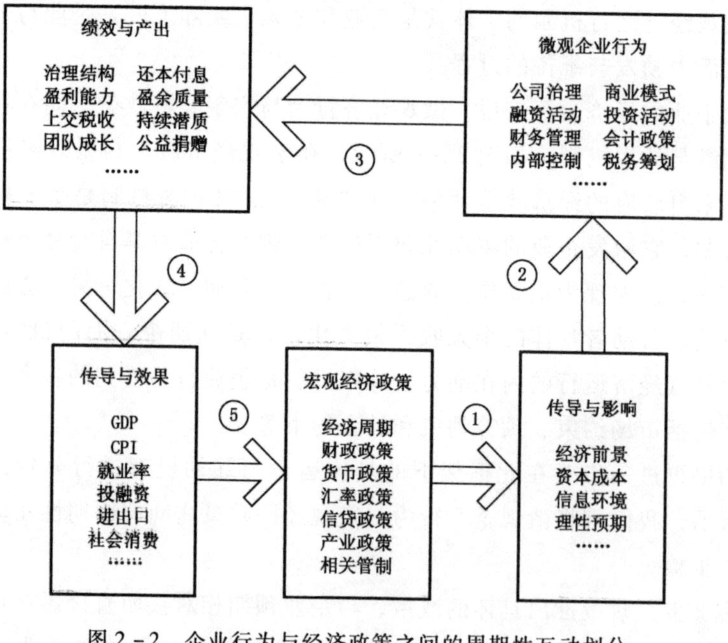

图 2-2 企业行为与经济政策之间的周期性互动划分

速萎缩、CPI 异常、就业率变动等，而这都是政府相当关注的。随之而来的第 5 步就是政府重新评估其政策，并开始新一轮宏观经济政策与微观企业行为的互动与博弈。

就个人的经济行为来说，个人在社会经济生活中是作为消费者、劳动者和投资者的三重身份进行活动的。在这三重身份中，个人行为的经济机制的共同方面首先是动力机制基本一致。无论以什么身份从事哪个方面的活动，个人总是追求自身不同层次需要的满足，诸如生理的需要、心理的需要、社会需要等等。这种共同性还体现在它的联系上，一方面人的各个方面的行为是相互关联的，它们之间存在着内在的制约关系，另一方面每个人之间的经济行为也是互相有联系、有影响的。在个人行为的经济机制中，重要的和更有意义的是其作为消费者、劳动者、投资者进行活动的不同机制。

社会经济生活中的宏观方面和微观方面是相互影响的，微观经济是宏观经济的基础，宏观经济又制约着微观经济。它们之间虽然具有内在的统一性，但现实运行中的差别也是不可避免的。比如：在目标上，存在着追求自身利益与偏重社会整体利益的差异；在动力上，主要源于经济方面的与更多来自社会方面的差异；在机制上，市场机制作用与宏观经济中计划机制作用的差异。

从一定意义上来看，宏观经济与微观经济的协调机制主要有：计划机制、财政机制、信贷机制等。宏观经济与微观经济的协调必须在上述各个方面经济机制的综合作用下才能实现。这些经济机制在现实经济生活中相关地、有序地结成动态的有机整体，内在地保证了宏观经济与微观经济在运行目标、运行方向、运行结构、运行频率、运行层次上的协调统一。

众所周知，现有关于企业财务的分析、评价甚至包括预警在内的技术方法大多是针对单个企业而言的，是企业内部经营者或外部管理者基于某种需要而对一个企业主体在一定会计期间的经营成果或特定会计期末财务状况进行定量分析的。这些分析、评价、预警方法常常局限于一个企业或者一部分企业的整体情况，不涉及一定范围内企业整体的财务状况、经营成果和现金流量的总体态势。此外，目前绝大部分企业可能会拘泥于自身在过去形成的经验数据，认为自身的管理与运营水平是先进、有效的，从而与实际情况和各界认知存在较大的差异。因此，无论是政府部门与管控机构，还是投资者与公众都对通过第三方定量评价企业财务状况和经营成果有所期待。

本研究项目旨在构建出能够直接反映所有企业财务状况和经营成果的企业综合财务指数，将企业运营的质量分析评价结果集合起来，并进一步演绎成决定宏观经济发展规模与质量态势、国民经济实力强弱的相关指数。伴随着微观经济的快速发展，宏观与数理方法逐步结合，以指数的方式反映企业财务状况和经营成果及风险管控能力，定量反映出不同行业、不同地区企业之间的财务状况和经营成果，从而揭示我国企业财务状况和经营成果的全貌与个体差异。在现实经济生活中，由于利益主体的边界线，导致相互之间并不细化地关注其内在关联，而常常采用大而化之的态度。客观地看，并没有一条鸿沟把宏观经济和微观经济截然分开，它们之间也不是各行其是、互不相干的，而是相辅相成、互相制约的。宏观经济的决策和方针政策，为微观经济的发展指出方向，并领导或指导微观经济实现国民经济的发展战略。宏观战略决策的正确，促进微观经济顺利地发展；宏观战略决策失误，导致微观经济的发展受到束缚。同时，企业运转得好，微观经济状况就好，经济总量的增长就相应增多，整体经济运行就正常，经济发展速度就健康快速；企业运转不畅，微观经济运行不良，宏观经济总量的增长就必然显现尴尬、困惑甚至郁闷之囧途。宏观与微观应当协调发展，以宏观指导微观，以微观促进宏观，使宏观与微观在健全完善的市场中有机协调、稳定高效地向前发展。从理论逻辑看，宏观经济与微观经济是一种互动关系，是国民经济运行的两个不同的层次，相互依存，既有同一性，也有矛盾性。就同一性而言，宏观经济是由微观经济组成的，微观经济运行正常就可为宏观经济的持续、稳定、协调发展奠定基础，反之，如果微观经济运行受阻，则宏观经济的运行状况就不可能是良好的。微观经济的正常运行离不开宏观调控的指导，宏观经济运行正常，可以为微观经济正常运行创造良好发展环境。而就其矛盾性而言，有三点值得关注：一是追求目标不同，宏观经济追求整个国民经济的长期稳定协调发展，微观经济则以追求自身发展为目标；二是“利益取向不同”，前者追求国家整体的利益，后者则往往只考虑自身获取较好的经济利益，在处理国家、社会、个人效益的矛盾中，倾向于个人利益而很少兼顾国家、社会整体利益；三是“收入分配趋向的不同”，前者以公平为社会分配的目标，后者则以追求个人和个体致富为目标，还常常会同自然资源的合理利用、生态环境的保护及治理等发生矛盾。由此可见，宏观经济与微观经济是辩证统一关系，它们既相互依存，又相互制约，既相互矛盾，又相互统一，二者只有达到协调发展的理想状态，才能实现国民经济的健康发展。当然，政府是宏观调控的主体，企业是宏观调控的基础，国家只有根据客观经济规律和经济形势，采取适度的调控措施，企业只有在发挥其自觉性和主动性的基础上，自觉地接受国家的宏观调控，才能实现宏观经济与微观经济互为补充、互相促进的理想发展状态，从而促进我国社会主义市场经济的快速健康发展。而我们必须注意，能够贯穿其中的“生命线”就是来源于企业群体的财务数据或称会计信息。

（三）基于大数据时代决策与网络系统的基础配置

以微电子技术为中心的信息技术在社会经济生活各个领域的渗透，使人类进入了信息化时代（或称网络经济时代）。在这个互联网技术颠覆格局的崭新时代，社会经济运行、企业组织状态以及国家对经济的调控和管理都将被赋予新的特征、新的内容。

1. 信息化时代经济运行的特点

在以信息为主导的网络经济时代，整个社会经济的运行，与传统的工业经济相比，将呈现出新的特点：一是均衡性。在传统的工业经济时期，作为宏观经济主要变量的总供给和总需求总是处于不平衡状态，经济运行无法摆脱周期波动和兴衰交替。其内在原因在于生产的迂回路径长，供求之间距离远，生产和消费受时空制约难以达到高度契合。而在数字化网络时代，信息的充分性和信息传递的快捷化，可以克服生产、消费、供求等经济活动中不必要的迂回，弥合产销间在时空上的距离，供给将成为直接针对最终消费需求的有效供给，从而使经济运行总是处于一种相对均衡状态。同时，网络经济时代的信息市场，可以把商品市场和货币市场统一起来，形成三个市场的联合均衡，即：商品市场总量与价格之乘积 = 货币市场货币量与流通速度之乘积 = 市场信息量与信息处理水平之乘积，从而化解商品市场与货币市场的矛盾，避免经济危机的爆发。这种新的均衡观赋予了我们基础性的架构再造。二是高效性。信息化时代的经济与传统的工业经济相比，效率更高。这是因为：资源配置趋于更优。在工业经济阶段，虽然经济主体也追求资源配置的效率，但受信息不充分的影响，往往只能达到次优。而到了信息化时代之后，充分的信息可以为经济主体提供更广泛的选择空间和建立更科学的经济模型，使资源配置趋于最优成为可能。可以降低流通成本和交易费用。比如，在线购物，可免去商场建设；网上银行，既节约了存取时间，又省去了若干环节；通过互联网达成交易，就不必面对面地磋商、谈判。三是可持续增长性。传统工业经济的增长依靠的是土地、资本等要素的投入。所以，经济的过度发展必然导致资源枯竭，环境恶化。到了网络经济时代以后，信息的传输速度和处理技术将成为经济增长的决定因素和衡量竞争力的关键。当代西方经济学者认为，信息社会中的信息流量是国民经济发展的倍乘因子，用公式表示即为：社会净产值 = 各部门物质生产投入总和 × 信息流量。因此，要求经济发展和财富的增长，关键是要利用好信息高速公路来加大信息流量，加快信息流通。信息是一种可再生资源，具有很强的外部性。因此，到了信息化时代人类可持续发展的追求或许可以得到满足。

2. 信息化时代企业的协同自序

信息社会的哲学原则是使每个社会单元通过信息的协调作用，找到相对优化的生存空间。并且，科学研究也发现，当一个开放系统的外界变化（信息）达到一定阈值时，就会自发形成一种有序结构。因此，在一个充分信息化的环境中，企业的经营管理活动也将成为一种运行于信息网络之中的自发有序活动。那时，不仅企业内的各项经济活动具有严密的组织性，而且企业与企业、企业与市场、企业与其他社会组织间的关系也自然协调起来。因为一切经济活动，以及与活动有关的要素都处于透明之中，行为主体会互相监督制约，并自觉作出明智决策。事实上，随着信息流动的加快，技术、市场的快速变化和创新，传统的层级式的组织模式将会被一种民主、平等、网络化的组织模式所取代。现在很多企业已组建起各自的内部网并与国际互联网相连。借此，企业可以协调整个生产经营过程，在网络上进行产品的设计、加工、制造、营销、售后服务等活动。同时，网络的建立和运行，实现了企业高层主管与员工的直接联系，减少了中间环节，突破了管理幅度的制约，使组织结构趋于扁平化、简单化。在企业外部，网络把本企业与其他企业、本企业与消费者联结在一起，使企业间的协作，如供货、送货等更加准时，甚至可以不要仓库。消费者也可随时与企业就产品、服务进行交互式沟通，可直接定制产品或获取服务。总之，信息化使企业由工业经济下的强制有序变成了网络经济下的协同自序，这是组织结构上的一个质的飞跃。

3. 信息化时代宏观经济调控的变革趋势

宏观经济的管理方式是由经济运行特点，特别是企业的组织状态决定的。工业社会由于生产与消费分离，加之市场透明度不高，是一种迂回经济，其管理哲学只能建立在牛顿力学和机械决定论的基础上，实行强组织化原则，强调共性和集中，抹杀个性和自由。人们总希望有一个控制中心，通过高度集中的组织体系实现社会整体效益的最大化。由此建立了宝塔式的垂直控制系统，甚至出现了社会主义国家那种极端典型的高度集权的计划体制。实践结果发现，这种管理模式总是使经济运行在过度组织或欠组织状态下摇摆，难以稳定于最佳控制点上。不是一控就死，就是一放就乱。原因在于，强组织化只适应于单一目标的、符合机构决定论的层级式系统，不适应多样化的平面式网络。因为对这种网络型经济，起决定作用的主要不是能量而是信息。在一定的信息环境中，各社会单元不断地进行组织，才能达到纵横交错的平面网络结构的最佳状态。信息社会不是按照线性规律强制有序的社会，而是通过信息作用使每个社会单元在环境中经过不断地自组织来实现整体优化的社会。因此，它的管理原则应是建立在非线性理论基础上的自组织化原则。由此原则出发，信息化时代宏观经济的管理和调控也将发生如下两个显著变革：

其一是从“看得见的手”到“挽在一起的手”。早期的资本主义经济运行笃信自由主义，主要靠竞争机制实现均衡发展。认为整个经济由一只看不见的手操纵，国家只是守夜人。19 世纪末，铁路和电报的发展对经济产生了巨大影响，美国经济学家桑德拉首次提出了看得见的手的思想，主张由国家干预经济生活，以解决分配不公和外部环境的差异问题。之后又产生了凯恩斯主义，推行了宏观调控政策。20 世纪 70 年代西方经济的停滞和苏联东欧高度集中计划经济的恶果，又使一些人产生了回到斯密时代的幻想，并在 80 年代初开始了企业私营化运行。进入 90 年代，各国相继开始了以企业间联合、兼并、合作为主要特征的新阶段。这预示了一个手挽手新时代的到来，也预示着一种以协同合作为理论基础的管理哲学的开始。

其二是从“集中化”到“网络化”。早期的市场经济，自由主义是管理的基本准则。大工业时代，生产的集中化必然导致政府干预，进而形成许多国家高度集权的经济体制。然而，千万个企业对着一个政府，而政府掌握的信息又永远小于企业掌握信息的总和。结果，大量信息被沉淀，长期粗放式资源配置，造成了结构失衡和效率低下。信息时代，综合集成的信息网络，为分散生产提供了可靠保障，企业在相对透明的信息环境中可以及时调整产品结构和产业方向，共同利益促使整个社会资源在优化配置的状态下高效运行。这便要求政府的宏观调控必须从集中化管理向网络化管理转变，从垂直宝塔型向平面协调型转变，从刚性指令化向弹性参数化转变，从国家计划向社会契约转变。计划经济配置资源的弊端及其严重后果已为人所共识。利用市场配置资源的方法已在物质产品领域大见成效。但是随着工农业生产比重缩小和信息服务比重的迅速增长，分散化与集中化的矛盾将越来越突出。换言之，信息服务领域的资源配置问题尚待探索一种新的调控方式，需要对计划方式和市场方式实行双重超越。而实现超越的契机和出路，正孕育于各国方兴未艾的电子商务、电子货币、远程购货、虚拟企业等新生事物之中。在没有传统市场、商店、企业、货币的经济中，一切都将通过网络和契约来完成。那时，国家传统的产销计划和供求调节手段自然成为多余，取代它的将是一种人人自觉遵守的社会契约。

4. 信息化时代宏观经济的弹性调控及其与微观经济的对接

在确定了宏观经济的变革趋势之后，我们就可以探讨在信息化时代宏观调控的基本架构，以及宏观经济运行与微观经济活动的协调与对接等问题。根据前文的论述，我们认为，在网络经济时代：

一是宏观调控的目标要在效率、公平、稳定的前提下，着力促进社会单元的协同合作，促进生产流通的社会化、信息化、网络化、契约化，为形成一种协同自序的经济运行秩序创造良好的条件和环境；二是宏观调控的模式要从质量和能量主导型向信息主导型转化。即由主要抓产品、产量、产值、人财物分配转向主要抓信息资源的开发利用，通过充分而高效的信息流通指导企业和居民的生产消费，调节社会总供求平衡，保证宏观经济的健康发展和运行；三是以信息为主导调控宏观经济，要求有一定的调控载体，有其宏观信息和指令发布渠道。这就是宏观经济信息网络。由于这个网络承载的信息主要是企业生产信息、居民消费信息、世界市场的供求信息以及政府自身的法规政策信息等，所以该网络的架构主要应考虑如何汇集、综合、分析、加工提炼信息和如何把各微观、中观信息网络连接起来。换言之，就是要加强宏观经济数据库建设和决策支持信息系统建设，以及搞好网络接口的技术处理；四是宏观经济调控与微观经济活动的连接问题，并非是如何解决二者的信息网络接口的技术问题，而是如何认识和协调宏、微观经济内在联系问题。

由于宏观经济信息很大程度上是微观经济信息的综合（世界经济又是各国宏观经济信息的综合），宏观经济决策主要依据微观经济信息，微观经济决策不仅依重于微观经济信息（包括市场信息），更离不开宏观经济信息（包括政策法规信息）。因此，在网络经济时代，宏、微观经济的衔接将采取网络平面模式，即以企业信息网和宏观信息网为桥梁和纽带，将宏、微观信息充分沟通，并以利益共享为机制，促使企业自觉自律，以形成协同自序的状态。此种组织状态造成的微观经济环境既能充分发挥个性自由，又能顾全社会利益。从某种意义上看，在此模式下，政府的宏观调控部门只要将宏观经济信息通过网络发布出去就足以引起微观活动主体重视（当然，还要配以必要的法律约束和监督机制）。可以说，在一个以信息服务网络为基本运行轨道的经济社会中，微观经济的运行必然是网络运行，宏观经济的管理只能是网络管理；微观经济的联系必然是契约协调，宏观经济的调控只能是信息引导、弹性调控。这与工业经济时代的直线垂直调控模式（通过政府传达宏观信息，反馈微观信息，上下只有一条通道）有质的不同。

当然，上述思路只是就信息化时代宏、微观经济的本质要求而言，既撇开了诸多复杂的现实经济条件，也撇开了经济政治制度和特殊国情的差异。如果结合实际，则还应考虑非市场化或半市场化领域的特殊性。如对公共产品，一定程度的强制性管理应是必不可少的。因为它们既有公益性，又有自然垄断性，政府若不正当干预，将会严重损害消费者权益。再如，对具有长期社会效益的基础设施投资，仅靠企业协同也是无能为力的。在这种领域，垂直型管理方式仍有其存在的必要性。

二、财务指数研究的理论价值

财务指数通常是财会系统更加熟悉，管理系统更加偏爱的。面向经济管理与社会生活的理论研究一定是兼收并蓄、博采众长、虚怀若谷、思想敏锐、善于独立思考和大胆创新的。这种理论研究一定要经过尽可能广泛的涉猎、经过尽可能深入的独立研究思考，从而形成自己独到的见解，必须摆事实、讲道理，同时必须尽可能全面、尽可能寻根究底、以理服人。数学和自然科学研究无疑是造福于人类、功德无量的事业，而真正有意义、高水平的哲学社会科学理论研究及创新更是从最深的思想层面上全面造福于人类、功德无量的事业，需要我们打破任何成见的束缚，彻底虚下心来，全力以赴地认真对待。

（一）创新企业财务趋势分析的视野

物理学家和哲学家曾经分别给予了我们“时间维”和“空间维”的概念：一个点就是零维空间；无数个点集合排列就形成了线，无数的线构成了一个平面即二维空间，无数的平面并列构成了三维的立体空间；当这种静止的三维世界以时间为基准发生变化时，无数个三维空间依据时间轴线集合就构成了四维空间。在四维空间中，时间是线性的，方向和进程不可改变。

结合企业经营的生态分析，趋势分析就是在长时期内呈现出来的持续向上或持续向下的变动。目前，国内关于企业财务指数的研究主要集中于以某一会计年度相关会计运行质量指标为基础设计的企业财务指数，亦有少量以连续若干会计期间的质量指标变化程度为基础设计的企业财务指数。以个别企业内部预算目标实现程度为基础，如果仅仅选取内部控制评价指标或实证研究不足，就无法构建科学完整的企业财务指数。

本研究项目中的企业财务指数同样基于若干连续会计期间相关质量控制目标的实现程度而设计，但已充分评估并尽力避免了其他研究的不足，并将研究对象经济运行体系存在的重大缺陷作为重要的指标与变量。在实证研究方面，本研究采集“块状样本”，即选择中国经济最具“块”状样本价值的浙江省一个县级市的县域经济体进行全面分析，我们选取该县域经济主体 2009 年、2010 年、2011 年连续三年之中所有的符合样本标准的企业群体作为样本测算企业财务指数，并对该指数进行稳健性检验。基于这一设计框架，本研究结合理论研究与实证研究设计出一套符合我国国情且科学合理的企业财务指数，填补了这一领域研究的空白，为企业财务指数的研究开创了新的思路。

（二）推动宏观视角的财务态势观察思路

国内关于财务分析态势的实证研究不计其数，关于财务分析体系的研究也多如牛毛，但能够从敏感性特征与普遍性财务相结合而体现企业群体运行“冷暖”的指数则不多见，究其原因是国内缺乏一套宏观的、定量的综合评价企业财务运行体系的标准体系。本研究在全面追踪分析现有单体企业财务分析不同观点、不同视角、不同流派之间的相同点、相近处与区别点之后，以微观企业、中观部门、宏观政府为范畴，以内部管理者、外部投资者、其他相关者的三种角色为诉求，以全部企业为对象进行企业财务指数研究，定量地反映企业的财务状况和经营成果及相关能力，其实证研究的广度与深度，以及研究成果，将为国内学者和相关机构在该领域进行进一步地深入探索和研究提供很好的借鉴意义，进而推动国内关于不同层面的实证研究的发展。

此外，本研究整理与归纳了国内外有关企业财务指数的重要研究文献，阐述了这些文献中指数设计的思路、具体的指标体系及相关的研究结论。这无疑将为以后企业财务指数的研究提供了坚实的文献基础。

三、财务指数研究的现实价值

从现实意义来看，本研究所构建的企业财务指数能为企业、投资者、管控部门以及金融机构等提供有效的决策和参考依据。具体来说：

（一）为针对企业进行财务分析提供依据

时至今日，人们对消费物价指数（CPI）的认知已经比较成熟了。与此类似，财务指数同样可以提供一些经济运行的“红绿灯”效应。公司管理层对财务分析的体系建设负有直接的责任，当一个公司企业财务指数不高时，表明该公司财务管理状况存在某些方面的问题和不足，其责任风险将加大。公司管理层可以通过对照企业财务指数，寻找内部控制体系中存在的缺陷与风险，发现问题，分析原因，完善本公司的财务管理与控制并强化执行，保证企业战略、经营、合规、报告、资产安全等各项财务绩效控制目标的实现。在漫长的企业财务运行历史中，人们对企业未来的探索从来就没有间断过，虽然我们永远无法完全正确地预测未来，但我们也永远不会放弃建立在科学态度和正确方法基础上的预测。事实上，不同行业所构建的危机预警模型及指标各有不同，不同行业预警警度的划分区间没有绝对的标准，可能会有一定的差异，也就是说并没有放之四海而皆准的预警模型和预警指标；预警的真正目的是有助于应变，扼住危机的苗头，预警向经营管理者预示了未来可能出现的风险，促使全面考虑，唤起其不懈的警惕和积极有效的预防，并制订出相应的应急计划，适时调控，使得财务危机没有发生的条件或可能。预警是一种事前预测行为，当预警模型发出正确的警告时，有助于企业防范风险，防止重大损失；当预警模型失误时，可能会加大企业的管理成本但并不会使企业遭受过大损失。总而言之，使用财务预警模型对企业利大于弊。

（二）为投资者进行投资决策提供依据

投资者在决定是否对某一企业进行投资时，除了以传统方法分析研究该企业的财务状况、经营成果、获利能力与持续发展能力等基本情况外，可以借鉴参考该企业的财务指数，分析目标公司有无重大或重要缺陷、是否具有良好的风险管控能力及较高的企业财务状况和经营成果，进而辨识投资风险与制定风险应对策略。决策是投资运作的根本，要想获得并保持竞争优势，绝对需要正确稳妥的决策，建立于财务指数基础之上的投资评价法对各类投资或者拟建项目的实施规划方案进行了综合评价，使得评价问题实现了定性与定量分析相结合，利用该模型反映了客观事物因素间的不同层次，避免了因素过多难以分配权重的弊端，可以为决策提供科学、合理的方法和结果。

（三）为管控机构评价企业财务状况和经营成果提供依据

不论中外，企业与政府或多或少总是存在着一定的内在关系。就政府行为而言，当今市场经济体制国家政府管理经济的职能，主要体现在GDP增长、控制失业率、抑制通货膨胀和保持国际收支平衡四个方面，也通过某些相应的指数化指标来体现经济领域的特定态势，比如：美国的痛苦指数，是反映国民经济运行的重要指标，也是了解民意最直接的变量，其通货膨胀与失业指标也是社会保障制度建设中最需要关注的现实问题。我国是社会主义国家，关注弱势群体的精神与物质基本需求，大力实施再就业工程，增加弱势群体的可支配收入，提高生活质量，应成为我国社会政策最重要的目标之一。而如果从与企业运行关系极为密切的政府管控角度看，政府管控机构应对企业财务管理的建立健全进行监督，促进企业良性发展，保护投资者的利益也同样重要。除了采用已有的管控措施和办法，管控机构可以利用本研究成果，了解和掌握我国企业财务管理的总体运行质量，发现企业财务管理建设中存在的问题，及时提出指导性意见。还可以根据企业财务指数排名情况，发现、锁定重点管控对象，及时采取管控措施。比如：结合我国地方政府职能转变的实践，我们将地方政府依据一定的资源禀赋，通过组织、协调、规制、创新以及政府间的协同合作等手段，围绕公共行政及在地方社会领域所取得的相对优势，称之为地方政府管理竞争力等多元性指数构成。

（四）为其他金融机构的服务决策提供依据

企业是金融机构重要的客户群体，因此企业财务管理的好坏直接关系到该客户信用的可靠程度，是金融机构控制风险不可忽略的重要因素。近年来，在中国人民银行及银监会等部门的推动和各商业银行的自觉行动下，我国商业银行在加强信贷风险的内部控制方面有了长足的进展。尽管如此，数据统计仍然显示，信贷风险在银行的各种风险中依然占据相当大的比重。如何有效地防范信贷风险仍然是银行运营过程中的一个难题。在信托公司设计产品、保险公司选择客户和确定保险费率等方面，也面临类似的风险。本研究将为金融机构风险控制提供一个新的手段。金融机构可以利用本研究中的相关成果计算、分析客户在全体企业中的综合排名以及分行业排名的情况，进行深入细致和有针对性的调查分析，从而作出更合理、有效的判断和正确的信贷或其他服务的决策。

第二节 财务指数理论的应用动态：融经济、嵌社会

研究和开发企业财务指数的编制，能够综合其他企业财务指数设计基础方法的优点，对理论及现实都有重大意义。这是一个跨越财务领域与统计领域的话题。

指数是经济统计分析的一项重要内容，正如美国统计学家查多克所说："指数法是统计学的创作。"统计指数确实是社会经济统计中历史最

为悠久、应用最为广泛，也是同社会经济生活关系最为密切的一个组成部分。最早的统计指数可以追溯到 1675 年，由英国学者赖斯沃汉编制的反映物价变动的指数。随着指数理论和方法的不断发展，指数的应用领域逐渐扩展，从宏观经济的工业生产、进出口贸易、股票证券到社会生活中的生活质量、吃穿住行等各方面状况的综合评估等。其中，有些指数，如消费者物价指数、房价指数、股票价格指数等不仅与人们的日常生活息息相关，更成为社会经济发展的晴雨表。甚至，英国经济学家吉布林认为指数可以测度一个国家的文明程度。由于与指数相关的研究不断增多且指数的应用领域不断扩展，指数的含义也就不可能从某一方面简单概括。为此，本研究试图从统计学、经济学、管理学以及日常生活等角度归纳指数的定义。

毫无疑问，所有的指数问题，都遵循着统计学所固有的指数理论，并向着管理领域、经济领域等多个相关领域不断地渗透和融合。即指数是一种特殊的相对指标，用来测定某一现象或多种现象在不同时间或空间中发展变化的相对程度。指数又有广义与狭义之分，广义指数是指一切说明社会经济现象数量对比关系的相对数，一般反映了范围、口径相同的同类现象在不同时间空间下的对比，如动态相对数、比较相对数、计划完成相对数等，泛指各种相对数。而狭义上的指数是指不能直接相加或对比的复杂现象综合变动的相对数，一般指总指数，即以相对数形式综合反映总体各变量在不同场合下的相对变动，如：股票价格指数。

经济学角度的指数是一种为测定或评价特定经济现象，对多种数据取样并进行综合、叠加、统计运作，从而获得的数字上的统计指数，如商品指数、股市指数等。管理学角度的指数多数是通过选取合适的被评价对象的指标值，并用一定的量化方法将量纲不同、特征各异的指标值转换成量纲相同、变化规律和趋势相同或相近的标准化形式的数值，进而对特定对象进行综合评价的指数，如顾客满意度指数和公司治理指数。本研究拟建立的内部控制指数也在该类指数的概念范畴之中。而从指数在社会生活中的情形看，生活中的指数也是一种系统的综合评价，通过搜集人们衣食住行等相关数据，运用一定的科学方法反映出研究对象的相对水平或状态。

如：穿衣指数、洗车指数、体质指数、幸福指数、自信指数……林林总总的指数让人眼花缭乱。严格意义上说，生活中的指数已经泛化了，很多指数只是“形式”上的指数，而失去了统计指数的原本含义。也许在现实生活中，人们对指数的应用并不那么严格，而是习惯于将对事物的评价用“指数”命名。不管怎样，指数的概念已经深入人心，成了人人都乐于接受的事物，成了方便人们交流的概念。所以，很多机构或企业也都试图发布各种指数，来描述或影响人们的生活，“指数化生活”正成为人们一种新的生活样态。

如果你想比较深入地透视一个企业或者一群企业的财务运行态势，你选择的视角肯定是需要关注的。在一个精细化分析的时代，如何能够突破传统财务会计的专业桎梏，上升到能够取其精华信息、弃其垃圾信息，包容萃取能够体现企业运行各相关基因态势的元素，就是综合财务指数的科学定位。

一、财务指数的生命力及其学科视角

指数这一名词，可能是一些财会人士所不甚熟悉的，这一主题也与正统财会领域所推崇的专业化研究并不一定十分吻合。近年来，在几乎每个教研领域的研发与管理者眼前和脑海里，都不时会闪现一个新词——“跨学科”。这是因为：

一方面，学科知识版图正在发生着深刻的变化。大多数接受过科学教育的人都认为自己所在的学科与其他学科有着明显的差别，很多人甚至认为自己所在的学科是至高无上的、明显优于其他学科的。即把科学知识领域条块分割，形成了一个个孤立的领地，大批具有奇思妙想的专家占据着这些大大小小的知识领地。不过，现在，这种学科边界的清晰度渐渐降低，取而代之的是种种莫名的模糊感。在一度无人问津的学术领域如今却“风光不与四时同”，“不速之客”和“异族”入侵正擅改着“无跨学科研究人员之骚扰，无知识鲸吞之扩展”的田园乡村般幽静的醉人场景。在以往没有人虎视眈眈的地方，如今出现了边界争端、知识迁移和流动职业。以马云为代表的互联网技术正在入侵传统行业，传统金融的数字化改造急骤起步、传统手机业的被颠覆、传统物流业的菜鸟化网络产业、传统移动通信的微信化，等等，中国的互联网正在加速淘汰中国的传统产业。同时，仅就学科而言，躬耕于经济学领域的学者一不小心就进入了社会学的阵地。类似地，固守在物理学领地中的人们常常发现来自信息科学的“入侵者”，来者是敌是友？一时难辨真伪。经济学大家庭中也不时闪现从深邃的哲学高原走来的学者，主人和来访者的身份都受到质疑，两者关系的处理是彼此都非常关心的问题。

另一方面，学术研究回应社会现实问题的方式发生了变化。以往的学术研究大多是在自己特定的学科边界内展开，研究人员从属于某个学科，他们非常清楚自己的研究对象属于哪个领域或哪个学科。从大学毕业，取得学位后，有志于进行科学研究的人们基本熟练掌握了一个领域的知识、技能、理论、方法。因此在从事研究工作时，可以比较容易地找到用于解决问题的理论、方法、知识和技能，当然，即使遇到一时难以解决的问题也很容易找到同行来交流或者请教。新领域的涌现既繁荣了学术，也造成了混乱。不明就里的人们对此现象或视而不见，或丈二和尚摸不着头脑，稍有知觉的学者会将其笼统地归结为跨学科研究。这些新的学术形态不仅在学术界内部产生了影响，而且对学术界以外的多个相关群体产生了影响。跨学科研究成为一种普遍现象走入寻常百姓的生活。而且，跨学科研究已经不仅仅是科研人员的智力活动中使用的专业术语，更成为科学、教育、政策、商业等领域街头巷尾不时谈及的话题。真可谓“旧时王谢堂前燕，飞入寻常百姓家”。跨学科运动的推进以及对促进跨学科发展的呼吁加深了科学的功利性色彩，却弱化了科学的理性因素，造成了许多认识和实践上的误区。在有的地区和有些机构，为了响应上级主管部门的号召，积极地打出了跨学科或交叉科学的旗帜，把跨学科或交叉科学作为一种时尚的或应景的东西，使得“跨学科”真假难辨，令人眼花缭乱，严重影响了跨学科本身的科学性，也干扰了人们对跨学科的正确认识。

大量涌现的跨学科现象显然是对时代与技术突破现象作出的回应。跨学科的量化考察研究无疑是在这一问题上的一个有标志意义的深入。就像各种各样的水果在传统意义上互有不同味道，而如果融合起来就成为千姿百态的纷缤沙拉。

二、财务指数的内含价值：经济、管理与社会的三维分析

经济学是研究什么的？管理学是研究什么的？社会学又是研究什么的？

经济与管理是现代社会的重要元素，经济学、管理学、社会学是近现代才出现的。经济学是一门关于对社会资源使用方法进行选择的科学，主要从经济利益的角度来分析社会资源的利用和配置问题。经济学最早以16～17世纪英国经济学家威廉·配第的《赋税论》为标志开始形成，而亚当·斯密的《国富论》正式表明经济学作为一门独立的学科而产生。随后其经历了不断发展，从以亚当·斯密为代表的古典经济学到新古典经济学，再到凯恩斯的现代宏观经济学，最后到当代的新自由主义经济学派。

管理学主要提供实现组织目标的组织资源最后使用原理和方法，根据组织资源的使用效率情况，提出实现组织目标的组织资源最优配置方案（How的问题），主要从经济利益的角度来分析社会资源的利用和配置问题，以研究特定组织资源的使用为主要内容，其是关于组织的科学。从泰罗的科学管理理论，到建立在“人本主义”之上的行为科学理论，再到现代管理理论，随着社会、经济、文化的发展，管理学理论出现了更多的方向和内容。

社会学主要是从婚姻、家庭、社会、民族、国家、人类的角度维护和谐和发展，主要是以伦理、道德等价值观为出发点。20世纪80年代以来中国社会发生了一系列深刻变化：从传统社会向现代社会转型、从同质社会向异质社会转型、从封闭半封闭社会向开放社会转型、从伦理社会向法治社会转型。在今天，全球化、社会分化以及网络化等等加速了我们国家的社会转型，使我国企业面临更加复杂的社会环境，成为了影响我国企业社会责任建设的主要因素。

经济学是关于政府如何管理经济的学问，企业管理学是关于企业如何管理企业的学问。经济学家只能告诉企业面临什么样的经济环境，而管理学家则会告诉企业在这样的环境下谁是你的竞争对手，谁是你的目标顾客；怎样跟你的竞争对手进行竞争；怎样在这个市场上赢得你的目标顾客。像这些都是企业管理要回答的问题。总之，经济学家寻求最佳游戏规则提升竞争以使社会利益最大化；管理学家在给定的游戏规则下寻求策略提升垄断以使企业利益最大化；经济学家强调抽象、一般和科学，管理学家强调具体、特殊和艺术。

经济学主要是从社会经济效益的角度维护经济体的持续较快发展，主要是数量分析模型和比较效益的方法；管理学是从组织的角度促进组织的效率，其方法比较综合，既有数量分析，也有管理伦理，但主要是从心理学的视角来维持秩序和激励人潜能的发挥。社会学的理论、观点、方法研究企业内部各种因素、各个方面相互关系和互动作用，以及本企业与其他企业乃至整个社会的关系的一门学科。比如：一个企业对外利益是一致的，但是企业内部各个部门之间利害往往并不完全一致，因此，它们之间的工作配合和工作关系是否协调至关重要，把各个部门及各种因素的相互关系调整到最合理的程度，防止“内部损耗”，一致对外，以求企业取得最好的经济效益与社会效益，这是社会学的首要任务。

如何在中国特有的环境下从经济学、管理学或社会学来说明和解决问题，这就是财务指数的价值所在。很少有指标比财务指标更能恰如其分地说明企业经营的轨迹与生存发展态势。在财务体系的众多指标中，不论是成功之路或者失败事实，只要能获得深入浅出的研究分析，都会给出相应的客观结论。成千上万的分类指标、数以千万计的企业主体、每日交易量汇聚成“财务指数”，它反映当代中国经济、管理与社会领域的企业交易与商品、资本的现实流量，并记录着中国企业生存与发展的轨迹：在过去数年里，随着政府经济刺激一揽子方案开始奏效以及新兴市场消费者恢复活力，财务指数起伏上扬，未来“新常态”之下呢？财务指数同样用来描述中国崛起为一个地缘大国更加脚踏实地的前进轨迹。

三、指数的现实应用领域

（一）数据产生能量的时代已经到来

不论你自觉或者不自觉、主动或者被动，一切关于一个人的各种各样的生命轨迹、生活痕迹、工作踪迹、商业踪迹，都将被原原本本地记录在案，并以“量化”形式在专业整理与分析的情况下体现出某种可利用的现实价值。数据，简言之，是一切能够描写商业交易、政府服务、社会生活等特征的量化。数据正在成为21世纪的原油，是国家、行业和个人竞争力的重要来源。哈佛大学教授加里金说：“这是一场革命，庞大的数据资源使得各个领域开始量化进程，无论是学术界、商界，还是政府，所有领域都将开始这种进程。”一个例证是，美国交通管理局和治安管理局本是两个独立部门，而当他们将各自的专业数据记录加总到一起，奇迹出现了，治安案件发生的地点、时间和交通事故发生的案件、地点、时间，被印设到同一张地图上，直接显示出其记录具有高度重合的直观特征，此举直接引发了联合执勤方式的产生，极佳的执勤效果雄辩地证实了“数据”的价值在于能够提高决策科学化与管理精细化的水平。美国在2000年就颁布了《数据质量法》，规定公民、公司、组织对政府公布的数据可以质疑，可以提起审核，甚至上诉司法。奥巴马在当选总统之前，曾去谷歌拉票，他说他上台要做两件事：第一，任命一个首席信息官；第二，开放数据。2009年，美国，世界首位政府首席信息官诞生，年仅34岁。足见其何等重视大数据的挑战。

如今，人们日趋重视数据积累，从关乎纳税人利益的财税领域，到日常生活中天气的变化情况，政府主动公布相关数据，有利于提升决策的科学水准。而从城市建设角度看，公开部分数据，让过去收费的数据免费，亦能为各方参与公共决策讨论提供参考。就后者而言，无疑将直接作用于备受关注的政务公开议题。“大数据战略”或可成为政务公开的有力实践，鉴于其战略意义，除了当前回应民众诉求的应急之需外，还要看到它在中国社会治理的创新价值。当前中国正走出“人治”痼疾，但在政府转型过程中，不仅要重视权力的彼此制约，还应通过“数字管理”来观察、论证权力运作是否合乎规范。在“房叔”、“房嫂”一窝蜂被曝光之际，中国反腐败工作力度继续加大，数据也可能成为“反腐新利器”，通过设立电子数据档案，绑定工资、财产、考核、晋升等方面信息，逐步做到向社会公开，“让掌权者在阳光下行走”，方便群众监督。

数据最受热情款待与深度开发的领域，应该还是商业交易领域。有意或无意、直接或间接，每时每刻都有海量的数据产生，永不停息，无数的数据被收集、交换、分析和整合，如洪流一般注入世界经济，成为全球各个经济领域的重要组成部分，数据将和企业的固定资产、人力资源一样，成为企业生产经营的基本要素。其实，早在 20 世纪 60 年代到 80 年代早期，一些企业在大型机上部署财务、银行等关键应用系统，存储介质包括磁盘、磁带、光盘等。尽管当时人们称其为大数据，但以今日的数据量来看，这些数据无疑是非常有限的。随着计算机的出现和应用增多，企业内部出现了很多以公文档为主要形式的数据，包括 Word、Excel 文档，以及后来出现的图片、图像、影像和音频等。此时企业内部生产数据的已不仅是企业的财务人员，还包括大量的办公人员，这极大地促进了数据量的增长。互联网的兴起则促成了数据量的第三次大规模增长，在互联网的时代，几乎全民都在制造数据。而与此同时，数据的形式也极其丰富，既有社交网络、多媒体等应用所主动产生的数据，也有搜索引擎、网页浏览等被动行为过程中被记录、搜集的数据。时至今日，随着移动互联网、物联网、云计算应用的进一步丰富，数据已呈指数级的增长，企业所处理的数据已经达到前所未有的级别，而全球每年所产生的数据量更是到了惊人的数量级。此情此景下，“大数据”就成为需要新处理模式才能具有更强的决策力、洞察发现力和流程优化能力的海量、高增长率和多样化的信息资产。

（二）指数的应用显现出强盛态势

“冰冻三尺，非一日之寒”。指数的社会功能被人们发现和利用，也是长期的社会生活与管理实践所总结出来的人类智慧与科学成果。如今，指数已经成为妇孺皆知、耳熟能详的公用化技术工具。以下从理论学科、政府实践到商业管理三个层面的应用进行浏览式概括：

1. 基于经济学观点的指数应用

指数在经济领域的应用十分广泛，主要包括反映宏观经济发展和走势水平的各种统计指数、物价指数和股市指数等。

（1）反映宏观经济发展态势的指数。

经济发展是企业主体、政府部门甚至于社会公众等普遍关注的问题，反映宏观经济发展状况的指数自然也会引起深切关注，并得以广泛应用。

其一，国内生产总值指数（Gross Domestic Product，简称 GDP）。这是最受关注的统计指数，反映了一定时期内，一个国家或地区经济中生产出的全部产品和提供劳务的总值。GDP 是衡量国家或地区经济发展规模的通用指标，被公认为是衡量一个国家经济规模的最佳指标。

其二，宏观经济景气指数。这是利用一系列相互关联的经济变量指标来描述整个经济景气的状态和程度、反映经济整体发展水平和趋势的指标体系，它是宏观经济的“晴雨表”，指示着经济的繁荣与萧条，为各国政府制定经济政策提供了重要依据。

其三，企业景气指数和企业家信心指数。企业景气指数和企业家信心指数是通过对企业家展开问卷调查，根据他们对于当前宏观经济状况和微观经营状况的判断与预期结果进行量化加工整理得到的指数，用以综合反映企业的生产经营景气状况以及未来经济状况。此类指数采用采取重点调查和抽样调查相结合的方法，选取不同行业、不同规模、不同注册类型的样本企业。调查范围覆盖八大行业，包括工业、建筑业、交通运输仓储和邮政业、批发和零售业、房地产业、社会服务业、信息传输计算机服务和软件业、住宿和餐饮业等。

其四，采购经理人指数（Purchase Manager Index，简称 PMI）。这是先行指标，通过调查的方法获得经理人对生产经营与财务情况的分析判断。其中影响最大的是美国采购经理人指数，它通过调查的方法获得经理人对生产经营与财务情况的分析判断，综合了生产、新订单、商品价格、存货、雇员、订单交货、新出口订单和进口等八个方面状况的数据，经过汇总加工后得出指数。PMI一般是月度数据，数据范围在0~100%之间。通常以50%为分界点，高于50%反映经济总体扩张，低于50%反映经济衰退。PMI是快速及时反映市场动态的第一手数据指数，目前已成为国际通行的宏观经济监测指标体系，对国家经济活动的监测和预测具有重要作用。

（2）反映物价变动态势的指数。

供给与需求从来就是一对孪生兄弟，相互影响，结伴而行。市场交易除了与企业生产经营的高潮与低谷之外，同样也与老百姓的日常生活息息相关。

其一，消费者物价指数（Consumer Price Index，简称CPI）。也称居民消费价格指数，是反映一定时期内城乡居民所购买的生活消费品价格和服务项目价格（即固定一篮子消费品的价格）变动趋势和程度的相对数，是对城市居民消费价格指数和农村居民消费价格指数进行综合汇总计算的结果。目前，CPI是世界各国普遍编制的一种指数，是衡量通货膨胀水平的重要指标。CPI涵盖食品、衣着、医疗保健和个人用品、交通及通讯、娱乐教育文化用品及服务、居住、杂项商品与服务等八大类，通常以上一个对比期为基准期，以百分比的形式表达。长期的经验事实证明，当CPI<3%时，表示轻微的通货膨胀，而当CPI>5%时，表示通货膨胀严重。

其二，生产者价格指数（Producer Price Index，简称PPI）。也称工业品出厂价格指数，是反映全部工业产品出厂价格总水平均变动趋势和程度的相对数。PPI是某一时期生产领域价格变动均重要经济指标，也是通货膨胀的一个先行指数。生产原料价格均上升，会反映到消费产品的价格上，进而引起整体物价水平的上升，加剧通货膨胀的压力。

其三，股票价格指数。这是由证券交易所或金融服务机构编制的用以表明股票市场上各种股票市场价格的总体水平及其变动情况的一种参考的指示数字。由于股票价格变动频繁，上市股票种类繁多，良莠不齐，投资者必然面临各种市场风险。面对多种股票的价格变化，逐一了解和分析股票价格波动将会增加个人投资者的交易成本。为了适应这种情况和投资需要，一些金融机构利用自身熟练的业务知识和信息优势，编制出了股票价格指数，作为市场价格变动的指标，以供投资者参考并预测股票的价格走势。

2. 基于管理学观点的指数应用

随着经济管理尤其是企业管理的科学化与精细化推进，专家们一直在探索着如何更加科学地描述与反映出某种经济运行的态势。

（1）公司治理指数。公司治理的研究也成为全球性的热点问题，从20世纪八九十年代开始，西方国家便开始关注公司治理的研究，研究内容也逐渐从理论研究转到实务研究。如今，公司治理质量和治理环境更是备受关注，很多机构和学者也都尝试着构建公司治理评价体系。我国企业的公司治理指数主要有两个：一个是由学者李维安教授研究设计并发布的指数，该指数也是我国第一个公司治理评价体系；另外一个是由机构发布的治理指数。

（2）中国市场化指数。中国市场化指数，是对我国各省、自治区和直辖市建设市场化体制机制进程的成熟度测量指数。该指数由中国经济改革研究基金会国民经济研究所樊纲主持研究编制。该指数从政府与市场的关系、非国有经济发展、产品市场发育程度、要素市场发育程度以及市场中介组织发育和法律制度环境等五个方面评价各省区市市场化相对程度。

（3）企业内部控制指数。内部控制研究热潮的兴起，也衍生出多个专门研究内部控制指数的学派。内部控制指数的设计主要从以下三个方面入手：一是以会计师事务所发表的重大缺陷作为评价依据设计的指数；二是以企业自愿披露的关于内部控制的信息为基础设计的指数；三是以内部控制目标的实现程度为基础设计的指数。

3. 基于社会学观点的指数应用

国内关于幸福指数的研究始于20世纪80年代中期，这一时期主要是由心理学家进行描述性研究和探索影响幸福的主客观因素。20世纪末至今，幸福指数逐渐成为国内幸福度研究的热门话题，构建怎样的幸福指数，如何推广这一指数并指导解决我国民生问题成为国内学者的研究重点。

学术界有关“幸福指数”的概念及测量方法众说纷纭，一直以来都没有定论，总体看来主要分为三种观点：第一种以客观指标来衡量的“幸福指数”，这一客观指标包括人均 GDP、失业率、恩格尔系数、基尼系数、通货膨胀率等。第二种是将主观和客观指标结合来衡量的“幸福指数”，除了上述的客观指标外还加入了人们的生活满意度调查。第三种是纯粹的主观问卷调查数据得出的“幸福指数”。如邢占军提出了主观幸福感测量的方法，奚恺元采取随机抽样电话访问和网上问卷形式，调查内容包括总体幸福感、人情关系、交通设施、个人发展机会、生活环境等几大因素的调查。中国科学院院士程国栋向会议提交了一份题为《落实“以人为本”，核算“国民幸福指数”》的提案。建议要从国家层面上构造由政治自由、经济机会、社会机会、安全保障、文化价值观、环境保护六类构成要素组成我国的国民幸福核算指标体系。他认为：“测定人民的幸福程度不仅是为了追踪幸福程度的变化，也是为了帮助开发促进提高人民幸福程度的政策。”“希望在不远的将来，国民幸福指数（GNH）与 GDP 一样重要，监控国家经济社会运行态势，了解人民的生活满意度，同时成为科学的政绩考核标准的组成部分”。此外，2005 年 4 月，深圳市将“关爱指数、幸福指数、人文指数、安全指数、诚信指数、环境指数、廉洁指数”等指标列入到该市的“城市文明指数”中并于 2006 年、2008 年开展深圳市民幸福感调查。2006 年北京市开展幸福指数研究，推出了一套幸福指标体系，并将其纳入和谐社会指标评价体系中，将“幸福感”作为衡量北京社会和谐与否的一个重要指标。2006 年国家统计局提出要构建幸福指数指标体系这一构思；2006 年西安市在《政府工作报告》中明确提出，要“大力提高全市人民的幸福指数”；杭州市在“十一五”规划中提出力争成为幸福程度高、生活品质优的“和谐杭州”；江苏省江阴市、河南省平顶山市等一些地方政府，已经把“幸福指数”纳入到了对当地官员的政绩考核中。与传统的 GDP 核算体系相比，“幸福指数”从国民健康水准、社会福利状况、经济产出水平和生态环境状况等多个维度，对社会运行状况进行综合考核，为政府体察民情提供新的视角。2008 年，唐山在全国率先推出了幸福指数评价体系，当年底，唐山高票荣膺“改革开放 30 年中国最具幸福感城市”称号，在颁奖词中这样诠释着新唐山：

"从地震废墟到天蓝、地绿、水清、城美，这里的人们有着太多的幸福理由。"广东省委十次全会提出要把加快转型升级，建设"幸福广东"作为落实中央"十二五"发展主题主线的核心任务。建设幸福广东，就是要坚持以人为本，维护社会公平正义，保护生态环境，建设宜居城乡，改善社会治安，保障人民权益，畅通诉求表达渠道，满足人民群众文化需求，从而强化转型升级的目的依归和价值导向，使转型升级成果更好地转化成人民群众福祉。

以上经济学、管理学、社会学的分析主要是基于理论体系的应用来解剖指数的。

4. 基于监管学观点的指数应用

监管，可能更多地与政府宏观层面联系在一起。就字面理解，监管学无疑是一门关于监督与管理的综合性学科。在人类社会的历史长河中，不论是监督，或者是管理，始终是源远流长的。只不过将其用"监管"的字样来表达，则并不多见。但是，在中国市场经济建设的进程中，"监管"已经成为常见词语了。从安全生产、食品药品，到股票市场、国有资产，等等，无一不属于必须进行强制性、专业性监管的范畴。

就政府监管而在于言，学术界一般称之为政府规制或管制，是市场经济条件下政府为实现某些公共政策目标，对微观经济主体进行的必要的规范与制约。通常是指通过对特定产业和微观经济活动主体的进入、退出、资质、价格及涉及国民健康、生命安全、可持续发展等行为进行监督、管理来实现。金融监管是一种特定的政府监管，是指政府通过特定的机构（如中央银行）对金融交易行为主体进行的某种限制或规定。金融监管本质上是一种具有特定内涵和特征的政府规制行为。金融监管是金融监督和金融管理的总称。在中国，包括中国证券监督管理委员会履职行权的证券监管、中国银行业监督管理委员会履职行权的银行监管、中国保险监督管理委员会履职行权的保险监管等。还有国有资产监管，就是以国有资产（包含国有资源、国有资本）的保值增值为目标而开展的各种监督、监察、督导、控制、评价、考核等活动。

新兴的网络监管也是一个相当热门的社会话题。主要是指政府对互联网网络的监督、监管和检查，主要是监管外部的网络状况，类似于网监、网络警察的性质。

当然，在市场经济条件下，市场监管不是对某一行业、某一具体市场、某一区域的管理，而是具有普遍性的监督管理，过去大多数工商行政管理部门只涉及一些人身安全、假冒伪劣、市场等等一些有形市场的管理而忽视一些市场本身行为和范围（即无形市场）的管理，更不用说电子商务、网上购物、邮购等交易行为的管理，一句话说，只局限于具体交易行为的管理，没有充分认识市场交易关系，从抽象行为进行监管，因此，市场监管的眼光要随经济的发展而发展。

5. 基于市场学观点的指数应用

数据被称作信息化时代的石油，其重要性不言而喻。对于大数据的概念，尽管存在不同的表述，但一个普遍的观点是，大数据虽与“海量数据”和“大规模数据”的概念一脉相承，但其在数据量、数据复杂性和产生速度三个方面均大大超出了传统的数据形态，也超出了现有技术手段的处理能力。在应用层面上，大数据是指通过先进的信息技术对海量数据进行捕捉、存储、分析和挖掘，这些数据具有快速、复杂和多变的特点。从产业角度，常常把这些数据与采集它们的工具、平台、分析系统一起称为“大数据”。

从企业主体对外的市场开发来讲，产品经营市场条件下的“产、供、销，人、财、物”等所需的决策信息，资本经营条件下的企业兼并、重组，这是相对而言成熟条件下商业发展的“二轮驱动”。面对企业内外部日常经营所产生地爆炸式增长的海量数据，企业传统的信息系统甚至已经无法对其进行有效的分析。大数据技术为企业有效利用数据提供了新的途径和机遇：通过深入挖掘自身数据的商业价值，推动企业决策机制从“业务驱动”向“数据驱动”转变，从而提升集团决策能力、市场竞争力。大数据将促使数据业务成为各行各业的主营业务，从而改变其管理模式。整合市场资源、推进业务协同创效，大数据将为现代企业的运营管理模式带来深刻变革，使得企业可以整合产业生态链资源，进行产业模式创新；可以重塑企业与员工、供应商、客户、合作伙伴之间的关系，进行企业管理创新；可以整合资源，创新协同价值链，提供新的产品与服务，打造新的商业和管理模式。

对企业主体的内部管理来讲，大数据讲求相关关系而非因果关系、注重全数据模式而不是抽样样本，这必然决定了在对内管理与控制领域，可以更加有效地利用数据。大数据和经营之间的关系，是价值创造的过程，通过大数据分析能够更准确的识别目标，包括谁是你的客户，客户的属性，是男的还是女的，今天买什么，明天可能买什么，过去消费习惯等，对你更快、更准确地掌握客户信息十分重要。当这些数据来自于跨越了某一个行业的界限的时候，价值就大。一个人频繁光顾酒吧的信息和到医院对肝做彩超其信息结合在一起，是可以判定出他肝的问题是喝酒造成的还是别的问题造成的。未来，大数据可以让企业从战略角度更准确地预见未来，或者从市场营销阶段，更精准的营销客服。现在这些大数据，无形当中自己的行为习惯是真实流露的，今天买什么东西是真实的，这些数据绝对是准确的，最重要的就是企业如何把它精准使用。如果真的要准确，应该把行业数据或者把政府的数据纳入进来，一起去思考。

6. 基于危机学观点的指数应用

危机学是对危机现象的一般性理论分析，通过将总体逻辑抽象与历史现实发展统一起来，来阐明危机现象的本质特征和基本规律。当今社会，经常会发生而让各位普遍关注的危机就是企业经营过程中的财务危机。

早期关于财务危机研究的文献中，大量的研究将财务危机界定为企业失败或企业破产。Beaver（1966）将破产、拖欠股利、拖欠债务界定为财务危机；Altman（1968）将进入法定破产程序的企业定义为财务危机企业；Deakin（1972）认为已经破产、无法清偿债务而进行清算的企业是财务危机企业；周首华等（1996）使用破产的概念研究企业财务危机问题。随着财务危机研究的不断深入与扩展，国内外学者开始从不同的角度、阶段、程度来定义财务危机，并将企业的支付能力作为关键因素考虑。古祺和刘淑莲（1999）认为财务危机是指企业无力支付到期债务或费用的一种经济现象，包括从资金管理技术性失败到破产以及处于两者之间的各种情况；Ross（1999）认为技术破产，即企业无法按期履行债务合约还本付息，是企业财务危机的一个方面；李心合（2007）将财务危机与现金流转相联系，认为当现金流量不能满足正常支付需求从而发生支付困难时，即发生了财务危机；吴星泽（2011）将财务危机定义为导致财务危机发生的力量与抵抗财务危机发生的力量之后所形成的企业支付能力不足的情况。除上述定义外，国内大量财务危机的实证研究则将被特别处理的上市公司（即被 ST 的上市公司）定义为财务危机型企业，如杨淑娥等（2007）将因财务问题而被 ST 的上市公司视为发生了财务危机的公司。

总之，不论是经济交易、组织管理、社会生活，或者是监督管理、市场开发、危机应对，抛开其光怪陆离的个性化特征，我们总能揭示其内在的规律性。通过科学的指数方法对各种社会经济现象加以衡量，综合反映出现象的相对变化程度，简单直观，方便了大家对某种具体现象的理解和认识，这已经成为一道独特的风景线。作为本项目致力于研究的企业财务指数，则可以如上述示例中的 GDP、CPI、PPI、股票价格指数和公司治理指数等一样，直观地反映出企业财务管理水平，能够帮助管控机构、企业管理层、投资者以及其他社会公众了解企业运行的“冷暖”。

第三乐章

理论建构：财务透视的价值观判断

迄今为止，在企业财务与会计领域，谈到企业“运行态势”始终停留在“财务指标分析”的话语内，现代管理意义上的“企业财务运行态势思想及方法体系”并未构建起来，这也是当前企业财务运行态势陷入纷乱与困境的根源。所谓的现代管理意义上的“企业财务运行态势思想及其方法体系”，是指现代管理理念及方法与企业财务领域现行的运行态势方法融合而成的属于企业财务自身的运行态势体系。现代管理理念强调运行态势的科学性、系统化；强调全员参与、过程管理；强调运行态势的数量化以及质量的持续改进与提升，甚至强调基于外部竞争环境变异的应对机制。如何将这些先进的管理思想融合进现行的企业财务运行态势考量中，从而构建企业财务运行态势体系，还得从企业财务运行态势中一直存有争议的几个基本问题着手——即“质量观”、“评价观”以及“目标观”。本章将以现代管理理论的视角，结合企业管理领域先进的理念，对三大基本问题进行深入、系统化的探讨，并试图揭示现代管理思想在企业财务运行态势中的实现逻辑。

第一节
企业财务“质量观”探析：从“一元”到“多元”

岁月变迁，荣枯轮回。改革开放以来中国企业所追求的崇高目标的发展与变迁，发人深思。从一味追求产量产值，到过度讲求销售规模与利润总额，再到社会资源综合配置效率与社会主体责任意识的觉醒，这无疑是一个逐渐进步、逐渐完善的过程。尤其是经过 30 多年的发展，在全球经济一体化、交易环境异质化、纵横互联网络化的背景下，中国经济与外部经济的内外互应、国内市场要素与供求关系的联动反应，都已经渐进形成了一个新的经济环境。党的十八大高瞻远瞩地凝炼了未来经济格局的走向：改变过度依赖投资拉动的外延式增长模式，实现“三驾马车”协调运行下的消费主导发展方式；改变过度依赖出口和外资拉动型增长模式，实现商品进出口与资本进出口并重的发展方式；改变过度依赖廉价劳动力驱动的增长方式，实现技术管理创新驱动提升附加值的发展方式；改变过度依赖房地产单一增长格局，实现新兴战略产业与现代服务业在内的多元发展方式；改变过度依赖资源消耗和环境代价换取经济增长，实现节能环保、集约化的经济发展方式；改变过度依赖部分人先富的非均衡增长，实现群体间均衡共享、追求包容性增长的发展方式①。可见，不论生存与发展，中国企业都既不能走封闭僵化的老路，也不能走改旗易帜的邪路，而只能走科学发展观引领下的中国经济升级版新路。

不过，许多企业在财务管理的理念层次和思维模式仍旧处于“线性

---

① 吴敬琏等著：《中国 2013：关键问题——中国国家智库十八大之后国势前瞻》，线装书局 2013 年版，第 50 ~ 77 页。

生产”时代，对环境变异下的“多元集成”管理思路则未能深刻理解与把握。基于企业财务管理所肩负的群体经济态势与个体经营状况互动中的信号传导使命与潜力互撞角色，企业财务管理必须正确认识和处理现实中的若干重大矛盾关系，将一切积极因素和潜在能量调动起来，全程关注处于动态演变过程中的矛盾关系的协调与转移。一个心理机制是，我们不仅要研究和解释经济现象，还要研究人的行为，在行为假设的基础上作出预测与价值判断。进一步地，理性假设（Rational Hypothesis）也是有边界条件的，不能盲目运用，而应该考虑到经济理论、行为假设的边界性特征（田国强，2009）。《圣经》道：一粒麦子，若不落在地里，仍旧是一粒麦子；而如果落在地里，便能得到新生并且长出许多颗粒来。作为经济学与管理学的守望者与耕耘者，我们应该时刻着手于理论与实践的互动链条与对接机理，在企业经济人和市场规制的总体框架下，引导经济主体的行为选择自由。[①] 因此，本书基于持续变化着的世情、国情，面对发展机遇与风险挑战中的新环境，吸收各方认识、观点，进一步探讨新经济与时政环境下企业财务领域带有全局性、根本性的质量观问题。

企业财务质量观作为一个比较判断的概念，具有辩证发展的特性。在计划经济时代，人们对企业财务及其质量观的认识比较统一。当前的经济已经不再是计划模式的天下，企业运行大都进入了市场经济与竞争机制的环境，不管处于哪种状态，企业财务性质及其价值关系已经或正在发生变化，为此，企业财务质量观也必须得到积极的转变。三十年磨一剑！从1978 年 12 月的十一届三中全会到 2013 年 12 月的十八届三中全会，改革开放从春风化雨到整装再出发，市场经济的基本地位已经明确。正如十八届三中全会确立的市场在资源配置中处于决定性地位，对于市场决定资源配置的企业而言，就必须从市场化这一概念的完整内涵出发，必须把凡是能由市场形成的价格都交给市场自由配对。当人类还没有选择或者说刚刚

---

① 相对于对企业主体财务关系的粗略表达，从经济学的思想与方法看，对政府管制行为则需要有明确的程序和规则，且宜细不宜粗，越明确越好。这是因为政府也是经济人，但兼当裁判员和运动员。

选择计划经济体制的时候，经济学家冯·米塞斯就断言，离开了市场价格，你将不知道资源的稀缺程度，你将不知道资源怎样分配才能效用最大。在市场经济下，一切信息都通过价格来反映，一切利益关系也通过价格来表示和调整。当某种资源稀缺了，其市场价格就会上去。价格上去了，使用者要么节约该资源，要么寻找其他的替代品，要么把更新的替代品创造出来。某种资源在哪种领域、哪种产业效用大、回报高，该种资源就自动流向那个行业，这就是市场对资源的配置。这种均衡不断被打破，并不断地再平衡，这个过程永远不会完结。显而易见，在市场配置资源的前提下，产业和企业必须有竞争能力。企业财务的市场化机制和内在动力要求企业财务质量观从单一化的企业财务质量观向多元化的质量观转变，这是大势所趋。

一、多元化质量观的内涵

长期以来，企业经营好坏被理解为一元概念，仅指赚取利润上的多少，将一个企业利润总额作为判断其是否成功的标准。后来陆续有人提出细化的做大做强概念，即对规模与效益的不同追求观念，再后来，在社会责任观与可持续发展的理念下，呈现出多维概念，除利润水平决定外，还包含资产质量、社会责任、可持续发展潜力命等因素。从一元质量观变迁到多元质量观（参见图3－1）经过了改革开放的历程。因此，现代企业财务运行质量也是一个多维概念。那种利润至上的观点早已过时，以一元为主的财务质量基础不但在理论上显露出局限，而且在现代管理实践中也产生出许多弊端，当代的经营绩效观理论和多元目标实践的发展，要求企业财务质量观基础从一元为主走向多元整合。

多元化企业财务质量观的基本前提如下：第一，它以价值多元性为其存在的基础，强调不同利益相关主体对企业财务质量观存在的差异性与统一性，从企业这一主体的相关者而言，投资者与经营者对企业众多决策的价值出发点是不同的，私营企业与国有企业也是不同的；第二，它以尊重差异为其存在的前提，强调多元化企业财务质量观对多元需求的满足；第

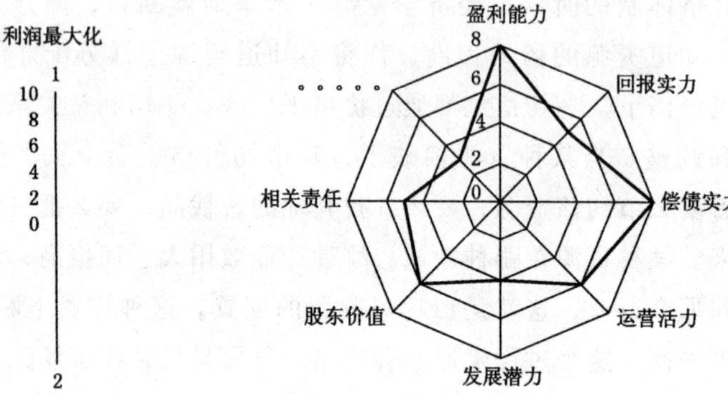

图 3－1　从一元质量观到多元质量观的转换

三，它以针对性和适应性为其存在的依据，强调每一种企业财务质量观所具有的适用性；第四，它以企业能够可持续发展为其存在的终极目的，强调多元企业财务质量观的基本约束性。这一总结，对我们理解企业财务运行态势中坚持多元化的质量观这一核心管理思想的内涵有很大的启发意义。

企业财务的质量是一个复杂的概念，很难用一句描述性语言对其进行界定，不同的主体从不同的视角出发，产生了对质量不同的认识及诉求，从而形成了不同的质量观。这些不同的质量观没有高低优劣之分，它们差异并存、不可通约，甚至彼此冲突，尊重这种价值冲突，允许差异化的存在，这是企业财务运行态势坚持多元化质量观的重要内涵之一。

然而正是这种价值冲突及差异使得质量评估或管理变得矛盾凸显、困难重重。为此，企业财务运行态势中坚持多元化的质量观，还有另一个重要的内涵即是坚持多元化和统一性的辩证统一。多元化的质量观是由多元化价值取向所导致的，而价值既有多元性，也有一元性。同样企业财务质量观既有多元性也有一元性，这是价值的本质属性所决定的。价值的多元和一元是辩证统一的关系，同样质量观的多样化和统一性也应该是辩证统一的。当多元化的价值发展到一定程度的时候，人们就会开始思考价值认同的问题。企业财务多元化的质量观，质量标准是社会的现实，我们要尊重它，但同时也要解决这种多元化所带来的诸多问题，多元化的价值观使质量评价及管理陷入了持续的争议之中。当前越来越多的实践者，开始认识到，统一的质量认同，是企业财务质量评价及管理得以顺利开展的前提。

完全按照统一的标准去评价所有的企业，这显然是不科学的，抹杀了质量的多元性，就如当前企业财务运行态势存在的问题；而不同的利益相关者用不同的标准衡量一个企业的质量，又给企业的质量评价和管理带去了争议，多元性变成了随意性，评价及管理无法顺利开展。为此，企业财务质量应坚持质量多样性与统一性的辩证统一。即企业财务管理应坚持多元化的质量观，也要注重质量的多元化与统一性的结合。在管理实践中既要尊重不同利益相关主体的质量诉求，也要探寻不同利益群体的“共同需求”（即在尊重多元化价值观的前提下，寻求价值共识）。有学者认为“企业管理的本质就是在遵循共同基本价值定位的前提下，进行价值判断和价值选择，既能使最大价值得到优先实现，又使相对小的价值不至于在冲突中被消磨掉。”从另一个角度来理解，尊重多元化的质量观并不意味着不能有统一指标体系的存在，多元化不能简单地理解为制定多个指标体系等，而在于指标体系的制定过程是在多元价值下还是单一价值下进行的。

二、多元化质量观的内外驱动力

坚持多元化质量观是成熟市场理信念下企业财务质量观转变的必然趋势。任何一个必然性发展的背后都有着深刻的推动因素，从实践层面来看，一般可分为外在因素和内在因素。所谓的外在因素就是事物生存发展的外在现实环境，内在因素就是事物本身内在机制。对其内外驱动力的了解，有助于管理实践中多元化质量观的实现。

（一）坚持多元化质量观的外部推动力

第一，企业财务大众化与多元化的同步加深。企业财务大众化与多元化是紧密相连的两个概念，企业财务大众化是一种多元现代化的进程，企业财务大众化与多元化发展是相伴而行的。企业早已不再是单一产权主体形态，包括公众公司在内的众多投资者参与的公司形式越来越多，成为经济活动的主要力量。从某种意义上讲，企业财务多元化是实现企业财务大众化的必由之路，没有多元化就无所谓大众化。观察西方发达国家企业财务大众化的历程不难发现，大众化与多元化有着诸多共同的发展动向：企业主体的功能与使命变化，资本的价值实现和员工价值目标的变化、各种生产要素的定位变化等等。以上变化迫使我们重新思考企业财务质量观。为了适应这些变化，企业财务质量观必须从单一化国有产权或私营企业下的内部单一质量观向多元化质量观转变。

第二，市场经济条件下，社会对企业财务的认识和需求越来越多元化。随着社会的发展，企业财务的运行环境发生了巨大的变化，企业财务与社会之间的关系，从之前的“独立于社会之外”发展到成为“社会生活的成员”。为此，社会对企业财务的关注和参与度越来越高，来自税收、补贴、养老、社区等早已将企业与社会完全融为一体了，企业也在通过资金转化投入到社会事业与政府管理中，社会与政府也愿意为接受企业服务而付费，这些都是社会对企业财务认识变化的重要体现。随着社会对企业财务参与及关注度的增高，其对企业财务的需求也越来越多元化，市场经济条件下尤为明显。为了满足社会的多元化需求，越来越多的新型企业财务机构和另类企业财务机构发展起来。

第三，企业财务系统的分化是多元化质量观存在的现实基础和理由。企业财务的大众化不是精英企业财务的比例扩大，而是一个不断分化、解构和重构的过程。伴随企业财务大众化进程的加深，企业财务多样化也同时取得了迅速的发展，主要体现在企业财务系统逐渐分化为多层次、多类型、多种主体参与的复杂的社会系统。具体表现为企业产业位置的多样化、企业规模大小的差异化、企业财务机构层次与类型的多样化、企业财务管理水平的多样化等方面。这一系列的变化，在客观上要求转变企业财务的质量观，打破单一的同一报表模式，利用其内存的统一性来确立和发展多样化的、多元性的质量观，鼓励重点大型企业、中小企业、甚至小微企业都显现出各自特色，共同搞好企业经济活动与提高运行质量。

第四，企业财务质量观的转变——从一元到多元，已成为企业财务领域一项重要的现实课题。经济的开放搞活带来了企业财务的诸多变化——数量的增加、多样化的企业和企业财务之间的功能和任务的分化，财务资源分配方式的变化以及以此相适应的焦点、热点结构的形成等，这些变化也由此带来了诸多新的问题，如何应对这些问题，已经成为本阶段诸多国家的一个重要的政策性课题。财务质量观落在实处，让财务管理与控制的精神真正地回归管理视野，回到对相关主体的关切中来，不要再“头痛医痛，脚痛医脚”。因此，一个科学、合理的财务质量框架是十分必要的。

（二）坚持多元化质量观的内部推动力

第一，企业财务多元利益主体的参与，是多元化质量观确立的意识形态基础。多元化的企业财务质量观是基于利益相关者的质量观，它是利益相关者在自身认识及诉求之上建立起来的质量标准，从而对质量所作的价值判断。由于企业财务是一个利益相关者的组织，“是价值观多元化的集散地，任何一个组织的价值观都不可能像企业那样多元。”为此，必然存在多元化的企业财务质量观。

第二，对企业财务个性化的追求，是多元化质量确立的价值基础。所谓的对企业财务个性化的追求，一方面是指企业财务自身对个性化及多样化的追求；另一方面是指企业财务是以促进个性的发展和完善为目标。以上两方面都是企业财务多样化发展的基本价值取向。

第三，企业主体地位的逐步确立，是多元化质量观确立的动力基础。曾几何时，一个企业更多是作为机关或集团的附属机构存在着，其自身生产或经营活动则不被强调，企业独立的主体地位意识不够坚定。我国企业财务的“行政化”倾向是主体地位缺失的主要原因，由于主体地位的缺失，诸多企业陷入了身份危机，企业的战略定位模糊，各企业间雷同现象严重，企业的个性化、特色化得不到体现，从而也阻碍了各企业个性化质量观的确立。然而，随着企业自主地位的确立，其主动性、创造性也将得到进一步发挥，推动其不断构建具有自身特色的企业财务运行态势和发展战略，进而走出一条自主创新的特色发展之路。

第四，多层级企业财务体制的建立和完善，是多元化质量观确立的制度基础。多层级体制下，企业财务及其质量保障的发展呈现出两个重要的趋势：一方面是企业财务质量保障中权力结构的均衡化，即企业自治运营和市场监控两种基本力量逐渐走向相互制约和平衡；另一方面是质量保障主体呈现出多元化的趋势，企业自身与政府、社会相互分工、协调，共同参与企业财务质量保障。从某种意义上讲，有什么样的体制就有什么样的质量观。随着多层级体制的完善，企业财务质量观也更加均衡及多元。它充分地考虑到不同利益主体的认识及诉求，制定出能够满足多方利益的质量政策并付诸实现。

三、运行态势中多元化质量观的实现逻辑

当前，提倡多元化质量观已经成了国际企业财务领域共同的声音。关于多元化质量观的实现，主要的观点认为要发展多元化的企业财务质量评估，主张评估主体、评估类型、评估模式及方法和评估指标体系的多元化等。还有观点主张多元化质量观的自主建构，即一方面强调对作为一种关系存在的企业财务质量的认识，是价值主体能动地建构性认识的过程，特别是强调企业作为一个重要价值主体的能动性；另一方面强调企业财务质量观是一种建构性评价，强调评价是一种民主集成、主体参与、共同建构的过程，强调评价的建设性和服务性功能。前一方面强调企业财务多元价值主体的主动性和能动性，认为多元价值主体的积极参与博弈和主观能动性的发挥，为构建和形成多元化企业财务质量观提供了可能性。后一方面突出质量评价行动的性质论和认识论，为多样化企业财务质量观的自主建构的路径选择指明了方向。

新一代评价的核心思想即是尊重“多元价值”，主张评价过程中的多元利益主体的参与，充分听取不同方面的意见，协调各种价值标准之间的分歧，缩短不同意见的距离，最后形成公认的一致的看法。现代管理理念中，全面运行态势的思想及框架，其四大原则之一即是“尊重个体存

在”，也就是“全员参与”的思想。纵观以上观点，在企业财务运行态势中实现多元化质量观的核心要点，即是要实现多元利益主体的参与及集成。质量评价准则、质量评价标准的制定等都不能是某一主体的单一行为，不可能是事先预设、确定的，应该是不同利益主体共同参与集成博弈的结果，是一种建构性实现。

为此，在企业财务运行态势实践中，坚持多元化的质量观，必须从如下几个方面着手：

（一）运行态势各环节实现多元利益主体的参与

企业财务运行态势应坚持多元利益主体参与的原则。企业财务运行态势的流程主要有价值选择、质量准则及标准的制定、信息资料的收集及处理、评价结论的形成、诊断报告及质量改进方案。每一环节都不能是单一主体的孤立行为，每一环节都涉及一定的关键利益主体。国家宏观运行态势要考虑到各类企业的利益诉求，质量准则及标准的制定要为各企业的个性及特色发展留足空间；企业内部的运行态势要考虑到各产业链条的合理配置、各生产经营环节的特征及差异；经营者、投资者等相关利益者对企业质量的监督管理要考虑到各自及相关大众对企业经营的价值诉求等。确定管理环节的关键利益相关者是实现多元利益主体参与的第一步。为多元主体的参与提供合理的参与渠道以及建立良好的参与机制也至关重要。坚持多元利益主体的参与，是实现多元化质量观的基本原则，也是最核心的原则。

为了确保企业财务运行态势中多元利益相关者参与的有效性，还需要制定参与原则和参与范围。各利益相关者的参与不是随意的，是在一定的原则、规范内进行的，有一定的保障机制及约束机制。对于不同利益相关者参与运行态势应拟定以下原则：认同参与是各利益相关者的基本权利；认同参与是各利益相关者的自主权利；保障参与的有效性；设定参与的合理限度；参与是以各利益相关群体之间的目标一致、相互信任、共同合作为基础的；各利益相关者的参与必须是有责任的参与。

（二）指标体系能够体现包容开放性

指标体系是企业财务评价及管理过程中非常重要的一个成分，是整个评价体系的核心。质量指标体系是否具有科学性、是否理性，直接决定评价的有效性。指标体系的包容性、多元化及开放性程度，也是在运行态势中坚持多元化质量观的最直接，最明显的体现。当前，企业财务运行态势实践中，指标体系统性及价值单一性问题严重，从而导致质量评价及管理受到来自各界的多种质疑及批评。

指标体系的包容开放性，首先，要求指标体系的构建不是单一主体的行为，应代表多元利益主体的价值及诉求。我们要知道，“放之四海而皆准”的指标体系是不存在的。不同的评价对象不同，价值追求不同，其评价指标体系显然也有差异。其次，指标体系的制定过程，不是预设、由“强势权力主体”按照自己的意识去操纵的过程，而是一个多元利益主体共同建构的过程。最后，指标体系的包容开放性，不等于随意性。开放且科学的指标体系的构建，需要在一定专业人员的引导下，根据一定的依据，采用科学合理的构造方法，按照规范化的流程才能最终实现。

（三）会计准则下的自主性判断权应该得到尊重

有观点提到，企业财务评价的标准不能仅从企业财务本身产生，而更多地应是从它对社会和人的发展所起的作用产生，所依据的是一定的价值标准。这一价值标准从表面上看，是游离与价值主体的需要，实际上仍是评价主体的内在尺度和需要。然而，企业财务评价主体及其主体的需求都呈现出多元化的状态。为此，依据单一价值主体的需求，建立起来的质量标准已经无法满足现实的需要，正如现有的运行态势方法中评价标准的统一性及预设性所面临的困境那样。在推崇多元化质量观的时代，质量标准的制定需要多元利益主体的参与及认同。同时，质量标准的制定及开发权应下放给各评价或编制主体。在企业财务系统逐渐分化以及企业财务机构逐渐多样化的今天，衡量企业财务质量的标准应依据各企业自身发展的状态和水平，而并非外部赋予的统一标准。这样才能保证企业个性的发展及特色的张扬，同时“促进企业自主发展”的目的才能真正实现。在经济飞速发展的今天，会计职业判断在会计工作中的作用越来越重要，并逐步受到社会的关注。会计职业判断是会计人员在会计理论指导下，在会计制度提供的会计政策范围内根据以往的经验所作的判断，是多个会计原则下的权衡与选择。会计职业判断对会计信息的影响，一方面会计准则和制度给予企业会计人员较多的职业判断权；另一方面，扩大了谨慎性原则的范围，企业自主制定质量目标或标准，可能会出现降低“质量目标”的现象。个别企业为了迎合外部某一考核或评估，或者说为了赢得较高的价格而经常会刻意操纵会计指标，更加方便地达到目标或标准。所以企业自主制定质量标准也需要在统一的专业准则“调控”下进行，不是绝对的“自主”，更不是标准自由化。

（四）质量评价方法技术的多元化及灵活选择

坚持多元化的质量观，评价过程中的方法选择也非常重要。现有的运行态势方法比较讲求评价过程的整体性，评价过程的各个环节都采用相对“齐整”的方法，这样就导致评价的僵硬化，结果的有效性也随之降低。比如，对各指标的评价采用同一的评价方法（或计算方法），而在实际评价中，各指标的形式、性质以及所要评价的任务都是不同的，为此评价方法也可多元化。新方法的创新与开发，应遵循评价方法的多元化的原则，评价过程的各个环节都可以有多种方法选择，根据需要灵活采用，整个评价过程可以是“灵活的”、“动态的”、“多种方法相互结合使用的”，这是坚持多元化的质量观对评价技术方法这一微观层面上的要求。

第二节
企业财务“评价观”探析：从“单一价值”到“多元集成”

企业财务质量观的转变，显然也带来了企业财务质量评价观的转变。纵观企业财务运行态势史，企业财务质量评价经历了从“价值无涉”的活动到“唯一确定的价值”再到“多元价值”的活动。同样，企业财务的运行态势也演变成了多元价值的活动。根据“第四代评价思想”的启发，“集成”是解决多元价值冲突的有效途径。然而，如何才能在评价或管理实践中，真正做到“多元主体的参与集成”，至今仍处于探索之中。从当前的运行态势实践来看，虽然在思想层面，已经意识到了“多元参与”、“协同”的重要性，但最终更多地还是沦为了“象征性”或“形式化”。因此，这一节将深度讨论与指数编制相关的数据集成问题。

一、“集成式评价”的内涵及认识论基础

（一）集成的内涵

集成从一般意义上可理解为聚集、集合、综合之意，《现代汉语词典》将集成解释为同类著作的汇集。集成（Integration）在英语中解释为融合、综合、成为整体、一体化等。集成一词在自然科学、社会科学的许多学科中广泛使用，尤其是随着集成电路、信息集成、系统集成等的广泛应用，集成一词更是频频出现；同时，大量的经济和社会组织中出现的集成现象，使集成的内涵在深层次上得到极大的丰富。

用集成的思想，考察企业管理实践可以发现集成在企业管理中有着多方面的表现。首先，从管理组织来看，企业中将有关市场营销、生产制

造、研究开发等跨部门的各类人员有机地组织在一起，成为以任务为目标的矩阵式组织结构的项目小组；将具有不同操作技能的人员有机地组织在一起，以利于综合技能提高和一专多能的工作团队（Work Team）等，都是集成在管理组织形式中的表现。其次，从管理功能来看，按照制造方程式的原理和思想，即“企业生产什么产品，由哪些零件（资源）组成，现有哪些零件（资源），还需要哪些零件（资源）”，所建立的将生产管理中生产计划管理、生产能力管理、库存管理、采购计划等有机集成在一起的集成管理技术。再次，从管理过程来看，企业经营过程重构就是以技术为支撑、以业务活动的有效性和增值为优化原则，将整个企业经营过程进行有机的集成。最后，从管理系统来看，成组单元、柔性制造单元/系统、计算机集成制造系统、智能制造系统、虚拟制造等，都是在不同的组织层次结构中，以管理系统为对象进行的系统集成。

基于对集成内涵的认识，我们将管理集成的内涵描述为：管理集成是将两个或两个以上的管理单元（要素）集合成为一个有机整体的行为和过程，所形成的有机整体（集成体）不是管理集成单元（要素）之间的简单叠加，而是按照一定的集成方式和模式进行的再构造和再组合，其目的在于更大程度地提高管理系统（集成体）的整体功能，以更加有效地实现管理集成系统创造知识并使知识达到生产力的目标。因此，从本质上讲，管理集成强调人的主体行为和集成体形成后的功能倍增性及管理集成单元的共同进化性，这无疑是构造管理系统的一种理念，同时也是解决复杂系统管理问题的方法。

管理集成单元是指管理的要素，就企业组织而言既包括组成企业的各种资源，如人、财、物、机器设备，又包括企业的基本组织形态，即单元、班组、车间、部门，还包括各种技术，如设计技术、制造技术、管理技术等。管理集成的特征主要有以下几方面：主体行为性、整体优化性、功能倍增性、协同性以及层次、结构性。通过以上理解不难看出，集成更多地被理解为一种解决不同导向之间冲突和分歧的管理工具，是通过对话、交流、谈判与合作，从分歧中逐步走向认同和达成共识的过程。集成式评价致力于兼顾多元评价导向而对企业财务运行质量的综合性分析与判断体系。

(二) 集成式评价及内容

根据对“集成”的理解，集成式评价可理解为“评价是不同利益相关者积极参与以及相互沟通、交流，最终达成评价共识的过程。”集成式评价强调评价过程中不同利益相关者的参与，交流与对话，这种对话贯穿评价过程的始终。在评价过程中，评价者与利益相关者之间不再是“监督与被监督”的关系，而是具有互补性的伙伴关系。多元利益主体的参与式评价，不仅能够保证不同的观点和视野纳入到整个评价设计中，而且还可以利用不同人员有价值的知识储备。

评价是目前进行运行态势的非常重要的工具和手段之一，同时也是运行态势过程中的重要环节。企业财务运行态势推崇集成式评价，不仅仅是强调运行态势过程中质量评价或审核环节的集成，而是主张集成贯穿运行态势过程的始终，包括价值选择的集成、质量准则的集成、标准制定的集成、质量评价/审核的集成、质量评价结果及诊断/分析的集成、质量改进方案的集成。运行态势的每一个环节都有不同利益主体的参与及认同。

(三) 集成式评价、管理的认识论基础

1. “评价”本身的“建构性”特质

企业财务质量评价是一种在复合建构基础上的评价判断，是一种建构性评价。当然，对企业财务质量评价的这种认识，是随着财务评价理论的不断发展而形成的。

新一代财务评价的基本观点和理论框架是基于多元系统的阐述。企业运行质量评价在本质上就是“建构”（Construction），它是一个社会政治过程，而非科学技术过程，其结果是由利益相关者通过集成达成的有关评价对象及其意义的一个或多个理论框架。该理论强调，在评价活动中所有与评价有利益关系的人都要积极参与、充分表达自己的观点，把各方的“心理建构”都展示出来，在此基础上达成共识。第四代评价主要强调评价中“人的心理建构”的本质，实际上，我们今天的企业财务质量评价，其“共同建构”的过程，不仅仅是心理建构的过程，而是一个以价值建构为中心的，包括社会建构、心理建构、行动建构、价值建构、评价建构等的复杂的过程。但是第四代评价的“建构”思想，毕竟为我们认识企业财务质量评价开启了新的思路。评价的建构性特质，强调评价活动中不同利益相关者的参与，相互的对话、交流，在此基础上形成“共同的心理建构”。由此可见，评价的建构性过程，从某种意义上讲，也是“回应——集成——共识”的过程，评价的建构性特质决定了评价必须是集成式的评价，集成贯穿评价过程的始终。了解了评价的建构性特质，也就了解了集成式评价的内涵。

2. 企业财务质量的“生成性”

很长时期以来，预成性的企业财务质量观主导着企业财务运行态势活动。所谓的预成性质量观，是认为企业财务质量是预先确定的。在预成性质量观下，企业财务运行态势活动是严格按照计划或管理规章运行的序列化操作，管理的过程过度地追求计划性、规定性和有序性，导致管理者与被管理者失去了对质量追求的主动性、积极性与开创性。随着多元时代的到来，企业财务运行环境的变化，企业财务运行态势的利益相关者范式逐渐确立。在此影响下，预成性质量观的弊端越来越明显，最终导致运行态势陷入了困境之中。为此，必须树立生成性企业财务质量观。“生成”作为一种思想，在古希腊就有，但作为一种思维方式，则开始于现代哲学。生成性思维是一种认为事物及其本质是在其发展过程中生成的而不是在发展之前就存在的思维模式。在生成性思维视阈下，质量是生成性的存在，是动态的，具有无限发展的可能；同样运行态势的活动也应该是过程性，具有无限创生的可能。企业财务质量的“生成性”，决定了企业财务运行态势的各个环节，包括质量的目标、运行态势的过程、运行态势的方法及结果等都是在管理过程中生成的。

前文提到企业财务质量观，经历了从一元到多元化的转变。实际上，多元化的质量观与生成性的质量观之间，有着紧密的联系，两者对企业财务质量有着共同的认识，即企业财务质量一个动态的存在，是在企业财务活动中逐渐生成并发展的，其中蕴含了多元利益主体对质量的追求及开创。同样，运行态势活动也是一个动态的过程，其中必然包含着多元利益主体的共同参与及集成。

二、集成式评价的动力基础

（一）可持续发展是推动集成式评价的主要外驱

可持续发展已经成为一个有关社会经济发展的全面性战略，要求人类在发展中讲究经济效率、关注生态和谐和追求社会公平，涉及经济、生态和社会三方面的协调统一，即保持经济可持续发展与生态可持续发展和社会可持续发展的有机统一。在经济上，可持续发展鼓励经济增长但不是以环境保护为名取消经济增长，重视经济增长但更追求经济发展的质量，强调清洁生产和文明消费，以提高经济效率、节约资源、减少废弃物；在生态上，可持续发展要求经济建设和社会发展要与自然承载能力相协调强调环境保护，要求通过转变发展模式，从人类发展的源头、从根本上解决环境问题；在社会上，可持续发展强调发展的本质应包括改善人类生活质量，提高人类健康水平，创造一个保障人们平等、自由、教育、人权和免受暴力的社会环境。这就是说，在人类可持续发展系统中，经济可持续是基础，生态可持续是条件，社会可持续才是目的。基于可持续发展的企业财务评价体系，是以人为本位的自然、经济、社会复合系统的持续、稳定、健康发展，财务评价指标体系包含决策目标层、中间要素层、备选方案层三个结构层次，对指标体系的设计与构建，是融合经济型财务评价指标体系、社会性财务评价指标体系和生态型财务评价指标体系。

总之，当今中国的经济与社会已经发展到了高度倡导可持续发展时代，大干快上、短期行为已经早已被抛弃。这不仅需要进一步梳理可持续发展的政府管制、社会理念与企业规则，同时也是多元化时代所非常需要的。“集成”是集成可持续发展的核心概念，是理解多元财务分析的起点。

（二）多元价值冲突与差异是推动集成式评价的现实理由

企业作为经济有机体的基本细胞，现代经济体系的中间力量，已全面渗透到社会经济各项领域之中，成为当代与政府并列的两大社会组织形态。2010 年大型电视纪录片《公司的力量》使人们更为形象地感受到企业对于当今社会、经济、文化、科技等领域所产生的决定性影响力。企业同其他社会组织一样，其发展过程中伴随文化的沉淀与厚积，逐渐形成具有自身特性的组织文多元价值冲突是推动集成式评价的现实理由，通俗地理解，即没有冲突也就不需要集成。多元价值冲突是当前企业财务运行态势面临的现实挑战，这一点在前一章节已经论述。企业财务系统是一个复杂的系统，它由许多机构组成，这些机构有着广泛的但却各不相同的学生群体、大量的教职员工以及越来越多的学科和学科领域。企业财务组织是一个典型的利益相关者组织——投资者、经营者、员工、供应商及债权人、社区与公众等，这些利益相关者独立并存，各自代表各自群体的利益，各自对企业财务的性质以及使命有着自己的认识，对企业财务质量有着不同的需求及期望，彼此之间更多的是差异及冲突，这种由于多元价值取向在评价或运行态势中产生的利益冲突，直接或间接地导致企业财务评价中的众多矛盾及争议。然而只有解决了这种价值冲突带来的矛盾，评价活动才能顺利开展。关于化解和消除冲突的途径，从当前的众多研究中，不难看出，集成是最有效的途径。为此，正因为价值冲突的存在，才使得集成式评价成为必然。

（三）企业治理模式的发展是集成式评价的制度基础

20 世纪 80 年代以来，运用治理理论改善和加强企业管理成为各国政府和企业财务界普遍关注的热点问题。一般认为，公司治理结构是一种对公司进行管理和控制的体系，用于保障所有权和经营权的有效分离，在股东、董事和经理层及其他利益关联人之间分配权力与职责，说明决策公司事务时所应遵循的规则和程序，用以实现公司目标和监控经营的制度和手段。公司治理结构首先体现的是一种经济关系，即公司的出资者、经营者、管理者、监督者之间是一种经济关系，这种经济关系是财产权利的直接体现，决策、经营、监督之间权责分明、各司其职，相互制衡、相互协调。公司治理结构是以一种契约——委托代理的形式来实现的，股东大会作为纵向授权的起点，以委托人的身份将财产交董事会代理，并委托监事会进行监督；董事会作为第二层次的代理者，将公司财产委托给经理层代理。委托人对代理者的激励与制衡是公司治理结构中一个内容的两个方面，委托人除用报酬形式对代理者激励外，还通过一整套制衡关系对代理者行为进行制约，以尽量避免可能发生的利益损失。因此，要达到公司的目标，就要进行相应的公司治理结构设计。

公司治理结构的国际潮流包括了“英美模式”与“德日模式”。前者以证券市场为中心，以股权分散为特征，通过资本市场分散股权结构，促使股东积极运用投票权对公司管理层进行监督约束，侧重市场机制、竞争机制和破产机制对公司的外部治理，重视股东利益，顺应了公司治理机制的发展趋势。后者以银行为中心，以股权集中为特征，以组织为导向，通过严密的组织结构来制约公司经营者，强调投资者、企业职工及工会组织的平等参与，注重发挥利益相关者在公司治理结构中的作用，代表了当今世界公司治理结构发展的另一种潮流。我国在构建和完善公司治理结构的实践中，侧重于借鉴德日模式，又引进了英美的监管措施。在实施和探索的过程中，发现也存在一些问题。我国大多数企业都是原国有企业改制而来的，股权结构失衡、董事会结构不合理、监事会不到位、“内部人控制”问题明显，经理层激励机制扭曲，等等。

不论如何，尽管我国公司治理存在着理论错位和偏差，但是，制衡与治理已日益成为企业管理与控制的新趋势。从宏观层面到微观层面，企业管理与控制日趋规范化，权力配置也逐渐合理化，同时企业开始吸收社会力量参与管理，博弈进程中的均衡态势正在动态地形成。

在这种治理理论的影响下，逐渐形成了一种多中心合作的治理模式。所谓的企业财务多中心合作治理模式，是指在企业的外部和内部治理中并不存在着单一的权力中心，企业的各利益相关者作为企业社会责任的指向，都有着一定的资格参与企业的治理，共同决定企业的事务。这种治理范式强调“可持续发展”；强调转型升级与遵循企业自身的商业运作逻辑；强调政府、企业、社会建立合作伙伴关系，谈判和集成等方式是达成各方面共同目标的主要手段；同时强调社会中介结构的作用。可见，在多中心治理模式下，企业治理的逻辑就是“集成与合作”，它旨在建立一个以相互依存为基础的、以协作为特征的、纵横协调的、多元统一的治理结构。在这种逻辑下，企业治理不再是政府独自的行为，而是由“共同的目标支撑的活动”，它由治理主体集成和统一的游戏规则来调节。通过确立共同的目标来实施企业管理，是一个上下互动的管理过程。

这种多中心合作治理模式正在各国企业财务领域实践开来，同时这种治理范式的转变为集成式评价提供了良好的制度基础。

（四）集成而来的价值共识是企业财务评价活动得以有效开展的起点

从哲学上来分析，“价值”的多元性和一元性实际上是辩证统一的，当价值多元达到一定程度后，人们往往要追求“价值认同”，正如经济全球化所带来的价值冲突彰显到一定程度时，人们就不得不思考价值认同的问题。对于企业财务质量的认识也是一样，当不同的利益主体在企业财务质量认识及诉求上的冲突达到一定程度时，就必须通过对话集成的方式寻求共识的认识，找到共同的需求，这是企业财务运行态势得以真正运行的前提。集成模型认为教育是一个开放的人类系统，它处在一个不确定的、不连续的以至于难以概括的环境中。然而，这些模型背后是一些相关的假设，这些假设认为理解是有意义行动的前提，一致同意是立法行动的前提。

同时作为企业财务活动，理应遵守该领域的一些原则。由于经常关系到每个人的利益，如果每个人都按照自己的价值判断去选择、去行动，人与人之间的战争就不可避免，整个社会就会陷入混乱。为此，对于经济事务，虽然每个人都有权发表自己的意见或主张，但是最终人们只能服从其中的一种主张。即在企业运行领域，不能回避价值争端，更不允许在经营活动的实践层面存在价值判断的极端多元化。综上，价值共识是企业财务管理活动有效开展的前提及基础。

三、集成式评价的实现逻辑

毋庸置疑，企业管理领域“集成式评价”的思想来源于“新一代评价理论”，它不仅提出了“集成”的概念，而且还建立了集成式评价的流程，其思想虽然影响深远，然而，在运行态势实践中其成效却难于真正的发挥，主要原因在于，其操作性不强。鉴于此，本研究认为，集成的实现问题，关键在于对以下几个方面问题的理解及处理：

（一）“共识”的理解及可行性

有观点认为，若想让不同的价值主体及利益主体对质量达成共识确实是一件很艰难的事情，甚至无法实现，但是我们追求的显然不是绝对的共识。正如社会治理理论所推崇的集成民主，也不是要求通过集成达到全体公民在所有理由上都保持共识，实现全体一致的目标。全体一致这显然是无法实现的要求。博曼提出了“多元一致”的概念来描绘民主合法性。所谓的“多元一致”是指要求公共集成过程中的持续合作，即使是持续的不一致。在不同利益相关者的对话中，并不会总是或者经常不能达成完全的一致，但是这个过程却可以解决围绕评价对象性质和特征而产生的许多看法、关注、问题以及误解。即使是那些不能被解决的方面，也至少可以使问题的范围明朗化，并且更容易作进一步的探索。从“共识”的这一理解角度，不难看出，所谓的“集成”从某种意义上讲，并不是仅仅为了达成“绝对的一致”。集成更重要的是强调对“多元价值”的尊重，以及提倡在达成一致的过程中，实现多元价值间的“交流”及“对话”。只要有持续的“交流”及“对话”，最大程度的“共识”，或者说“理性的共识”也才能最终达成。换一种理解，在集成过程中，聚焦点并非放在“达成共识”上，而更多地应放在“如何达成共识”。对于企业财务运行态势来讲，由于长时间受“管理主义”思想的影响，“集成共识”的道路可谓艰难，当前，追求“共识”不是我们关注的中心，能够为“共识”而开展“交谈”、“对话”，这就是一种进步。

当然“交流”、“对话”不是随意进行的，需要在一定的理性框架内进行，受到一定理性权威的限制。哈贝马斯曾提到“由于每个人都有自己的标准，交往对话同时也存在出现‘异议危机’的可能性，即越是理性地讨论，就越发增加分歧，结果理性对话变成了无休止的辩论。为了避免这种情况的出现，他提出，交往对话要有某种被社会全体成员都共同认可的规范标准来进行限制和化解分歧。”

企业财务机构作为评估客体具有对立统一两个基本特征，即企业财务机构是多样性与共性的存在。虽然各企业财务的类型不同，各专业的教育内容不同，但企业类型、专业类别之间必然存在某些相同的基本元素，这是由企业财务的本质属性决定的。正是由于有这些相同基本元素的存在，使得我们在确立质量准则或标准时能够达成“一致的认识”。在此，“相同的基本元素”即可作为“共同认可的规范标准”。

同样，人们尤其是不同的利益相关者的需求也存在对立统一两种基本特征。人们的价值观和需求虽说是多元的，但也并非不存在“共性”的一面，即“共同需求”。不同利益相关者对企业财务的利益诉求虽说是不同的，但也有“共同需求”的存在，比如“使国家变得强大；使社会的整体素质以及文明程度得到提升；推动社会和人的发展等，这些都是为社会大部分人所接受的，是大部分群体所希望企业财务能赋予社会的……”。只要有“共同需求”的存在，集成共识就有存在的空间。

（二）集成的流程探索

关于评价过程中集成的步骤及阶段的研究有很多，但存在很大的争议，有观点认为集成可以通过一定的技术和策略逐级逐步取得共识。这种观点强调集成技巧在顺序上的重要性，并主张竭力研究适用于集成的程序、步骤和阶段。还有观点将集成的重点放在过程的关键要素上，而不是放在一定的策略和技术上，并认为集成不一定需要遵守某一特定的步骤逐步取得共识。

关于集成的程序，可以经过四个流程：第一，寻找集成的地方和交流的方式；第二，设置集成议程；第三，探求讨论的范围，即明确问题并对其进行分析；第四是缩小差异，寻求共识。

本研究主张在企业财务管理中遵循集成式的评价观，强调多元利益主体的全过程参与，集成贯穿管理过程的始终。我们认为集成不一定要遵循某种特定的步骤逐步取得共识，应将重点放在关键要素上，但也不完全否认“步骤及阶段”论观点，为此，对于企业财务运行态势中集成的流程建议如下：

第一，利益相关者的分析与挑选。不同性质、不同环节的企业财务运行态势活动，所涉及的关键利益相关者是不同的，在集成之前首先应明确与此活动相关的利益相关者。另外，对利益相关者进行分析，并对其进行优化选择。因为不是所有的利益相关者都参与到管理中，运行态势过程中的“参与”是有一定程度及范围的，对参与者也有一定的要求及规范。评价双方（评价者、被评价者）都需要运用有效的策略，在各利益群体中挑选出合适的（符合条件）、关键性的利益相关者参与管理。

第二，参与管理的利益相关者进行价值表达，管理者/评价者与利益相关者展开讨论，明晰需要集成的问题。这一环节，实际上是对参与的利益相关者的立场及价值主张进行了解，对其所宣称、担心及问题的收集并展开讨论的过程，最终提出一些需要和利益相关者进行集成的主要问题。

第三，组织利益相关者之间进行价值辩论，积极主动地集成。这是整个集成过程中的高潮点，各利益相关者群体相互交流，展开价值辩论及反驳。而管理者/评价者在这一环节中主要扮演一个“调节者”或“协同者”的角色，其通过收集各种资料证据来协同众人开展讨论，用集成的方式，逐步改变、统筹不同意见，最大程度地解决最初主张的争议。在这一环节，虽然很难做到让所有的利益相关者都达成一致的意见，但至少可以了解到意见分歧的存在及理由，为接下来的价值取舍作准备。

第四，进行价值选择与取舍，并采取适当的步骤达成共识。这一环节管理者/评价者发挥着最为关键的作用。其需要针对还未解决的分歧进一步地收集信息资料，并对利益相关者间的集成进行科学的指导，进行价值选择及取舍，使共同利益最大化，最终达成最大范围内的共识。

第五，根据达成的共识，集成制定行动计划，并通过相应的确认制度，使所有的利益相关者共同肩负职责，分担责任。

以上是对整个评价活动中，不同阶段评估者的角色定位的解说。实际上，在各阶段的不同环节，评价者的角色定位将表现得更加复杂。比如，在各利益相关者参与对话、交流的一些活动中，类似于座谈会、听证会、讨论会等场合，评价者的角色定位也至关重要。在利益相关者之间开展的具体对话环节，评价者在大多时候充当的是一个“价值中立”的指导者或引导者的角色，仅负责引导利益相关者间积极发言、讨论；但由于“对话交流”并不是随意的，是需要在一定的范围及限制内进行，为此，评价者也会扮演“阐释者”的角色，阐释需要讨论的议题以及对话的规则等；再者，对话过程中虽然提倡参与者间的“平等”关系，但绝对的平等是不利于“共识”的达成的，需要“合理性权威”的存在，为此，评价者有时也需要扮演维护合理正义、合理价值观的“决策者”的身份。

（三）集成式管理模式下的机制建设

为保证企业财务运行态势不同利益相关者之间“集成、对话”的有效开展，除了观念的因素、方法本身的因素以及人的素质的因素外，还需要科学完善的集成机制的支撑和保障。

1. 利益协调机制

企业是一个利益相关者组织，但并非所有的利益相关者与企业的利益相关程度、参与运行态势的意愿以及能力都是对等的。利益相关者与企业的利益相关程度有深浅之分、参与管理的意愿有强弱之别、自身能力素质也有高低差异，为此，在质量评价及管理的过程中，不同利益相关者参与管理的权限是非均衡的。而这种非均衡并非简单的“表面平衡”、“绝对平衡”，而恰恰相反，利益相关主体在一起，就如世间的万事万物，所以能不停地运动、发展、前进，一个重要方面就在于保持了这种实质性平衡的结果。也就是说，利益相关本身就是一个利益平衡的问题，这种利益平衡不代表权限的均等，而是在对利益相关者进行利益相关分析后，对那些核心的、关键的利益相关者的利益要求给予更多的重视。所谓的利益协调机制，就是通过对利益相关者参与管理权限的非均衡分散，实现各利益相关者利益要求的平衡。

2. 参与规范

为了保证评价及管理的质量，需要对参与人员的行为模式和价值准则进行合理化规范，使他们在参与过程中“有章可循”。通常情况下，参与规范首先要对参与评价及管理的利益相关者代表的条件、产生方式及程序作出规定。因为不是任意的利益相关人员都能参与到评价或管理中，只有具备一定条件、素质或能力的人员才能参与其中。另外，要对参与人员在评价或管理过程中应尽的责任和义务及其责任追究方式进行明确的设定。同时还需要对参与主体在参与过程中的行为规范进行规定，确保参与评价及管理的顺利开展。

3. 参与激励机制及参与平台的建设

若想利益相关者能积极参与到质量评价及管理中来，单单进行大张旗鼓的宣传是没有多大用处的，参与激励机制及合理的参与平台或渠道的建设非常重要。在企业界，为了让员工都能参与到质量改进的行为中来，通常采用如增减工资等有效方法调动他们的积极性。对于企业财务运行态势来讲，也需要采用一定的激励机制，调动利益相关者参与的积极性，培育利益相关者的参与意识。同时还应建立一定的参与平台，确保参与者能够有合理的利益表达渠道，使利益相关者能够获得对称性信息，并平等地参与评价或管理过程中。除此之外，良好的、积极的质量文化的创建，也是推动利益相关者参与积极性及参与意识提高的重要影响因素。

第三节
企业财务“目标观”探析：从“利润至上”到“持续发展”

所谓的企业财务质量“目标观”，就是人们关于企业财务运行目的的看法及观念的哲学思考。随着人们对企业财务运行态势认识的发展，对其目的的看法也不断发生着变化。企业财务运行态势发展到当前阶段——以评估为主导，质量保障初步形成，已有共识的两个重要目的是“绩效问责”及“发展与改进”。“发展与改进”这一目的在近些年越来越受到重视，尤其是现代管理科学引入到企业财务领域后，更是备受关注。意识到运行态势“发展改进”目的的重要性固然是一种进步，然而，如何实现这一目的是当前企业财务运行态势面临的主要困境之一。

一、关于“利润最大化”目标的辨析

对于企业经营所追求的目标，学界有很多的看法，不过很多学者认为可化为两个目标——利润与发展。关于这两个目标及其重要程度，长期以来存在争议。对于“利润最大化”的关注是很久以来的事情，企业经营的目的似乎已被认定为确保能够赚取足够多的利润，利润最大化亦成为当局检测经营系统成效的利器。然而，反对的声音却认为“经营不能唯利是图，而应该是为了持续发展。对于评鉴这两个目标的争议，就像来回摆动的钟摆，永不休止。

如果说对于评估的目的是绩效责任还是发展改进仍存异议，或在评估实践中，两个目标难于协调及平衡，那么对于“运行态势”来讲，其终极目标是实现“质量的改进与提升”，这一点却是难于产生争议的。

（一）“利润”的内涵与外延

在作为现代经济学基石的“理性人”假设下，企业通过市场规则下实现自身利益的最大化，必然也必须以“利润”为核心组织生产经营活动。企业一旦成立就会面临竞争，并始终处于生存和倒闭、发展和萎缩的矛盾之中。企业必须生存下去才有活力，只有不断发展才能求得生存。因此，企业的目标可以具体概括为：生存、发展和获利，然而只有获利，企业才能有生存和发展的机会。确保利润，对企业的生存来说，是绝对必要的条件。换句话说，利润是企业的命根子。显而易见，利润是一项综合性很强的目标，企业经营管理的质量、市场开拓能力、成本费用的支出、各种财务风险最终都会在企业利润上体现出来。利润在企业经营管理中，特别是在财务管理中具有广泛的意义，始终是企业实现财务目标的基础，企业只有实现足够的利润，才能实现企业的价值，企业债权人、股东的利益才能得到保障。但是，利润并不能代表一切，短期行为常常需要建立于与长远目标相协同的基础上。因此，关于企业财务目标的争议一直没有平息，尤其是当追求利润成为目空一切的目标时，就必然演变到了极端，情况就发生了本质的变化。

（二）企业财务目标——利润最大化的思考

现实中，每一个企业都面对着生存、获利与发展的挑战。作为一个理性的企业，将利润作为企业经营的财务目标，甚至将利润最大化作为一个统帅性和决定性目标。因为，除利润最大化目标外的所有其他目标，都直接取决于利润最大化这一目标的实现程度，在经济体制改革过程中，国家也把利润作为考核企业经营情况的首要指标，把企业职工的经济利益同企业实现利润的多少紧密地联系在一起，利润最大化毫无疑问应是财务管理的目标。利润集中了众多的使命，必须对利润最大化这一观点具体加以分析：

一是先天的合理性：“利润最大化”体现了资本运动的本质和目的，利润是以货币计量的可以衡量的一个指标，而且该指标在企业的会计报表中有明确的显示，可以作为考核企业财务活动和员工绩效的指标。从可控性来看，企业利润主要取决于企业的产品性能与质量生产与研究技术水平、营销策略、成本控制水平等因素，而这些因素都在企业管理者可控范围之内。从可分解性来看，利润指标是可以被分解成各个部门的具体指标，便于各级单位的实施与考核。

二是后天的合理性："利润最大化"的目标是与我国国情相联系的，多数企业依然是以利润最大化作为企业财务管理的目标，企业通过追求利润最大化，在一定条件下可以增加整个社会的财富。此外，利润是企业补充资本、扩大经营规模的源泉。企业在经营决策时运用的量本利分析、因素变动分析、敏感系数分析均是建立在利润最大化的基础之上。企业价值最大化目标、股东财富最大化目标、权益资本净利率或每股收益最大化目标的本质都可以归结为企业利润最大化。

（三）企业财务目标——进一步优化的思考

客观地讲，伴随着中国从计划经济向市场经济的渐进转变，作为企业主体的财务目标也在变异着，从"产销量至上"到"利润至上"是一个总体趋势。本来，作为市场经济的独立主体，企业对利润的追逐是正当的，投资获利、经营获利也是每一个企业家的"天职"。但是，如果把"利润最大化"作为企业财务至高无上的唯一目标，并且日益绝对化、极端化，那么"利润最大化"弊端也是显而易见的，比如：可能与可持续发展战略的矛盾，容易引发经营者的短期行为，导致资源不合理利用，加大了企业未来收益的不确定性，与可持续发展的要求背道而驰；盲目追求产品销售收入的增长，只顾会计利润而忽视现金流量，降低企业利润的"含金量"，使得企业对现金流量的需求加大，管理者大量举债，许多企业都因无法偿还到期债务而破产；容易引发经营者"铤而走险"，为追求利润最大化，管理者会作出一些"立竿见影"的决策，使企业陷入经营困境或财务困境；没有考虑企业的投入和产出之间的关系，没能有效考虑风险问题，没有考虑资金的时间价值。梳理一下，对利润最大化的负面效应，这可能为追求利润最大化原则导致弱成本约束，为利润最大化原则引致经济扩张，为利润最大化原则纵容个体非理性，等等。经济学告诫我们“资源是有限的”，会计学告诫我们一个基本假设“持续经营”，因此，还是让我们在“利润至上”的目标面前三思而行，走上一条“可持续发展”的光明大道吧！

二、企业“可持续发展”目标的内涵及理论基础

我们认为：“可持续发展”的内涵与外延体现在财会概念上，就是要追求当期盈利能力与偿债实力、周转活力、发展潜力的统筹兼顾，企业实现利润与相关利益者（股东、员工、社区等）之间的彼此和谐。进一步分析，经济可持续发展的中心问题是如何处理好经济活动与生态、环境、资源的关系问题。这一问题的探讨并不是唯独今天的中国才面对这一挑战。西方学者对此先后提出了经济零增长论、稳态经济论、环境库兹涅茨曲线以及经济与生态协同发展论，其中的核心理念是经济活动要实现发展模式的根本转变，即实现“质量型改进”，因此理性控制经济规模、抑制经济活动的过度扩张成为必然选择。然而，利润最大化的实质是对经济活动的激励与放任，其结果是社会生产规模不断扩张，而且几乎是无限扩张，这是资本的本性——“追逐利润”所内在驱动的必然结果。利润刺激生产扩张，生产扩张则吞噬现在乃至未来的一切可用的资源，现代人在聚敛财富的同时，留给子孙后代的将是一个布满生态荒漠的地球，这就是资本全球逐利的结果，因此，这种纯粹追求谋利而无视可持续发展的资本关系在全球范围内的扩张过程，就是对全球资源利用开掘的过程，同时也就是当代环境问题的历史生成过程。

进一步分析，利润最大化本质上是一种激励机制。经济利润被过度追逐与攫取，成本约束被弱化、虚化和狭隘化，导致社会生产过度扩张，资源耗竭、生态恶化成为一种必然结果，从而在根本上削弱经济与社会可持续发展的基础。要约束生产的过度扩张，增强经济与社会的可持续发展能力，需要重视并强化对经济活动的成本约束——以“成本最小化”为本质内核，实现经济适度发展前提下的资源消耗总量控制，实现经济可持续

发展由效益激励向成本约束的模式转换，使经济活动对于自然、生态资源消耗可控化，使适度的、必要的资源消耗能够增益当代人福利的同时，也能够保证“不削弱无限期地提供不下降的人均效用的能力”。因此，成本最小化原则的根本任务不是调节资源的市场供应量，而是保障为满足经济与社会的持续发展所需资源的可供应量。成本最小化原则的确立，至少将引发以下两种趋势：在宏观层面，社会生产规模的盲目、无度扩张趋势受到抑制；在微观层面，企业寻求内涵式增长——即“质量型改进”必将成为一种必然选择。这两种趋势，都会有助于推动经济的可持续发展。从这一意义上说，成本最小化是经济可持续发展的一道“安全阀”。

可持续发展是一种注重长远发展的经济增长模式，指既满足当代人的需求，又不损害后代人满足其需求的能力，是科学发展观的基本要求之一。我国21世纪初可持续发展的总体目标是：可持续发展能力不断增强，经济结构调整取得显著成效，人口总量得到有效控制，生态环境明显改善，资源利用率显著提高，促进人与自然的和谐，推动整个社会走上生产发展、生活富裕、生态良好的文明发展道路。从经济领域来说，通过国民经济结构战略性调整，完成从“高消耗、高污染、低效益”向“低消耗、低污染、高效益”转变。促进产业结构优化升级，减轻资源环境压力，改变区域发展不平衡，缩小城乡差别。

为了推进社会主义和谐社会的建设，就要根据这一目标，从解决人们最现实的切身利益问题入手。我们要把企业建成和谐企业，就要倡导“互利共赢”目标，既要尊重经济规律的作用，又要运用法治和德治，二者缺一不可。从经济规律来看，价值规律、供求规律、竞争规律、平均利润规律等规律的作用是不以人们的意志为转移的。从竞争规律来看，企业经营者竞争意识的增强是好事。没有竞争就没有活力。而竞争应当文明、有序、和谐，离不开法律、道德的约束。如何在竞争中寻找和谐，就必须在互利共赢中求得平衡。一个企业乃至一个社会的稳定与繁荣，往往是各成员、各利益集团互相妥协的结果。只讲竞争不讲合作，或者只讲合作不讲竞争，都不符合时代发展潮流，只有坚持互利共赢目标，才有助于真正把我们的企业建成和谐企业，把我们的社会建成和谐社会，为全面建设小康社会多作贡献。

观察市场经济建设进程中的中国企业，从“利润最大化”到“可持续发展”，绝非简单的一种概念差异，而是一种根本的区别，是一种跨越式理性提升，无疑需要通过一种变革来实现对“利润至上”观念脱胎换骨的改造，可以说，这个问题过程其实就是一种转型升级，是一种需要从发展模式、经营理念等多层次的转型升级。

三、企业“转型升级”的实现逻辑

（一）“转型升级”的基本内涵

通常，转型升级有三个层次，宏观是经济转型升级，中观是产业转型升级，微观是企业转型升级，三者之间相互依存，相互促进，是一个有机的系统，而后者是前者的基础，转型升级的主体是企业。

1. 经济转型升级具有非常丰富的内涵

关于经济转型升级的内涵和外延，还没有一个被社会各界普遍认可的、清晰明确的界定。狭义上理解，经济转型升级主要涉及经济结构的优化；广义上理解，经济转型还涉及经济体制的转轨。由于我国的现代化在体制上是从传统计划经济转到现代市场经济的背景下推进的，因此，从广义上理解经济转型升级，更符合经济社会发展的现实需要。具体地说，经济转型升级主要涉及如下四个方面：一是经济增长拉动力的转换和升级。从需求方面看，投资、消费和出口是拉动经济增长的三大动力。这方面的转型升级涉及经济增长是主要靠内需拉动，还是主要靠外需拉动；是主要靠投资拉动，还是主要靠消费拉动。二是经济增长投入结构的转换和升级。从供给方面看，支撑经济增长的有资源、资本、劳动力和技术等生产要素。这方面的转型升级涉及经济增长是主要靠资源、资本和劳动力来支撑，还是主要靠知识和技术来支撑；是主要靠低水平的技术来支撑，还是主要靠高水平的技术来支撑。三是产业结构的转换和升级。商品和服务由不同的产业创造。这方面的转型升级涉及国民财富是主要来自于第一产业、第二产业，还是主要来自于第三产业；是主要来自于低附加值的产业，还是主要来自于高附加值的产业。四是经济社会持续发展的体制机制的转换和升级。体制机制既决定于发展所处的阶段，又对发展有反作用。良好的体制机制，会促进经济社会的发展；存在严重缺陷的体制机制，会阻碍经济社会的发展。这方面的转型升级既涉及市场在资源配置中如何发挥决定性作用的问题，也涉及如何更好发挥政府作用的问题。

我们必须深刻地认识到，转型升级并不是我们主观上的一厢情愿，而是国内外环境的深刻变化所倒逼的必然趋势。首先，世界政治经济格局正在经历着大调整，未来全球经济的缓慢增长将可能延续较长时期，中国外需超常增长的“风光”不会再现；其次，结构调整是当前全球经济发展的重要趋势，围绕新一轮工业革命的技术竞争越来越激烈，经济转型升级是中国在竞争中取胜的根本需要；再次，人口年龄结构正在经历转折性变化，靠资本高投入、劳动力充足供应且低成本实现增长的模式难以维持；然后，资源、能源的国际竞争将更加激烈，国内的环境污染已经逼近人民群众可承受的极限，推动集约发展、清洁发展事不宜迟；最后，中国正处在由上中等收入社会向高收入社会过渡的时期，产业结构升级是大势所趋。

发展永无止境，改革永无止境，经济转型升级亦不可能一蹴而就。随着发展阶段出现新变化，经济也必然在新的基础上进行转型升级。面对经济转型升级这一永恒课题，我们必须落实三中全会的各项决策部署，全面深化改革，积极实践探索，推动中国经济持续健康稳定发展。

2. “转型升级”的系统性特征

从系统理论的角度看，企业转型升级是各经济主体适应市场发展需要，以转变发展方式、实现产品从价值链低端向高端的跨越为目标，加强协调与合作，整合内外部资源，全面提升要素素质，促进其产品、服务价值不断提高，赢利能力不断增强，竞争能力不断提升的过程。企业转型升级的系统性特征主要体现在以下几个方面：

第一，主体的整体性。社会化大生产使得社会分工不断细化，各种产品生产者之间协作更加密切，组织化程度不断提高，在市场机制的作用下，通过各种“链条”把不同层次的生产主体相互衔接在一起，形成一个不可分割的整体。因此，企业转型升级要求相关行为主体协同发展。一是企业内部的整体性。根据分工的不同，企业内部主体可以划分为决策主体、R&D主体、生产主体、营销主体、管理主体等。在企业转型升级过程中，离开了决策，升级就失去了方向；离开了研发，新产品就成了空中楼阁；离开了生产者，再好的设计也难以付诸实施。因此，企业内部各主体之间在生产经营过程中形成了一个主体链或共同体，共同促进企业价值链的延伸。二是企业链的整体性。企业链是由企业之间通过物质、资金、技术等流动和相互作用形成的企业链条。在现代化大生产的条件下，社会分工越来越细，专业化生产渗透到各个领域。大中小企业之间犹如一座“金字塔”，相互之间形成了一个生产网络。在不同网络点上的企业对企业链的形成和发展都产生着不同程度的作用，企业素质决定了企业链的活力和优势，因此，企业转型升级的过程是企业技术链的动态整合。三是产业梯度转移的整体性。根据弗农的工业生产生命周期阶段理论，产业转移总是随着生命周期的变化，逐渐从高梯度地区向低梯度地区转移。在现代经济的背景下，产业转移已经从原来的单个项目、单个企业的转移转变为产业的整体性转移，转移的内容也从单纯的工业制造向制造、服务和研发的整体性转移。产业转移是以企业为主导的经济活动。产业梯度转移的整体性要求低梯度地区的企业必须适应经济结构升级的变化，在产业动态转移的过程中，不是单打独斗，而是要根据承接产业的需要，加强合作，提升素质，整合资源，创造条件，积极承接发达国家（地区）或较发达国家（地区）的产业梯度转移。

第二，价值链的层次性。从全球价值链的视角，将产业升级分为四种类型：流程升级，即生产效率提高；产品升级，产品复杂化、单位价值提高；功能升级，占据更多附加值的环节，如从OEM（原始设备生产商）向ODM（原始设计制造商）、OBM（原始品牌制造商）的跨越；跨行业升级，利用在原行业某种优势进入新行业。以上四种类型，不管是哪一种类型都意味着企业在发展上的梯度提升。根据以上分析，全球价值链视角下的产业升级体现了垂直型分工的特征，具有明显的层次性，如功能升级，企业从开始做制造为主，往前后两端延伸，向前拓展，搞研发、设计、标准，向后延伸，搞营销，创品牌，产品的附加值随着产业链的拉长而不断上升。全球价值链上垂直型分工的层次性是由能力上的层次性所决定的。企业升级就是企业制造更好的产品、更有效地制造产品或者是从事需要更多技能的活动。一个企业在全球价值链中所处的环节是由其技术和组织能力所决定的。发达国家控制着绝大多数的核心技术和品牌，因此，在全球价值链中，他们从事的是 ODM 和 OBM，而我国企业由于不掌握核心技术、关键技术或缺乏自主品牌，只能从事的是 OEM 活动，成为世界"代工王国"。

全球价值链上的垂直型分工的层次性，其本质特征是不同环节的增加值的层次性。Humphrey 和 Schmitz（2000）认为，从企业层面来讲，升级是指企业通过获得技术能力和市场能力，以改善其竞争能力以及从事高附加值的活动。Poon（2004）也指出，企业升级就是制造商成功地从生产劳动密集型的低价值产品转向生产更高价值的资本或技术密集型产品这样一种经济角色转移过程。"微笑曲线"表明，在全球价值链中，附加值大多集中在设计和销售两端，处于中间环节的制造附加值最低。因此，从 OEM，到 ODM，再到 OBM，越往上走增加值越高。

第三，动力的结构性。企业转型升级的动力结构具有多元性的特征，从不同的角度，我们可以将其分为根本动力和直接动力、内在动力和外部动力等。利润追求是转型升级的根本动力。企业作为自主经营、自负盈亏的经济实体，如果失去了利润就难以生存与发展。在产业链条上，越往高端走企业利润空间就越大。因此，企业转型升级使产品、服务价值的提高，就是利润率的提高、盈利能力的增强。科技创新是转型升级的直接动力。对利润的追求只是一种愿望，而愿望的实现必须靠科技创新，不管是工艺流程升级、产品的换代升级，还是沿着产业链向微笑曲线的两端攀升，或者从一条产业链转换到另一条产业链，都需要靠科技创新能力的提升来支撑。生存发展是转型升级的内在动力。按照马斯洛需要层次理论，企业家及其员工需要的存在及发展，是其创造利润和价值的动力源。企业内部动力来源于企业具有利益追逐性，具有树立和展示自身形象的强烈欲望，企业领导者及其员工具有物质需要和精神需要，需要满足度越高，素质越好，动力越大。企业转型升级就是实现企业的可持续发展，就是不断满足企业家及员工自我发展的需要。市场需求是转型升级的外在动力。价值规律使市场机制成为鞭策企业转型升级的一根棒子，你的产品好，消费者就用“货币投票”手段，购买你的产品，企业就能在市场竞争中站稳脚跟，否则就要被淘汰出局。因此，市场需求是企业转型升级向导，它不断调节着企业的行为。市场机制成为企业转型升级的“倒逼机制”。总之，上述各种力量在推进企业的产业转型或价值链的提升中，是一个有机的统一整体，只有相互耦合、相互促进，才能发挥其动力的最大的功效。

第四，过程的动态性。经济发展从本质上说是一个结构不断调整变动的过程，因此，企业的转型升级始终是一个常态，始终处于动态发展之中。主要原因有以下几个方面：一是科技进步直接促进了产业结构变动和产品的更新换代。现代新技术革命比前几次科技革命发展都更为迅猛，涉及的范围更为广泛，新产品更新换代的速度越来越快，劳动生产率不断提高，产业结构始终处于快速的变化之中，企业只有适应这种变动，加快转型升级，才能实现可持续发展。二是消费需求的变化要求企业产品与之相适应。随着社会、经济的发展，现代消费需求出现了高层次化、个性化、情感化、多样化、健康化与绿色化的新趋势。企业必须适应消费需求的这种变化趋势，加快产品和服务创新，挖掘潜在需求，开辟新的市场，不断为企业发展注入新的活力。三是企业要素累积是一个动态的发展过程。企业在价值链上所处的位置决定了其效益的高低，因此，提升价值链是企业始终不渝的自觉行动。但价值链的提升不是一蹴而就的，当企业要素累积到一定要求时，方可适时转型升级，否则，欲速则不达。四是要素禀赋的变化要求企业转型升级。当要素禀赋发生变化时，原有要素的比较优势失去，产业竞争力下降，这时，企业则必须根据要素禀赋的变化适时进行转型升级。五是产业转移促进了转型升级在区域间梯度推进。产业梯度提升以及企业的转型升级是一个动态推进的过程，新兴产业往往在发达地区率先兴起，与之相适应的是产业转移和产业水平在不同地区间梯度提升，企业在价值链上的位置也随之向上位移。当然，这并不排斥欠发达地区在部分领域可以反梯度，实现产业“蛙跃式”升级。总之，企业转型升级是一个系统工程，我们必须立体的、多角度的把握其特征，这有助于我们从战略高度把握企业转型升级的内在规律，明确企业转型升级的战略目标，优化配置企业资源，进一步激发企业要素活力，促进协同创新，形成企业发展的合力，提高企业经济效益，增强企业可持续发展能力。

（二）企业转型升级的现实缺失

系统性是企业转型升级的重要特征，但在转型升级的过程中，一些地方和企业，缺少系统思维，盲目冒进，一哄而上，各自为战，误入歧途，付出了惨重的代价。

1. 转型升级的理念误区

企业转型升级是一项复杂的系统工程，同时也是一个长期的过程，涉及产业的选择、人才的培养、产品的研发、品牌的打造等等，是企业化蛹为蝶的“自身变革”。在这场变革中，企业“慢不得”、“急不得”也不是推进的速度“越快越好”、嵌入价值链的高度“越高越好”、产业链的长度“越长越好”、企业的规模“越大越好”。事实上，企业转型升级是按照价值链循序渐进、逐级提升的。如果要实现跨越式提升，必须要以先进科技嫁接与融合为基础，否则，欲速则不达。

2. 主体之间存在矛盾

企业的诸多要素经过耦合式的组合后形成为一个有机整体，其功能将大于部分之和。但目前现状表现：一是政府与企业之间不协同。政府是主导，企业是主体。但一些地方政府主导缺乏企业参与配合，或政府盲目推动企业转型升级，造成失误受损。二是产业之间不协同。企业转型升级必须依赖工业化与信息化的融合，但目前工业化和信息化的产业关联被割裂，“两化”融合的关键技术障碍没有得到有效突破；三是产学研不协同。一些高校和科研部门的科研与生产脱节，相当一部分科研成果没有转化或未能及时转化为生产力，成为劳民伤财的无效科研活动。

3. 要素约束矛盾突出

目前，我国企业在国际分工中具有比较优势的仍然是较低的劳动力、土地和环境成本，以技术为主导的竞争优势尚未形成，在向全球价值链高端攀升过程中面临着一系列的要素约束，技术、人才和资金成为三大瓶颈：即创新能力不够、专业人才匮乏、融资渠道不畅。面对这些要素约束，切不能采取什么“赶超战略”。因此，企业转型升级必须量力而行，从要素累积的实际出发，切忌盲动。

4. 企业缺乏系统管理

企业转型升级的根本在于通过管理体系的转型来提升组织的发展能力。所谓企业管理体系转型就是要从经验管理、感情管理向系统管理转变，从而为企业的持续发展提供可靠的管理保证。从目前企业管理的现状看，系统管理缺乏正是制约转型升级的一大瓶颈，其表现在：一是缺乏长远性的战略规划，只是根据资源现状和短期的市场需求进行生产运行，决定了只能始终处在价值链的低端。二是企业内部整合性差。企业系统管理追求的是企业的整体效益的最大化。而现实中，企业内部门户林立，各自为战，缺乏合作，凝聚力不强。三是企业应变能力差。很多企业管理方式僵化，不能随机应变，缺乏创新能力和水平，危机到来只能坐以待毙。四是缺乏高效、准确、灵敏的信息情报系统。对信息价值的挖掘不够，一旦市场行情变化，企业就陷入了危险的境地。

5. 政府政策缺乏耦合

与企业转型升级相关的政府政策也是一个相互关联的有机系统。只有这些具体的政策相协调，才能有效促进企业转型升级。显然，只有政府或企业“一头热”是不行的。在最受公众诟病的中国房地产市场中，许多地方政府“小动作”频现的背后，是地方利益与中央政策存在的矛盾。许多地方政府经常处于纠结心态，即如何在兼顾中央调控政策不放松的同时，又能保持地方经济和财政收入的充盈。调控压力渐增，房地产税收增速明显下滑。当然，比地方政府更着急的，还是房地产企业。现实中，经常会出现政府监管在彼此之间的矛盾与冲突，并不是“耦合”[①] 与匹配。企业、行业或政府之间的机制、体制、制度的“耦合”则是相关系统间及系统内各构成要素间的相互支撑程度、匹配程度、协调程度和协同程度，是对耦合自治能力和水平的综合反映，通常，耦合度高，可以提升运行质量、增进社会福利，耦合度低则表示现存监管机制、体制、制度之间存在非同步性，彼此之间存在磨擦与停滞。

6. 外部环境亟待改善

在转型升级的过程中，很多地方“重硬轻软”，忽视了外部环境的优化。一是缺少公开、公平、公正的竞争环境。二是缺少良好的制度环境。地方保护主义严重，一些地方对侵犯知识产权案件的打击不力，制假售假猖獗。健全的知识产权保护制度的缺乏，创新环境就难以形成，转型升级也就成了空中楼阁。三是市场体系不完善。市场机制在资源配置中的主导作用仍不完全，市场秩序较为混乱，市场诚信缺失，政府对市场管理不到位；四是政府服务水平亟待提高；上述问题的存在严重制约了企业的转型升级，外部环境亟待优化。

（三）系统方法在企业转型升级中的运用

针对上述问题，企业在转型升级过程中，必须坚持以科学发展观为指导，运用系统方法，坚持从实际出发，处理好上游与下游、局部与全局、内因与外因、眼前与长远等多方面的关系，增强发展的协同性、持续性。

1. 发挥要素的整体效应

在企业转型升级过程中，人、财、物、知识、技术、管理和信息等要素作用的发挥，不仅取决于要素的质和量，更重要的是取决于要素的活力及整体效应的发挥。发挥要素的整体效应，首先要实现生产要素的帕累托

---

① 耦合（Coupling）原本是一个物理学概念，指两个或两个以上的系统或运动方式之间通过各种相互作用而彼此影响以致联合起来的现象，是在各个子系统间的良性互动下，相互依赖、相互协调、相互促进的动态关联关系。如今，“耦合”被引申为系统之间的互动，通过彼此融合找到解决各种复杂问题的方法，打破了线性、均衡、确定的传统思维模式，主要研究非线性、非均衡和非确定带来的种种新问题。

最优配置。其次，要大力创造或培育优质要素。在要素质量提升过程中尤其是要注意质量的整体提升，按照“木桶定律”，企业一方面保持自己鲜明的“长板”特色，另一方面要不断消除自己的“短板”危险，从而发挥出各要素的最大功效。再次，要着力提高优质要素的集聚能力。企业在较短的时间内形成跨越式的发展能力，关键是从外界输入企业转型升级中亟需的资金、技术、品牌、人才等高端要素。解决高端要素集聚问题，要从外部体制和内部机制的改革入手，采取多种激励措施，提高要素的集聚能力，激活各种要素，让其活力得到最大限度的发挥。

2. 实现企业、市场和政府的耦合

系统方法告诉我们，企业转型升级是一个整体的活动，它不是企业家个人的一厢情愿，也不是某一个企业的单打独斗，而是企业、政府和社会的所有经济主体的协同参与。一是充分发挥企业的主体力。企业是转型升级的主体，必须支持和引导创新要素向企业集聚，使企业真正成为研发投入、技术创新及成果应用的主体。企业家对转型升级具有至关重要的作用，具有企业家精神的企业家，是转型升级的领军者和指挥者；二是充分发挥市场的引导力。完善的市场机制，有利于激活生产要素，引导企业行为，使企业转型升级所需要的资源得到更加有效合理的配置。三是充分发挥政府的推动力。企业是转型升级的主体，但这并不意味着政府无所作为，政府既要当好“守夜人”，还要成为企业转型升级的积极推动者，从政策导向、服务企业、营造环境等具体环节营造良好环境，实现互利共赢。总之，上述各种力量在推进企业的产业转型或价值链的提升中，是一个有机的整体，只有相互耦合、相互协调，保持均衡，减少阻力，才能更好地发挥推进作用。

3. 提高对外部环境的适应力

从结构上看，企业运行可以分为内部条件和外部环境。外部环境是企业存在和发展的必要条件和土壤，某种意义上分析，它对企业的转型升级起着一定的支配作用。环境适应力，是指一个企业在把握外部环境的础上，从企业实际出发，使企业发展的战略目标与外部环境相适应，并迅速整合相应的资源，形成新的竞争优势，确保企业持续稳定发展的一种平衡能力。转型升级是企业环境适应力的集中体现。在转型升级过程中，提高企业环境适应力应从以下几个方面入手：通过建立外部环境监测反馈机制、加强学习型组织建设、提高快速反应能力等措施来提升企业对外部环境的适应力。

4. 建立企业运行的开放系统

企业转型升级阶段性、动态性的特征要求企业适应市场环境的变化，建立开放式企业，提高企业的应变能力和生存能力，积极创造转型升级的各项条件。首先要实现开放式创新，通过积极寻找外部合资、技术特许、委外研究、技术合伙、战略联盟或者风险投资等方式来加快新产品的研发，大大缩短了研发时间，减少了研发投入，从而实现了技术跨越。其次要实现开放式经营。开放式经营就是充分利用外部的各种资源，建立与市场经济相适应的开放的物质、能量、信息交换系统，加快实现转型升级所必须的各种要素的累积。再次要实现开放式管理。企业内部管理，包括企业的计划管理、质量管理、设备管理、财务管理等等，是一个错综复杂的管理系统。为了使企业的内外部资源整合到转型升级中去，企业内部的管理部门应该是开放式的，能够随时听取和采纳其他部门和员工的合理的意见和建议，建立起与转型升级相匹配的管理系统，从而推动企业又好又快发展。

第四节　三个核心观念的内在联系及方法论意义

从掌握企业的运营质量到定期评价考核企业的运营生态，再深入到分析企业所追求的本质目标，必定是一个彼此结合的互动过程，其间的逻辑关系值得关注。本节将简要分析这三个核心观念之间的逻辑关系。

一、三个核心观念的内在联系

“质量观”、“评价观”、“目标观”构成了企业财务运行态势的思想体系，三种观念分别解决运行态势中的一个核心问题——“质量是什么”的问题、管理方法的问题以及管理目的的问题。这三种思想观交相辉映，有着很大的内在联系。坚持多元化的质量观，即尊重多元利益主体的价值诉求，而集成是尊重多元同时也能实现价值认同的最佳途径；而只有很好的做到尊重多元，尊重集成，才能真正的反映出质量的真实状况，满足社会对质量证明的需求，最终有助于促进质量的改进；同时只有在既尊重多元，又能体现认同这样的前提下，才能解决各校间质量比较的难题。概括而言，尊重多元是基本原则（前提条件）；实行集成是最佳途径；推动改进是终极目标，三者缺一不可，忽略任何一个原则，企业财务运行态势都将陷入争议的困境。为此，坚持多元参与的原则、坚持集成的原则、坚持推动改进的原则，这三种原则是企业财务运行态势必须坚持的核心原则，而且应贯穿于企业财务运行态势过程的始终。多元参与、集成、推动改进这三种行为是持续发生的，持续的保持这种多元主体参与集成状态，持续的进行质量的改进，才能最终实现企业财务质量的真正改进与提升。

图 3－2 为企业运营质量观——业绩评价观——经营目标观之间的关系图：

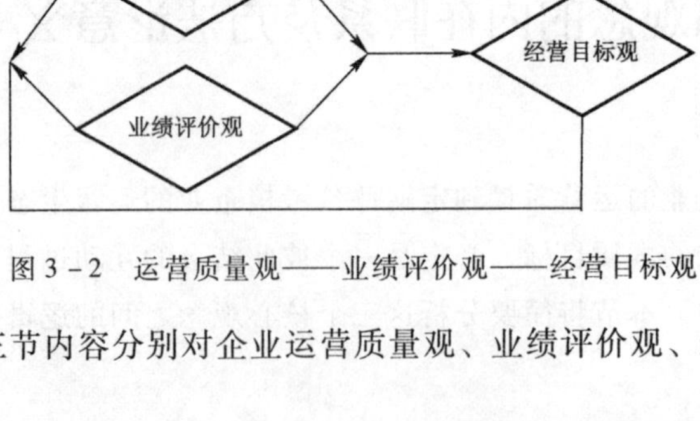

图 3－2　运营质量观——业绩评价观——经营目标观

本章前三节内容分别对企业运营质量观、业绩评价观、经营目标观等三种核心观念的内涵、动力基础以及理论基础进行了详细的论述，分析表明，三种核心观有着共同的动力基础及理论基础，这也是三者之间之所以存在内在联系的原因所在。

二、三个核心观念的方法论意义

多元化的质量观、集成式的评价观以及推动改进的运行态势观作为企业财务运行态势的核心思想，在本研究中也发挥着企业财务运行态势方法论的作用，它规定了对企业财务质量进行管理必须遵循的原则、实现的途径及方式，对企业财务运行态势方法技术的开发有很重要的指导意义。现有的运行态势，从理论层面讲，虽然也意识到了这些目标观的重要性，但是由于现有的方法本身的局限性，很难在实践中将这些管理思想付诸实施。为此，需要开发新的管理方法技术，在运行态势思想体系的指导下（以运行态势思想体系为理论基础），解决当前企业财务运行态势方法未能解决的两大问题——多元化质量的问题，及推动质量改进与提升的问题。

在以上运行态势体系的框架下，开发企业财务运行态势方法技术的核心要点是：

（一）注重系统性与体系化

企业是一个系统，企业的系统特征由组合关系和聚合关系构成的严整而有序的规则系统。组合关系是指各个构成要件之间在应用中前后发生的结构关系。组合关系体现了要素之间的线性特点和相互间组合的规则性，而聚合关系是指能够在相同的功能位置上出现的要素，同一个聚合关系中的要素具有共同的经济特点。对企业财务运行质量进行“管理与控制”与对企业财务质量进行“评估与考核”，最大的不同之处就在于，前者更注重运行态势的系统性及体系化。一个系统化的管理方法，应该包括管理目标的制定、管理计划的设计、管理过程的实施、管理结果的产生及诊断、信息的反馈以及改进方案的制定到实施等多个环节。评估仅仅是

“管理”中的一部分环节。指数并不局限于事后诸葛亮，而应该入情入理地体现系统性与体系化，这是一种自身建设的需要。

（二）强调动态性与生态化

企业在市场竞争中进一招一式，都时刻需要紧紧跟客户需求、产品创新，经常保持与管理对象的无缝对接。适应市场挑战的生态环境，对市场生态深有同感，确保动态化信息沟通，以便于对企业财务质量进行常规化的、持续性的管理，从而能够实现对企业财务质量动态变化趋势的呈现，能够对质量进行随时的跟踪及把握，从而推动质量的持续发展。所以，现有的合适方法与体系，随时随地都可能因其成本压力、浩大工程等因素变化而不再适合短周期的操作，需要随时变更。基于这种需求，分层次的指数编制就显得特别迫切，通过分行业、分层次的指数，在系统软件的支持下，既可能操作，又十分必须，能够符合更多分析者的使用需要。

（三）注重诊断性与针对性

综合财务指数本身具备预警、预期、提示的功能，因此需要测度其运行态势。所谓的诊断性，即要求新开发的运行态势方法，具有“溯源”的作用，能够探寻出质量变化的原因，找出问题发生的本源，分析其主导因素与从属因素、矛盾的主要方面与次要方面，等等；针对性原则也强调是指在企业经营过程中，根据企业自身的生产经营特点以及季节、地域等客观条件，合理地确定生产经营与管理控制的内容，选择方法手段和安排各项负荷，使之符合实际需要，从而为企业运营质量的改进提供清晰的建议及指导。

（四）坚持灵活性与发展性

对企业运行好坏的测度，需要随着环境与时代的变化而有所调整、有所进步、有所适应。任何一个企业、任何一个行业，新开发的运行态势测度方法（即财务指数）应该以推动质量提升的自主发展为目标，因此，这种评价方法本身也应具有发展性及创新性。灵活性一方面是要求方法本身的灵活性，能够适用于不同类型的质量评估及管理；另一方面是要求运行态势过程中各环节所采取的方法技术的选择要灵活多样，要尊重被研究对象本身的特性，以及紧紧围绕评估及管理的目标。

总之，企业运行态势的评价与测度，是一个复杂的系统工程。其实质体现着一种价值判断与价值导向。本章对企业财务运行态势的本质进行了探讨。纵观企业财务发展史，人们对关于企业的“质量观”、“评价观”、“目标观”等三个核心问题的看法始终处于变化之中：企业财务质量经历了从简单到复杂，到内部到外部，从一元到多元；企业财务运行态势的方法，从价值无涉到唯一确定的价值，再到多元价值集成；企业财务运行态势的目标，从单纯的鉴定或认证，到推动质量的改进与提升。这与现代管理理论提倡的运行态势思想不谋而合。为此，本研究认为，多元化质量观、集成式评价观以及推动质量改进与提升的运行态势观，构成了企业财务运行态势的核心思想体系，这三种核心思想观也正是企业财务运行态势的本质所在。我们的分析进一步证实，三个核心观念有着密切的内在联系：坚持多元化质量观是基本前提，集成是解决多元价值问题的有效途径，质量的改进与提升是终极目标。同时三种思想观有着共同的动力基础及理论基础，并向着共同的目标——质量的持续改进与提升前进。为此，在企业财务运行态势实践中，三种思想观缺一不可。多元化的质量观、集成式的评价观以及推动改进的目标观，作为企业财务运行态势的核心思想，在本研究中也发挥着企业财务运行态势方法论的作用，它规定了对企业财务质量进行管理必须遵循的原则、实现的途径及方式，对企业财务运行态势方法技术的开发有很重要的指导意义。在此框架下，开发企业财务运行态势方法技术的核心要点是系统性、动态性、诊断性、灵活性与发展性。

第四乐章

理论建构：财务透视的方法论基础

方法论基础主要是探讨对构成指数的样本点与样本指标的选定，以及指数编制的机理分析。

事实上，“样本”的引出多少包含着“以点带面”的意思，即以一个个重要的战略支撑点带动起整个面的发展，以一个个重要的战略支撑实现整个市场的全盘破局。“样本”的力量绝不可忽视，“样本”的成功打造对于一个行业性或者区域性品牌能否顺利成长为全国性品牌具有相当重要的意义，“样本”的成功对于一个行业性或区域性品牌进军某个重要区域市场能够起到一个很好的示范作用，并产生强大的“喷泉效应”，进而辐射至整个该区域。一个全国性品牌的强势崛起，其背后是一个个“样本”的支撑，是一个个“样本”的崛起，进而汇聚成为一股强大力量，在全国范围内实现真正的强势崛起。

样本企业与样本指标其实具有相同的经济土壤。在财务会计指数研究领域上，直到最近三四年为止的研究一直处在消索落寂的状态。而作为最近三四年破土而出的财务会计指数研究现象的热浪中，也依然停留在一定的局限内。不论是中国人民大学的研究团体，还是西南财经大学的研究团体，也大都把范畴锁定在一个特定的企业群体中。后人往往人云亦云，未能就其各类视角的企业群体作全面深入具体的考察，这不得不说是现实研

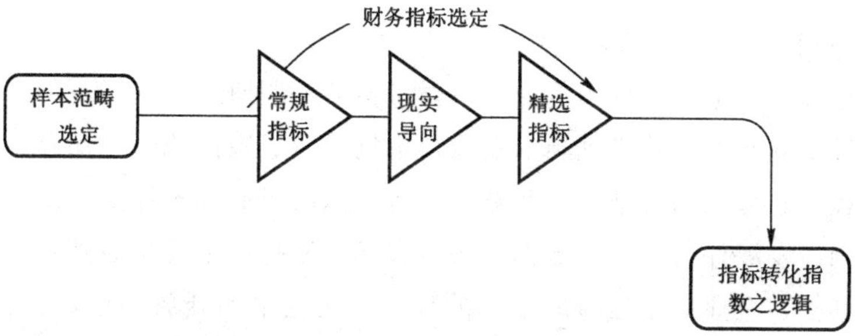

图 4－1　指数样本——财务指标——财务指数的逻辑关系图

究的一个局限。为此，本研究拟独辟一个独特的视角，以便于与既有的研究构成一个相互补充的差异化视角，更加科学地剖析企业运行高峰与低潮形成繁荣的背景及原因，主要从时代背景、市场环境、供求矛盾、管控弹性等方面来具体深入分析了财务指数的形成必然性。

第一节　研究样本的选择

一、选定样本的考究：指数编制要求出发点

如何能够准确无误地表达企业生存与发展过程中的运行态势？财务运行的观察标杆是什么？如何评价企业的财务运行状况？这些都是学术界和管理界经常探讨的问题。在本研究中，以我国理论学术界与政府监管界对企业财务运行功能和作用的界定作为编制企业财务指数发展的标准，并以该标准为基础，构建我国企业创新发展的综合评价指标体系，即中国企业创新发展指数，具体实施对我国区域和行业企业创新发展的动态监测和科学评价。

(一) 本项目的抽样原则

选择一定范畴的样本企业进行财务指数编制研究的主要目的是揭示企业通过研究开发与技术创新活动取得市场经营成败的原因，探寻企业在这一过程中获得较高创新效率和竞争优势的深层机制和规律。因此，在进行企业创新发展评价时，其数据采集过程必须坚持以下几个原则：

其一，企业财务运行所依存的环境，是竞争和开放的市场，在垄断、封闭和过度人为干预的市场环境中是无法对企业财务运行进行评价的。因此，数据样本的选择应以客观、公开和事实性的数据为主，尽量减少人为干预的因素，从而最大限度保证评价结果的有效性。在本研究中，数据来源基本以一个地方经济主体范畴内的所有企业群体的纳税数据为主，建立权威、严格、准确的数据采集渠道。同时，尽量减少和避免企业自报以及社会调查的数据。

其二，编制企业财务指数的实质，是企业整体创新效率的高低，以及影响和作用企业创新效率发展的各类环境因素。因此，编制企业财务指数的数据主体是能反映企业开展研究开发与技术创新活动整体状况的各类经济与技术指标，以及环境影响因素指标。指数肯定需要体现企业生态环境，如：产品销售的“冷暖”、销售货款结算的及时、贷款借还的通畅程度，等等，在对接市场节拍中能不能赢得机会、得到发展。

其三，企业财务态势反映的是企业长期存在的状态和优势，具有稳定、持续和非偶然性的特点。一些短期的和偶然的因素可能会对企业经营状态造成较大的影响，但它们可能与企业创新发展没有直接的关系。因此，编制企业财务指数发展应采集能反映企业竞争优势实质的、比较稳定长期性的数据，这样可以避免偶然性因素的影响。

其四，企业创新发展态势是企业整体实力和内在潜力的综合体现，因此造成影响和决定企业创新发展的因素很多。它们相互依存和影响，形成一个整体，对企业经营和发展状况产生持续的作用。所以，编制企业财务指数发展的数据应来源于企业的各个方面，有机结合起来形成一个综合的指标评价体系。

所以，本研究的目标就是以事实性数据库为基础，以国家政府部门提供数据为依据，构建全方位反映一个特定区域内所有企业群体财务运行状况的企业财务指数编制平台。

（二）编制企业财务指数的比较原则

编制企业财务指数发展的比较原则主要针对编制企业财务指数发展水平所面临的两类基本问题：

一个是企业综合财务指数应在多大的产业范围内讨论才有意义；另一个是对于不同省市、不同行业进行创新发展水平比较的依据是什么。

对于第一个问题，首先应该明确编制企业综合财务指数发展的目标，探求企业通过科技进步和技术创新的途径，持续获得产品盈利率和市场占有率。在对企业创新发展进行评价时，要确定在多大的产业范围内是否具有创新竞争力。因为，只有在一定的产业或行业分类的前提下，讨论企业的产品和市场竞争力才有实际意义，也才能准确判断某一企业是否具有创新竞争力。但是准确地对企业进行产品分类并不是很容易的，尤其是随着企业开展多种经营业务，使它的产品市场归属变得更加模糊和多元化。比如，许多钢铁企业在发展传统的冶金产品之外，也大力发展电子类产品，而且电子产品销售额所占的比重越来越高，使得这些企业的归属边界趋于模糊化。一些新兴的综合类企业、公司在这方面的趋势更加明显，这些都为企业的科学分类造成很大的困难，并直接影响企业综合财务指数的评价判断。所以应该明确，在进行各省市、各行业企业综合财务指数的分析时，都是基于一定的行业分类原则。不同的行业分类条件将会造成企业创新发展监测评价得分的差异和不同。但是这并不影响企业创新发展评价的科学性，仅仅是说明企业处于不同的参照条件下，企业与企业之间的比较和关系。

对于第二个问题的讨论则涉及竞争力理论中深层次经济基础的研究。人们对于企业或产品之间竞争的理解仅仅局限于产品替代性的层面，即只是具有相互替代性的企业或产品之间才构成竞争关系，才可能进行竞争力强弱的比较。而有关竞争力经济基础理论的研究表明，不同的行业之间也同样可以进行创新发展水平的比较和评价。

其一，企业综合财务指数是产品市场与要素市场综合竞争能力的体现。企业、行业之间的竞争关系要比产品之间的竞争关系复杂得多。它不仅包括传统产品市场对于共同资源和有限客户等基本要素的争夺，而且还涉及对资本、原材料、人才、知识，甚至政府许可证等要素市场基本单元的竞争和争夺。因此，企业综合财务指数是产品市场与要素市场综合竞争能力的体现。产品市场竞争力是企业综合财务指数的基础，而要素市场竞争力是促进产品竞争力发展的动力。显然，对于要素市场竞争能力而言，不同的行业仍然具有可比性，体现了行业经营理念运行管理机制方面更深层次的问题。

其二，企业综合财务指数是企业研究开发与技术创新综合竞争能力的体现。如前所述，企业综合财务指数是企业开展科技进步、自主创新活动状况及其影响的全面评价，是企业研究开发与技术创新综合竞争能力的体现。企业综合财务指数反映的是企业在持续获得产品盈利率和市场占有率过程中，所涉及的有关体制、环境、科技、文化等深层次原因的问题。而这些体制、机制，以及科技对于经济发展促进等问题是可以在不同省市、不同行业之间进行比较的，可以反映它们之间的经营状况和实质。

其三，对于不存在竞争关系的行业也可以对其进行创新发展水平的比较。企业综合财务指数是衡量企业、行业、区域、国家之间科技进步对于经济发展促进作用的能力，是企业、行业、区域和国家中科技对于社会经济发展支撑和引领作用的综合竞争能力。这种导向性特征测度了企业经营的一种状况、素质和结果，在经济学中称为存量。两个企业、行业没有经济市场意义的竞争关系，不一定没有创新发展水平的比较基础，两个企业、行业之间创新发展水平的比较是不以是否存在竞争关系为前提的。打个比方，这正如美国的大学与中国的大学之间同样可以进行有关创新发展的比较，并从中发现我国在办学理念、方法等方面与国际先进大学之间存有差距。同样，可以对美国与中国企业之间进行创新发展比较，尽管它们之间并不存在实际意义的竞争关系。

其四，企业综合财务指数的比较是企业科技进步发展状况相对优势的比较。创新发展水平测度了企业开展研究开发与技术创新的能力和竞争优势，属于一种相对竞争优势的测量，反映了企业相对于竞争群体平均水平而言的竞争优势，以及企业在该竞争群体中的相对位次。按照竞争力经济学的理论和方法，相对竞争优势是一个相对量，处于不同竞争群体的企业或行业的相对竞争优势是可以比较的。这样可以通过经济学的方法测量企业、行业之间的相对竞争优势，而且不同方面的竞争优势还可以相互累加，从而测量不同行业之间企业综合财务指数的相对强弱。具体处理过程和数据计算方法将在下面的章节中详细讨论。

二、选择样本的考究：既有研究经验的借鉴

在风起云涌的财务指数研究大潮中，就本项目所阅读到的动态信息看，除了本项目着眼于草根经济的研究外，还有两个知名大学教授主持的研究团队所推进的指数研究：一个是中国人民大学王化成教授主持的面对大型国有企业的指数研究，另一个是西南财经大学赵德武教授主持的面对上市公司群体的指数研究。

中国人民大学王化成教授主持编制的中国会计指数研究报告是基于中国上市公司而编制的。通过对上市公司总体的价值创造总量及价值创造效率进行分类分析，建立了价值创造额指数和价值创造效率指数。价值创造会计指数既能反映上市公司总体在特定期间的经营全貌，又能在一定程度上反映出整个宏观经济的增长情况与运行效率。

西南财经大学赵德武教授主持的中国上市公司财务指数研究，基于宏观经济景气理论在微观财务分析中的应用，通过合理选取财务指标、科学赋权，对上市公司的财务信息以恰当的形式进行综合提炼，形成动态化的财务指数，以此综合地、动态地反映我国上市公司整体或分类的财务运行态势。

相对于上述两个指数项目的“高端大气上档次”，本项目将选择尽可能拾遗补缺接地气，面向基层经济一线，关注县域经济的冷与暖。

三、选择样本的考究：现实代表价值的考量

（一）县域经济管理出发点

1. 县域经济下的基本运行规律

县，作为行政建制在我国具有强大的生命力和悠久的历史，自从秦始皇统一中国以来就构成了我国最基本的行政单元，形成了中国政治、经济、文化生活中一个超稳定的基础层次和基本单元。理论界最早使用"县域经济"这个概念实在 20 世纪 80 年代。当时研究的重点是乡镇企业、农村经济以及财税体制改革等问题。90 年代后半期，由于国内市场需求不足以及一系列社会问题的逐渐暴露，县域经济的研究逐渐掀起热潮，"县域经济①"不仅在学术理论，而且在党政报告、社会领域成为一个重要名词和概念，产生了重要影响。

县域经济具有丰富的内涵和特点，主要表现在：

第一，县域经济的内涵县域经济是指县的空间地域内的经济活动，包括生产、流通、分配、消费的再生产过程，是县域范围内国民经济各部门、再生产各环节和各种运行机制构成的综合体。也可以说是以县级行政区划所规定的范围为管理对象，由县级政权所领导的，在服从国家宏观管理的前提下，以发展本地经济为宗旨的经济。县域经济有明显的区域界定，具体由县级经济、乡（镇）级经济和村级经济所构成。它的存在，是以县级行政区划的存在为前提的，反映的是每个县的经济发展状况。

第二，县域经济的基本特点对县域经济的内涵进行概括，我国的县域经济具有综合性、中间性、农村性、枢纽性、区域性、开放性和能动性等基本特点：一是综合性，从系统论角度看，整个国民经济是一个大系统，其中，县域经济这个层次是国民经济最基本的子系统，县域经济活动涉及到生产、流通、消费、分配各环节，关联第一、二、三产业各部门，不仅

---

① 本书所引用"县域经济"概念中的县级行政区划，也包含行政级别为县的"市"级行政区。

在国民经济中发挥重要作用，而且在本身发展中存在不以人们意志为转移的客观经济规律。二是中间性，中观经济是指介于宏观经济与微观经济之间的经济层次，其现实形态主要是省域经济、市域经济（地域经济）、县域经济等等，可见，县域经济在中观经济中处于低层次，是中观经济的基础，同其他层次相比，更接近微观经济。对外县域经济是国民经济的中观层次，受国家宏观调控和省、市区域发展限制；对内形成县城经济、乡镇经济和村级经济三个层次网络。三是农村性，县域经济以农业和农村经济为主体，以工业化、城镇化、现代化为发展主题和方向。在中国习惯上总是把“县”与农村和农业联系在一起，离开了农村和农业也就不称其为“县”，目前中国县域经济本质上仍属于农村经济范畴，仍以农业为主体。四是枢纽性，县域经济是国民经济的一个关键层次，县域经济以县城为中心、乡镇为纽带、农村为腹地，有一个县级政权作为市场调控主体，具有承上启下、连接城乡的作用。五是区域性，县域经济是具有各自地域和资源特点的区域经济，各个县在自然资源、地理位置和交通运输条件、产业结构以及科技、文化、教育、人口与生活习惯等各个方面都存在一定的差异，从而形成了各自不同的优势和劣势，决定了各自经济发展和社会发展水平的区域特色；六是开放性，县域经济以市场为导向，随着市场经济的发展，在更大的区域内进行资源配置，获取竞争优势。七是能动性，县域经济以县级政府作为市场调控主体，具有功能完备的县级财政和地方税收体系，有一定的相对独立性和能动性。

第三，县域经济的发展需要理论指导，国内外有关县域经济发展的相关理论主要有：一是县域比较优势理论，这是沿着亚当·斯密和李嘉图比较优势理论而产生的定位理论，它解决一个县域如何定位的问题，利用本地区的资源、环境、政策优势，大力发展特色经济；二是新古典经济学分工理论，为县域经济定位拓展了空间。县域经济布局要求县域内产业集群的规模要适度、产业的结构要合理、产业间分工要明确、协作要密切且效率高，以便充分发挥县域经济优势，最大限度地获得县域经济发展上的集群效果；三是县域产业结构优化理论，如果县域经济要向更高的经济阶段发展，就要调整经济结构，实现县域经济结构的优化。

县域经济发展实现模式是对县域经济发展中县域经济条件相同或相似的某些方面进行系统的描述，以提供借鉴、采纳、吸收。决定县域经济发展模式的因素有：县域生产力水平和生产关系状况、县域环境特别是发展软环境与资源条件的差异、县域经济结构特征等。

2. “县域经济”下指数的市场化效应

县域经济发展中的辐射是指县域经济发展实力和现代化程度相对较高的地区与经济发展总体实力和现代化程度相对较低的地区在资本、劳动力、技术、信息以及思想观念、思维方式、生活习惯等进行的流动与传播。县域经济发展的辐射可分为：点辐射、线辐射、面辐射。其中，点辐射是指县域经济发展中的点辐射以大中城市为中心，向周边县域扩散，形成一种互补关系。点辐射初期，县域的资本、劳动力、技术、信息等流向大中城市，随着这种趋势的加强，中心城市资本、劳动力、技术、信息的边际效率下降，周边县域边际效率提高，资本、劳动力、技术、信息等开始回流，周边县域经济发展也随之加快。线辐射是指县域经济发展中的线辐射一般以铁路公路干线、江河湖泊的沿边航道和临海的陆地为辐射的带状源，向两翼地区或上下游地区扩散。面辐射是指随着中心城市和周边县域的资本、劳动力、技术、信息等的交换，二者综合实力不断提高，从而成为一个对周边其他县域资本、劳动力、技术以及信息进行吸引的辐射区域中心，向其他地区产生辐射，形成面辐射。

县域经济是指在县级行政区划的地域内统筹安排和优化经济社会资源而形成的开放的、功能完备的，具有地域特色的区域经济。也就是说，县域经济以县城为中心，乡镇（尤其是建制镇）为纽带，广大农村为腹地，城乡兼容。县域经济有一个较完整的市场调控主体，有一定的相对独立性，县域经济以市场为导向，也是国民经济的基本单元，是功能完备的综合性经济体系，其活动涉及生产、流通、消费、分配各环节，一、二、三产业各部门，注重发挥比较优势，突出重点产业。自从党的十六大第一次提出了“县域”这个概念，而且发出了“积极推进农业产业化经营，提高农民进入市场的组织化程度和农业综合效益。发展农产品加工业，壮大县域经济”的号召，十六届三中全会又进一步强调“要大力发展县域经济”，在这样的大背景下，县域经济的问题被提到了议事日程并受到前所未有的重视和关注，种种迹象和现实表明，中国走向县域经济时代已经是大势所趋。

（二）行业与区域的交叉分析

基于宏观经济理论建立的财务危机预警体系，由于各行业、地区间发展的不平衡以及行业间关联性较大（比如，房地产行业的兴起，或多或少带动了钢铁、水泥等行业的发展），导致行业发展存在“先导”行业或“滞后”行业之分，且各行业受到宏观经济政策不同程度的影响，若混为一谈，指数预警体系难以合理构建。结合非财务因素研究，充分把握财务危机产生的根源利用财务指标构建模型是目前学术界关于财务危机预警研究的主流方法。但有学者认为财务指标充其量为企业财务营运水平的征兆，而作为预测财务危机的深层次原因则难以立据。企业是一个开放性的经营实体，与外界不断地交换信息，同时需要不断的对外投资与融资实现拥有配置资源的权利，保持企业的持续经营。因此，包含宏观经济波动等在内的非财务因素是导致财务危机密不可分的原因之一。

预警临界值的选择是构建危机预警的关键环节与难点。国内现有实证研究成果大多基于公司 ST 与否来判定财务预警的临界值。但在全样本指数预警体系中，预警临界值的确定变得更加复杂化，需要综合分析目标行业的影响因素后加以确定。而且，有必要在不同阶段应用不同的预警方法进行处理。首先，采用指标体系法对基础预警指标进行筛选。其次，运用财务预警模型确定警度，划分警限。最后，采用综合评分法对各指标进行科学赋值，综合评价与准确预警。在危机预警的大框架下，充分利用传统的统计预警、模型预警优势，同时借鉴矩阵预警现有成果，以确定最佳的预警临界值。

总而言之，危机预警体系的建立，不仅开拓了传统财务分析研究和传统财务危机预警研究视角，更是会计信息研究领域的重大突破。通过建立囊括个体指数、综合指数在内的多层次指数体系进行财务预警分析将是未来财务指数应用研究的方向。

第二节
财务指标的遴选

样本点选定之后，如何确定编制指数所需要的最原始的财务信息呢？这就需要财务指标的选择和利用。当然，财务指标又是一个相当宽泛、伸缩性强的实用指标，如何博采各家之长，形成比较科学、合理的指标体系，自然需要对多视角的分析指标与思路进行一个系统的解剖分析。

一、财务指标的学科性分析

（一）关于企业财务指标的研究动态

毫无疑问，企业定期编制并对外公布的资产负债表、利润表、利润分配表和现金流量表等会计报表，是企业在一定时期的经营成果和一定时期财务状况的最集中写照。针对这几张报表所内含的大量信息，可以根据多种分析目的和需要来提取和演算出很多有意义的财务指标。多年来，学术界、实务界都不遗余力地在财务分析这一简单而又神秘的领域进行着不懈的探索。

抛开国际财务界的杜邦财务分析体系之外，国内学术界、实务界也提出了很多评价指标体系：厦门大学葛家澍（2001）将财务评价指标分为盈利指标、营运指标、偿债指标、发展能力指标四类；中国人民大学王化成（2004）将财务评价指标分为偿债能力指标、盈利能力指标、营运能力指标、发展趋势指标四类；王湛、赵琳（2001）将财务评价指标分为收益指标、现金流量指标和股价指标三类；刘力（2000）将财务评价指标分为偿债能力指标、资产运用能力指标、盈利能力指标、市场价值指标四类；崔毅、邵希娟（2002）将财务评价指标分为营运能力指标、流动性指标、长期偿债能力指标、盈利能力指标四类；同时，政府监管机构也基于持续改进企业财务监管的需要而探索精细化的财务指标，国家财政部等四部委（1999）将国有资本金评价指标体系分为财务效益指标、经营指标、偿债能力指标和发展能力指标四类；国务院国资委（2006）将中央企业综合绩效评价指标分为财务绩效定量评价指标（四个方面：盈利能力状况、资产质量状况、债务风险状况、经营增长状况）和管理绩效定性评价指标（八个方面：战略管理、发展创新、经营策略、风险控制、基础管理、人力资源、行业影响、社会贡献）；《企业财务通则》（2007）将企业财务有效性的财务评价体系分为偿债能力、盈利能力、资本营运能力、发展能力和社会贡献五类指标等等。可以说，对财务分析指标的多种分类，多数源于传统财务指标基础上的创新思维，向结合市场价值、可持续发展等指标的综合财务活力评价指标方面改进。

基于财务指标作为企业经营态势的一种直接载体，对本项目研究所具有直接基础性影响和指数解释效果的极端重要性，本项目将首先对常规财务评价指标进行一般性的专业铺垫解读，之后，以现实中经常被强化的几种管理控制导向再进一步甄别各类财务指标的现实基础，优选合适的分析用财务指标。

（二）企业财务指标的基本分析

分析单个企业财务运行态势，与分析群体企业财务运行情况，存在着一定差异，如：对某一个企业的分析，可以考量其流动资产与流动负债的差额（即净营运资本），以观察其流动负债“穿透”流动资产的“缓冲垫”是否处于安全边际，防止流动负债“穿透”流动资产，而对企业群体的分析，则主要凭借具有内在相关性的两个或多个指标进行相除等简单数学运算的比率等质量指标来考察其运行安全比率。又如，近年引进的EVA（经济增加值），通过税后净营业利润减去资本成本后的剩余收益来考察企业当期创造的经济价值。

我们持有的不断增加的实际例证表明，一个相同理论的财务指标在不同的企业实境里，其实际表现的内涵与外延可能并非完全相同，也就是说，由于企业经营实质差距、会计判断能力各异，相同财务指标的“表面效果”是不同的。这就是指标在具体应用时并不是一成不变的，而或多或少具有不确定性。不过，我们依然坚信，这种不确定性是个别情形下的，就总体而言，指标的内涵与外延基本属于相对确定的尺度，任何一个财务指标绝对不可能是不可捉摸的数字游戏。正是基于这种理念，我们必须对财务指标逐一进行解读。

基于本项目主要研究对企业群体的分析，因此，源于大样本的质量分析指标成为我们的首选。现整理出多数专家共识的一般性企业财务质量分析指标如表 4 -1 所示。

表 4 -1 常用财务分析指标一览表

<table>
<tr><th colspan="2">类别</th><th>质量指标名称</th></tr>
<tr><td rowspan="2">第一大类
偿债能力质量指标</td><td>短期</td><td>1. 流动比率 2. 速动比率 3. 现金比率</td></tr>
<tr><td>长期</td><td>1. 资产负债率 2. 所有者权益比率
3. 权益乘数 4. 产权比率 5. 带息负债比率</td></tr>
<tr><td colspan="2">第二大类
盈利能力质量指标</td><td>1. 销售利润率 2. 主营业务利润率 3. 成本费用利润率
4. 净资产收益率 5. 总资产报酬率 6. 利息保障倍数
7. 盈余现金保险倍数</td></tr>
<tr><td colspan="2">第三大类
营运活力质量指标</td><td>1. 存货周转率 2. 应收账款周转率
3. 流动资产周转率 4. 固定资产周转率
5. 总资产周转率</td></tr>
<tr><td colspan="2">第四大类
发展能力质量指标</td><td>1. 销售收入增长率 2. 利润增长率 3. 资本积累率
4. 总资产增长率 5. 技术落后投入比率
6. 三年销售利润平均增长率 7. 三年技术投入平均增长率</td></tr>
</table>

在上表所列 27 个质量指标中，每一个财务质量指标，都拥有其特定的内涵与外延，现分别对各个质量指标进行相应的阐述：

1. 考察偿债能力的财务质量指标

偿债能力是企业生存的基本前提。人无远虑，必有近忧，企业亦不例外。长短结合才能统筹安排，有序前行。偿债能力既要考核短期偿债能力，也要考核长期偿债能力，以下具体分析：

（1）考察短期偿债能力的财务质量指标。

短期偿债能力是企业以流动资产偿还流动负债的能力，它反映企业偿付日常到期债务的实力。如果短期偿债能力不足，企业则无法偿付到期债务及各种应付账款，如此下去，就会引起企业信誉下降，经营周转资金短缺，经营管理困难，甚至导致企业破产，因此，短期偿债能力的分析是财务分析中非常重要的一个方面，是反映企业财务状况是否良好的一个重要标志。影响企业短期偿债能力的因素主要有流动负债规模与结构、流动资产规模与结构以及企业经营活动现金流量等，反映企业短期偿债能力的指标主要有：流动比率、速动比率、现金比率以及现金流动负债比率，等等。

①流动比率。

水是生命的基础，生命的源泉，任何有生命的物质都离不开水。因为水的流动性很大，在消化、吸收、循环、排泄过程中，可协助加速营养物质运输和废物的排泄，使人体新陈代谢和生理化学反应得以顺利进行。生命肌体皆如此，人是这样，企业也不例外。企业的流动比率，是指流动资产总额和流动负债总额之比，即考察一定负债有多少流动资产做偿还的相应保障。其计算公式是：

流动比率 = 流动资产合计/流动负债合计 × 100%

从具体项目构成看，流动资产是指可以在一年内或超过一年的一个营业周期内变现或运用的资产，主要包括货币资金、交易性金融资产、应收及预付款项和存货等；流动负债是指在一年内或超过一年的一个营业周期内偿还的债务，主要包括短期借款、交易性金融负债、应付及预收款、应付票据、应交税费、应付利息、应付股利以及一年内到期的非流动负债等。

从流动比率的相对重要性看，它是一个财务分析中经常被提及的重要指标，是分析企业短期偿债能力、衡量企业短期风险的重要指标。站在债权人角度看，企业流动比率越高，说明流动资产抵偿流动负债的程度越高，债权人遭受损失的风险越小。而站在企业所有者和经营者角度看，情况就不一样了，当企业的投资报酬率高于债务资本利息率时，举债经营会提高所有者权益报酬率。

现实中，多数企业的管理经验认为，流动比率保持在2左右才能表示财务状况稳定，但这也不是绝对的公认最佳标准。正如分析心理学创始人荣格（Carl Gustav Jung）所言："一个人感觉合脚的鞋却会夹痛另一个人的脚"。因为，不同行业、甚至同一行业不同企业或者同一企业不同发展阶段，其流动比率都可能有很大差异。有些企业营业周期较短、存货规模小、应收账款周转率高，其流动比率有时比较低，而有的企业虽流动比率高，但流动资产质量低、企业存货积压或滞销、企业现金流不足，偿还短期债务的能力必然受到影响。所以，在分析时应根据行业、企业的具体情况来加以分析判断，以得出正确结论。

特别需要注意，流动比率的局限性也是明显的：其一，无法评估未来资金流量。流动性代表企业运用足够的现金流入以平衡所需现金流出的能力。而流动比率各项要素都来自资产负债表的时点指标，只能表示企业在某一特定时刻一切可用资源及需偿还债务的状态或存量，与未来资金流量并无因果关系。因此，流动比率无法用以评估企业未来资金的流动性。其二，未反映企业资金融通状况。在一个注重财务管理的企业中，持有现金的目的在于防范现金短缺现象。然而，现金属于非获利性或获利性极低的资产，一般企业均尽量减少现金数额。事实上，通常有许多企业在现金短缺时转向金融机构借款，此项资金融通的数额，未能在流动比率的公式中得到反映。其三，应收账款的偏差性。应收账款额度的大小往往受销货条件及信用政策等因素的影响，企业的应收账款一般具有循环性质，除非企业清算，否则，应收账款经常保持相对稳定的数额，因而不能将应收账款作为未来现金净流入的可靠指标。在分析流动比率时，如把应收账款的多寡视为未来现金流入量的可靠指标，而未考虑企业的销货条件、信用政策及其他有关因素，则难免会发生偏差。其四，存货价值确定的不稳定性。经由存货而产生的未来短期现金流入量，常取决于销售毛利的大小。一般企业均以成本表示存货的价值，并据以计算流动比率。事实上，经由存货而发生的未来短期内现金流入量，除了销售成本外，还有销售毛利，然而流动比率未考虑毛利因素。其五，流动比率的粉饰效应。有些企业管理者为了显示出良好的财务指标，会通过一些方法粉饰流动比率。比如，对以赊购方式购买的货物，故意把接近年终要进的货推迟到下年初再购买；或年终加速进货，将计划下年初购进的货物提前至年内购进等等，都会人为地影响流动比率。

从完善财务分析的角度讲，如何改进流动比率分析呢？其一，检验应收账款质量。目前企业之间的“三角债”普遍存在，拖欠周期有些很长，特别是国有大中型企业负债很高，即使企业提取了坏账准备，有时也不足以冲抵实际的坏账数额。显然，这部分应收账款已经不是通常意义上的流动资产了。所以，会计报表的使用者应考虑应收账款的发生额、以前年度应收账款中实际发生坏账损失的比例和应收账款的账龄，运用较科学的账龄分析法，从而估计企业应收账款的质量。其二，选择多种计价属性。即对流动资产各项目的账面价值与重置成本、现行成本、可收回价值进行比较分析。企业流动资产中的一个主要的组成部分是存货，存货是以历史成本入账的。而事实上，存货极有可能以比该成本高许多的价格卖出去，所以通过销售存货所获得的现金数额往往比计算流动比率时所使用的数额要大。同时随着时间的推移与通货膨胀的持续，存货的历史成本与重置成本必然会产生偏差，但流动比率的计算公式中运用的仅仅是存货的历史成本。为了更真实地反映存货的现行价值，会计报表的使用者应把使用存货的历史成本与使用重置成本或现行成本计算出来的流动比率进行比较。若在重置成本或现行成本下的流动比率比原来的流动比率大，即是有利差异，表明企业的偿债能力得到了增强；反之，则表明企业的偿债能力削弱了。

②速动比率。

从对债务归还的可行性讲，流动资产当然是合适而有效的，但是，比流动资产更加有效且快速的则是速动资产。因此，分析速动比率显然是一种必然趋势。速动比率是企业速动资产与流动负债的比值。该比率表明企业的每一元流动负债，相应有多少速动资产做偿还保障。速动资产是指能迅速转化为现金的资产，是流动资产扣除存货、预付账款和待摊费用后的余额。其计算公式为：

速动比率=（流动资产－存货－待摊费用）/流动负债

通常，企业的速动资产主要包括货币资金、能随时兑现的短期证券，以及正常类应收账款净额。速动比率又称酸性测验比率，它能准确地表明企业的短期偿还债务的保障程度，用于衡量企业流动资产中可以立即用于偿付流动负债的能力。速动比率作为流动比率的进一步深化和必要补充，也是分析企业短期偿债能力的重要指标。因为，如果企业流动资产的流动性很差，即使其流动比率很高，也不能说明企业的短期偿债能力强。在流动资产中，存货的变现能力最差，它通常要经过产品的售出和账款的收回两个过程才能变为现金，存货中还可能包括呆滞积压的产品难于变现。至于待摊费用和预付账款只能节约现金支出，而不能直接用来偿还流动负债或变现。所以把流动资产中的货币资金、短期投资、应收票据、应收账款、其他应收款项等变现能力较强的项目作为速动资产，更能体现出企业短期偿债能力的强弱。

速动比率一般要求保持在100%以上，即每一元流动负债有一元以上速动资产可供偿付；否则，企业有可能出现财务危机。但该比率过高，说明现金类资产未得到有效利用。速动比率一般在70%～150%为好。

一般的企业管理经验认为，企业速动比率为1或稍大一些较为合适。它表明企业每一元短期负债，都有一元或一元以上易于变现的资产作为抵偿。如果速动比率过低，说明企业短期偿债能力差；但如果速动比率过高，则又说明企业货币资金利用效率低，没有充分利用投资及获利的机会。在分析时，应结合行业特点及本企业历史资料来加以判断，不能简单地一概而论。

任何一个行业都需要流动性管理，实体经济的行业更加需要流动性管理。还需要注意到，流动比率和速动比率都是用来表示资金流动性的，即企业短期债务偿还能力的数值，前者的基准值是2，后者为1。但应注意的是，流动比率高的企业并不一定偿还短期债务的能力就很强，因为流动资产之中虽然现金、有价证券、应收账款变现能力很强，但是存货、待摊费用等也属于流动资产的项目则变现时间较长，特别是存货很可能发生积压、滞销、残次、冷背等情况，流动性较差。而速动比率则能避免这种情况的发生，因为速动资产就是指流动资产中容易变现的那部分资产。

③现金比率。

更上一层楼的流动性管理概念就是现金比率。现金比率又称现金流动负债比率，是指除流动比率、速动比率外，一种更为保守的衡量企业短期偿债能力的比率，是企业现金类资产与流动负债的比值，也称为绝对流动比率。与速动比率相比，该比率剔除了企业的应收账款类项目，主要用来衡量企业的随时偿付能力。其计算公式为：

现金比率 =（现金 + 有价证券）/流动负债

现金比率越高，企业短期偿债能力越强，企业应急能力也就越强，但在企业经营活动正常的情况下，企业不应过多的保留现金类资产，因为这样会导致企业资金成本升高，获利能力降低。所以，企业应根据实际情况，合理确定最佳货币持有量，把现金比率控制在适当的范围内。

进一步分析，基于收付实现制与权责发生制两种会计核算基础的同时存在，导致利润实现额并不一定等同于相应积累了等额的现金，有利润的年份不一定有足够的现金来偿还债务，所以，现金流动负债比率指标能充分体现企业经营活动所产生的现金净流量可以在多大程度上保证当期流动负债的偿还，直观、稳健地从现金流动角度反映出企业偿还流动负债的实际能力，是对企业偿债能力的进一步修正。现金比率较大，表明企业经营活动产生的现金净流入较多，能够保障企业按时偿还到期债务。但也不是越大越好，太大则表示企业流动资金利用不充分，收益能力不强。所以，应保持一个恰当的比率，一般在 10% ~25% 为好。该比率反映的是本期经营活动所产生的现金净流量足以抵付流动负债的倍数。现金流动负债比率越大，表明企业经营活动产生的现金净流量越多，越能保障企业按期偿还到期债务。如果该指标过大，则表明企业流动资金利用不充分，获利能力不强。

总之，从流动比率、速动比率到现金比率，面对的衡量标杆都是流动负债，而依次采取渐进严格的口径，值得在必要时分析实施。从三类比率的相关关系分析，流动比率、速动比率和现金比率的相互关系：其一，以全部流动资产作为偿付流动负债的基础，所计算的指标是流动比率；其二，速动比率以扣除变现能力较差的存货和不能变现的待摊费用作为偿付流动负债的基础，它弥补了流动比率的不足；其三，现金比率以现金类资产作为偿付流动负债的基础，但现金持有量过大会对企业资产利用效果产生负面作用，这个指标仅在企业面临财务危机时使用，相对于流动比率和速动比率来说，其作用力度较小。

为了将流动比率、速动比率、现金比率三者结合起来分析，现构思如图4－2所示。越是现金含量厚重的资产（三类资产现金含量厚重度依次是"现金"、"速动资产"、"流动资产"），其对流动债务的偿还性强越强烈，通常也受到债权人的欢喜。

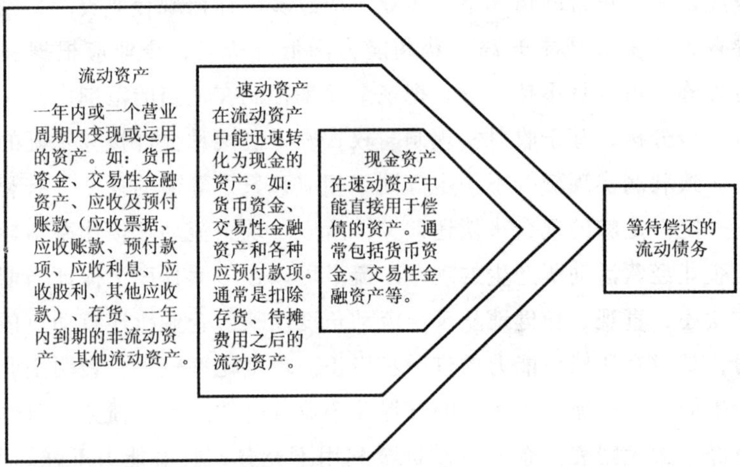

图4－2 流动资产、速动资产与现金资产之关系图

（2）考察长期偿债能力的财务质量指标。

企业长期偿债能力是指企业支付长期债务的能力。企业的长期负债包括长期借款、应付长期债券、长期应付款等。企业偿还长期债务能力，应含有债务本金和债务利息两部分债务。影响企业长期偿债能力的因素主要有企业长期负债的规模与结构、企业非流动资产规模与结构、盈利能力。因此，衡量企业偿债能力的强弱主要看企业资金结构是否合理、稳定以及

企业长期盈利的大小。反映企业长期偿债能力的指标主要有如下几个：

①资产负债率。

资产负债率指标反映了企业总资产中有多少是由举债筹集的，从企业资本结构角度反映了企业投资人和债权人的投资风险，是国际上公认的衡量企业负债偿还能力和财务风险的重要综合指标。由于资产总额必须与负债及所有者权益总额相等，故该比率实际上表明借入资本占企业总资金来源的比率。其计算公式为：

资产负债率 = 负债总额/资产总额 × 100%

这个比率对于债权人来说越低越好。因为公司的所有者（股东）一般只承担有限责任，而一旦公司破产清算时，资产变现所得很可能低于其账面价值。所以如果此指标过高，债权人可能遭受损失。当资产负债率大于 100%，表明公司已经资不抵债，对于债权人来说风险非常大。

通常，判断资产负债率是否合理，首先要看站在谁的立场。

站在债权人立场看，他们最关心的是贷给企业的款项的安全程度，也就是能否按期收回本金和利息。如果股东提供的资本与企业资本总额相比，只占较小的比例，则企业的风险将主要由债权人负担，这对债权人来讲是不利的。因此，他们希望债务比例越低越好，企业偿债有保证，则贷款给企业不会有太大的风险。

站在股东角度看，由于企业通过举债筹措的资金与股东提供的资金在经营中发挥同样的作用，所以，股东所关心的是全部资本利润率是否超过借入款项的利率，即借入资本的代价。在企业所得的全部资本利润率超过因借款而支付的利息率时，股东所得到的利润就会加大。如果相反，运用全部资本所得的利润率低于借款利息率，则对股东不利，因为借入资本的多余的利息要用股东所得的利润份额来弥补。因此，从股东的立场看，在全部资本利润率高于借款利息率时，负债比例越大越好，否则反之。企业股东常常采用举债经营的方式，以有限的资本、付出有限的代价而取得对企业的控制权，并且可以得到举债经营的杠杆利益。在财务分析中也因此被人们称为财务杠杆。

站在经营者立场看，如果举债很大，超出债权人心理承受程度，企业就借不到钱。如果企业不举债，或负债比例很小，说明企业畏缩不前，对前途信心不足，利用债权人资本进行经营活动的能力很差。从财务管理的角度来看，企业应当审时度势，全面考虑，在利用资产负债率制定借入资本决策时，必须充分估计预期的利润和增加的风险，在两者之间权衡利害得失，作出正确决策。

②所有者权益比率。

所有者权益比率是所有者权益与资产总额的比值，反映企业全部资产中，所有者投入资金所占比重，其计算公式如下：

所有者权益比率 =（所有者权益/资产总额）×100%

= 1 - 资产负债率

如果按同一口径计算，所有者权益比率与负债比率之和恰好等于 1，因此，所有者权益比率升高，负债比率就会下降，反之则会升高，所以提高所有者权益比率就会增加企业的偿债能力，降低财务风险。

该公司的所有者权益比率提高，资产负债率降低，企业的财务风险相应减小，反映了该公司偿还长期债务的能力有所增强。

③权益乘数。

权益乘效是所有者权益比率的倒数，又称股本乘数，是指资产总额相当于股东权益的倍数。

权益乘效 =（资产总额/所有者权益）×100% = 1/（1 - 资产负债率）

权益乘数越大表明所有者投入企业的资本占全部资产的比重越小，企业负债的程度越高；反之，该比率越小，表明所有者投入企业的资本占全部资产的比重越大，企业的负债程度越低，债权人权益受保护的程度越高。也就是说，权益乘数较大，表明企业负债较多，一般会导致企业财务杠杆率较高，财务风险较大，在企业管理中就必须寻求一个最优资本结构，以获取适当的 EPS/CEPS，从而实现企业价值最大化。

④产权比率。

产权比率又称负债权益比率、净资产负债率，是企业负债总额与所有者权益之间的比值。它表明债权人投入资本受所有者权益的保障程度，这一比率越低，说明企业的长期偿债能力越强，债权人权益的保障程度越高，承担的风险越小，企业的举债能力也就越强；反之，则表明企业长期偿债能力较弱，财务风险较大。其计算公式如下：

产权比率 = 负债总额/所有者权益总额 ×100%

该公司的产权比率的下降，反映了企业长期偿债能力的提高，债权人的权益得到了更好的保障。

⑤带息负债比率。

带息负债比率是企业一定时期带息负债总额与负债总额之间的比值，反映企业负债总额中带息负债的所占的比重，在一定程度上体现了企业未来的偿债压力。其计算公式为：

带息负债比率 = 带息负债总额/负债总额 ×100%

带息负债包括短期借款、一年内到期的长期负债、长期借款、应付债券和应付利息。

2. 考察盈利能力的财务质量指标

盈利能力是各方面关注的核心，也是企业成败的关键，只有长期盈利，企业才能真正做到持续经营。盈利能力就其本质而言，是企业生产（或销售）过程中经营活动和企业整体的盈利能力，越高则获利能力越强。实际工作中，体现盈利能力的财务指标主要包括：

（1）销售利润率。

销售利润率是衡量企业销售收入的收益水平的指标。其计算公式为：

销售利润率 = 利润总额/营业收入 ×100%

销售利润率属于盈利能力类的核心指标，其他衡量盈利能力的指标还有资产收益率、权益净利率、已占用资产回报率、净现值、内部收益率、投资回收期等。还要注意的是，盈利能力类指标之间的逻辑关系与相互影响：销售利润率对权益利润率有很大作用。销售利润率高，权益利润率也高；反之，权益利润率低。影响销售利润率的因素是销售额和销售成本。销售额高而销售成本低，则销售利润率高；销售额高而销售成本高，则销售利润率低。

（2）主营业务利润率。

主营业务利润率反映企业主营业务的收益状况，是扣除了非经常项目和投资收益等影响的利润率，因而更能准确地反映企业的盈利能力。该指标表示每一元主营业务净收入所提供的净利润。其计算公式如下：

主营业务利润率 = 主营业务利润/主营业务收入净额 ×100%

主营业务利润越高，主营业务收入的盈利水平就越高，对利润总额的贡献就越大，企业的盈利能力也越强。一般达到 20% ~30% 为好。

（3）成本费用利润率。

成本费用利润率是从内部管理和耗费角度出发，对资本收益状况的进一步修正，该指标通过企业收益与支出直接比较，客观评价企业的盈利能力。成本费用利润率表明每一元成本费用支出所获得的利润额。其计算公式为：

成本费用利润率 = 主营业务利润/成本费用总额 ×100%

成本费用利润率越高，成本费用水平就越低，而盈利水平则越高，企业盈利能力也越强，一般达到 8% ~16% 为好。成本费用利润率分子与分母的计算口径不同，该指标所表达指标定义也不同，如果成本费用总额只包括产品成本和期间费用两部分，那么该指标分子应按营业利润，此时该指标表达为营业成本费用利润率比较恰当。如果也所得税费用也包含在分母中内，则分子取净利润与之比较，更为客观。

（4）净资产收益率。

净资产收益率又称为净资产报酬率、股东权益报酬率，是反映资产运营的综合性财务指标，突出反映了投资与报酬的关系。净资产收益率指标常用来衡量所有者权益的盈利能力，是一个适应范围广、通用性强的评价企业资产运营效益的核心指标。其计算公式如下：

净资产收益率 = 净利润/平均净资产 ×100%

公式中，净利润是指企业当期税后利润；净资产是指企业资产减负债后的余括实收资本、资本公积、盈余公积和未分配利润等，也就是资产负债表中者权益部分。对于平均净资产，一般取期初与期末的平均值，但是，如果该指标观察分配能力，则取年度末的净资产更为恰当。资产收益率是反映盈利能力的核心指标。因为企业的根本目标是所有者权东价值最大化，而净资产收益率既可直接反映资本的增值能力，又影响着有者价值的大小。净资产收益率越高，表明企业有较强的获利能力和理财，反之，则说明企业营运能力较差。该指标越高，所有者分享的净利润就越多，投资盈利水平也越高，企业的盈利能力相应也越强，一般达到8%～16%为好。

（5）总资产报酬率。

又称为全部资产报酬率、总资产利润率，此指标用来衡量企业总资产的盈利能力。其计算公式为：

总资产报酬率＝息税前利润总额/平均资产总额×100%

总资产报酬率全面反映了企业资产的获利能力和投入产出状况，并可与市场资本利率比较，以确定是否利用财务杠杆进行负债经营而获取更多收益。该指标越高，投资盈利水平就越高，企业盈利能力也越强，一般达到7%～15%为好。

（6）利息保障倍数。

利息保障倍数，又称已获利息倍数（或称企业利息支付能力），是指企业生产经营所获得的息税前利润与利息费用的比率。它是衡量企业支付负债利息能力的指标。其计算公式如下：

利息保障倍数＝（利润总额＋利息费用）/利息费用

公式中：分子部分“利润总额＋利息费用”等于息税前利润，即EBIT＝净利润＋利息费用＋所得税；分母部分“利息费用”是指本期发生的全部应付利息，包括财务费用中的利息费用，计入固定资产成本的资本化利息。资本化利息虽然不在损益表中扣除，但仍然是要偿还的。

利息保障倍数指标反映企业经营收益为所需支付的债务利息的多少倍。只要利息保障倍数足够大，企业就有充足的能力支付利息，反之相反。利息保障倍数的重点是衡量企业支付利息的能力，没有足够大的息税前利润，利息的支付就会发生困难。利息保障倍数不仅反映了企业获利能力的大小，而且反映了获利能力对偿还到期债务的保证程度，它既是企业举债经营的前提依据，也是衡量企业长期偿债能力大小的重要标志。要维持正常偿债能力，利息保障倍数至少应大于1，且比值越高，企业长期偿债能力越强。如果利息保障倍数过低，企业将面临亏损、偿债的安全性与稳定性下降的风险。利息保障倍数的运用，为了考察企业偿付利息能力的稳定性，一般应计算5年或5年以上的利息保障倍数。保守起见，应选择5年中最低的利息保障倍数值作为基本的利息偿付能力指标。

关于该指标的计算，须注意以下几点：其一，根据损益表对企业偿还债务的能力进行分析，作为利息支付保障的"分子"，只应该包括经常收益；其二，特别项目（如：火灾损失等）、停止经营、会计方针变更的累计影响；其三，利息费用不仅包括作为当期费用反映的利息费用，还应包括资本化的利息费用；其四，未收到现金红利的权益收益，可考虑予以扣除；其五，当存在股权少于100%但需要合并的子公司时，少数股权收益不应扣除。

(7) 盈余现金保障倍数。

与上述分析相类似，我们还可以进一步分析企业利润的"含金量"，即剖析一定时期内企业实现的利润额与相应时期现金流量的对比关系，以防范企业过度或经常出现一方面实现了巨额的账面利润，另一方面却经常没有相应现金流量的"尴尬"局面。具体而言，盈余现金保障倍数反映的是企业当期净收益中有多少是有现金保障的，该指标挤掉了收益中的水分，体现出企业盈利能力的质量状况。其计算公式如下：

盈余现金保障倍数 = 经营现金净流量/净利润 × 100%

一般而言，该指标越大，表明企业经营活动产生的净利润对现金的贡献越大。如果小于1，说明企业净利润中还存在未实现的现金收入，就可能出现现金周转很紧张的情况。这时应调整销售政策、收账政策、折旧政策，以提高企业获取现金的能力和变现收益水平。盈余现金保障倍数一般达到5～12倍为好。

3. 考察营运能力的财务质量指标

营运能力是以企业各项资产的周转速度来衡量企业资产利用的效率。周转速度越快，表明企业的各项资产进入生产、销售等经营环节的速度越快，那么其形成收入和利润的周期就越短，经营效率自然就越高。由于上周转率指标的分子、分母分别来自资产负债表和损益表，而资产负债表数据是某一时点的静态数据，损益表数据则是整个报告期的动态数据，所以为了使分子，分母在时间上具有一致性，就必须将取自资产负债表上的数据折算成整个报告期的平均额。通常来讲，上述指标越高，说明企业的经营效率越高。但数量只是一个方面的问题，在进行分析时，还应注意各资产项目的组成结构，如各种类型存货的相互搭配，存货的质量，适用性等。

（1）存货周转率。

存货周转率，是指一定时期的周转次数与周转天数，都是表明其周转速度的指标。在既定时期内（如一个月、一季度、半年或一个年度），周转次数越多，其周转天次就越少，即一个确定的时期内，周转次数多了，每周转一次所需要的天数就相应少了。周转次数的计算公式如下：

存货周转次数 = 销货成本/平均存货余额

存货周转天数 = 360/存货周转次数

存货周转次数 = 销货成本/平均存货

其中，平均存货金额是期初存货额和期末存货额的平均值。销货成本，与销货有关的直接成本与费用，不仅是指业务人员的支出，甚至各种风险成本，财务成本都应合理计入销货成本，有些企业为完整表达这些成本，常采用利润中心的损益表，让真实的成本与利润合理呈现。

销货成本 = 期初商品盘存 + 本期进货 - 进货退出 - 进货折让 - 进货费用 - 期末商品盘存

存货周转率指标的好坏反映企业存货管理水平的高低，它影响到企业的短期偿债能力，是整个企业管理的一项重要内容。一般来讲，存货周转速度越快，存货的占用水平越低，流动性越强，存货转换为现金或应收账款的速度越快。因此，提高存货周转率可以提高企业的变现能力。

（2）应收账款周转率。

应收账款周转率是企业赊销收入净额对平均应收账款余额的比值。赊销收入是销售收入扣除现销收入、销售退回、折让及折扣之后的余额。应收账款周转率反映企业应收账款周转速度的指标，它直接反映了企业销售管理工作的。应收账款周转天数是指企业从产品销售开始到应收账款收回为止所需要间。周转天数越少，说明企业应收账款回收的越快，反之则慢。

应收账款周转率反映企业一定时期内应收账款收回并转化为现金的速度，是对企业流动经营能力的补充。现行企业绩效评价指标体系中的应收账款周转率被人为夸大，其公式分子项目销售收入净额中包括现销收入净额和赊销收入净额两个部分，而分母项目则为赊销账款。其计算公式为：

应收账款周转率 = 赊销收入净额/应收账款平均余额 ×100%

该指标越高，表示收现的时间越短，发生坏账的可能性越小；反之，则表示企业在应收账款及时收回上出现了问题，一般应达到 8 ~ 24 次为好。企业应根据具体情况制定改变信用政策、加大催收账款力度等管理决策，提高应收账款的变现速度和管理效率。

（3）流动资产周转率。

流动资产周转率是流动资产在一定时期所完成的周转额与流动资产平均占用额的比值。这里的周转额通常用营业收入来表示。流动资产周转率有两种表示方式，即周转次数和周转天数。流动资产周转次数，指在一定时期内流动资产完成了几次周转。周转次数越多，说明流动资产周转速度越快，则资金利用效果就越好。流动资产周转天数是指流动资产完成一次周转需要多少天。周转一次所用天数越少，表明流动资产周转速度越快，反之则慢。因此，可以看出流动资产周转天数和次数是从两个角度来反映企业流动资金周转速度的指标，在实际中，由于周转天数指标更简洁明了，所以应用更为广泛。其计算公式如下：

流动资产周转率 = 主营业务收入净额/平均流动资产总额 ×100%

一般情况下，该指标越高，表明企业流动资产周转速度越快，利用越好，企业营运能力越强。一般应达到 1.6 ~ 3.7 次为好。并且加快流动资产的周转速度，可以相对节约流动资产，相对扩大流动资产的投入，从而提高企业的偿债能力和盈利能力。

（4）固定资产周转率。

固定资产周转率是指企业营业收入与平均固定资产净值的比值。它是固定资产周转情况，评价固定资产利用效率的一项指标。其计算公式为：

固定资产周转率 = 主营业务收入净额/平均固定资产总额 ×100%

一般来讲，固定资产周转率越高，表明企业固定资产投资得当、利用充分，固定资产结构合理，固定资产管理工作做得好。反之，则表明企业固定资产利用效率低，营运能力差。

（5）总资产周转率。

总资产周转率是反映企业总资产周转速度的指标，是企业一定时期营业收入平均资产总额的比值。总资产周转率越高，说明企业全部资产运用的效率越好；相反，总资产周转率越低，说明企业对各项资产的利用能力较差，越不合理。通过该指标的对比分析，不但能够反映出企业本年度及以前年度总资产的运营效率及其变化，而且能发现企业与同类企业在资产利用上存在的差距，促进企业挖掘潜力、积极创收、提高产品市场占有率、提高资产利用效率。它是反映企业资产的管理质量和利用效益的一个基本指标。其计算公式为：

总资产周转率 = 主营业务收入净额/平均资产总额 ×100%

该指标反映了企业资产的周转速度，即一年内企业资产周转次数。该指标越大，表明企业周转速度。

4. 考察发展能力的财务质量指标

企业的持续发展要求更大规模地支配、营运资源。在保证质量的前提下，不断寻求数量的增长。反映企业增长能力的指标主要是财务指标。增长能力一般是指企业未来生产经营活动的发展潜能，一个企业的增长能力、偿债能力、营运能力和盈利能力的综合体现，能反映企业的发展趋势，只有增长潜力强的企业，才能不断地创造利润，增加企业价值。因此，增长能力分析对企业的所有者、经营者及其他利益相关者至关重要。增长能力的分析与评价可能通过资产增长率、固定资产增长率、资本保值增值率、营运资金增长率、销销售增长率、利润增长率以及净利润增长率等体现，重点指标包括：

（1）销售（营业）收入增长率。

销售（营业）增长收入率是衡量企业经营状况和市场占有能力、预测企业经营业务拓展趋势的重要指标。不断增加的主营业务收入，是企业生存和持续发展的基础条件。其公式如下：

销售（营业）收入增长率 = 本年主营业务收入增长额/上年主营业务收入增长额 ×100%

销售（营业）收入增长率较高，表明企业呈现一个成长势头，企业还有很大的潜力可供挖掘。营业收入增长率是企业一定时期本期营业收入增长额与上期营业收入的比较以反映企业产品所处的市场寿命周期阶段及产品的市场竞争能力。

(2) 利润增长率。

利润增长率是企业一定时期实现利润增长额与前期利润额的比值。这一比率映企业财务成果的增长速度。其计算公式如下：

利润增长率 = 本年利润增长额/上年利润 ×100%

当然，在具体运用时，可以选择销售利润（或者营业利润），可以选择利润总额或净利润，只要其比较的对象具有可比基础就行。这主要取决于分析者主要聚焦点在何处。

(3) 资本积累率。

资本积累率体现了企业资本的积累情况，是企业扩大再生产的源泉，同时也展示了企业的发展潜力。其公式如下：

资本积累率 = 本年所有者权益增长额/年初所有者权益 ×100%

在正常情况下，该指标为正，而且越大说明企业资本积累越多、资本的保全性和增长性越好、应付风险和持续发展的能力就越大。一般达到8% ~12% 为好。该指标为负，表明企业资本受到侵蚀，所有者利益受到损害，应予充分重视。

(4) 总资产增长率。

总资产增长率从企业资产总量扩张角度衡量企业的发展能力，表明企业资产规模增长水平对企业发展后劲的支持力度。其公式如下：

总资产增长率 = 本年资产增长额/年初资产总额 ×100%

总资产增长率是指企业一定时期资产净值增加额与期初资产总额的比值。这一比率可反映企业一定时期内资产规模扩大的程度。该指标越高，表明企业在一定时期内资产运营规模扩张的速度越快，在保证扩张质量的条件下，企业的持续发展能力就越强。当然，如果为单纯追求资产规模而无视质量好坏一味地扩张资产规模，搞所谓的“跑马圈地”，也可能会埋藏未来的隐患，即资产规模大了、经营效率与效益低了，最终得不偿失。通常总资产增长率维持在15%～25%左右为好。

（5）技术投入比率。

技术投入比率是企业当年科技支出费用总额与主营业务收入净额的比率，反映出企业产品的技术含量，并从技术创新方面反映企业的发展潜力和可持续发展能力。其公式如下：

技术投入比率＝本年科技支出费用总额/当年主营业务收入总额×100%

该指标越大，说明企业投入新技术的经费越多，对投入创新的重视程度越高，研发所创新的新产品、新技术、新市场可能就大，企业的生存和发展空间越大。

（6）三年销售利润平均增长率。

三年销售利润平均增长率指标能够反映企业的销售（营业）利润增长趋势和效益稳定程度，它是对销售（营业）增长质量的补充，表明企业主营业务创造价值的状况和发展潜力。其公式如下：

$$三年平均利润增长率=\left[\left(\frac{当年主营业务利润总额}{三年主营业务利润总额}\right)^{\frac{1}{3}}-1\right]\times 100\%$$

该指标越大，表明企业积累的利润越多，可持续发展能力越强。一般达到20%～35%为好。

（7）三年技术投入平均增长率。

三年技术投入平均增长率指标能够反映企业在技术转让和研究开发等科技费用上的增长趋势和稳定程度，体现企业的创新能力和持续发展能力。其公式如下：

$$三年技术投入平均增长率=\left[\left(\frac{当年科技支出费用总额}{三年前科技支出费用总额}\right)^{\frac{1}{3}}-1\right]\times 100\%$$

该指标越大，表明企业在研究开发方面的投入在不断增长。这将有利于技术和管理创新，而创新有利于企业核心竞争力的提高，有利于战略的实施和企业价值的创造。

5. 特定财务指标

除了上述通用财务指标外，对于一些企业包括国有企业而言，可能还有若干特定财务指标：

（1）不良资产比率。

不良资产比率主要反映资产的管理和使用方面存在的问题，是对企业营运能力进行的重要补充。其计算公式为：

不良资产比率 = 年末不良资产总额/年末资产总额 ×100%

该指标越高，表明企业沉积在应收账款、积压存货、闲置固定资产和不良投资等方面的资金越多，资金利用率低。该指标越小越好，等于 0 是最优水平。一般在 2.5% ~0.3% 为好。

（2）资本保值增值率。

资本保值增值率 = （年末所有者权益 ÷ 年初所有者权益） ×100%

基本要义是：当资本保值增值率 =100% 时，即为资本保值；当资本保值增值率大于 100%，即为资本增值。注意：所有者权益由实收资本、资本公积、盈余公积和末分配利润构成，四个项目中任何一个变动都将引起所有者权益总额的变动。至少有两种情形并不反映真正意义的资本保值增值：其一，本期投资者追加投资，使企业的实收资本增加，还可能产生资本溢价、资本折算差额，从而引起资本公积变动；其二，本期接受外来捐赠、资产评估增值导致资本公积增加。在本期既无投资者追加投入，又无接受捐赠和资产评估事项的情形下，上述公式仍然需要推敲。因为本期资本的增值不仅表现为期末账面结存的盈余公积和未分配利润的增加，还应包括本期企业向投资者分配的利润，而分配了的利润不再包括在期末所有者权益中。所以不能简单地将期末所有者权益的增长理解为资本增值，期末所有者权益未减少理解为资本保值。

分析本指标的经济意义在于，资本保值增值率是指企业本年末所有者权益扣除客观增减因素后同年初所有者权益的比率。该指标表示企业当年资本在企业自身的努力下的实际增减变动情况，是评价企业财务效益状况的辅助指标。反映了投资者投入企业资本的保全性和增长性，该指标越高，表明企业的资本保全状况越好，所有者权益增长越快，债权人的债务越有保障，企业发展后劲越强。

最后，也有一些企业，为了更好地测度企业现金流量的情况，可以通过以下指标来分析其现金动力态势，比如：

计算盈余现金保障系数，可以测度企业盈利之现金含量高低。其计算公式：

盈余现金保障系数 = 经营活动现金净流量/净利润 × 100%

计算现金比率，可以测度立即付现的短期偿债能力。其计算公式：

现金比率 = 现金及现金等价物期末余额/期末流动负债

计算资产现金回收率，主要体现经营创造现金能够更新资产的态势。其计算公式：

资产现金回收率 = 经营现金净流量/平均资产总额 × 100%

值得指出的是，我们在此前阐述的仅仅是财务分析指标的原始形态。有时候，为了便于进一步分析财务指标及其相互之间的影响关系、原因何在、逻辑推理等，专家们又逐项推理产生了多个分析体系，其中最为著名的就是杜邦分析法。

二、财务指标的多元化丛林

其实，在同一样本与素材的框架下，人们关注的焦点、分析的热点可能是不同的，这种不同导向既营造了财务数据分析者的巨大表现空间，也进一步适应了差异化的多种利益诉求。

（一）基于社会审计独立视角的企业财务指标体系

我国已经拥有了体制机制相对完备的社会审计系统，作为“经济警察”，他们对企业财务运行的分析理当应该受到关注与尊敬。从现行注册会计师专业资格考试体系看，其对企业财务的分析指标如下[①]：

第一类，偿债能力比率。包括两类：一是可偿债资产与短期债务的存

---

① 中国注册会计师协会：《财务成本管理》（2010），中国财政经济出版社 2010 年第一版。

量比率：净营运资本、流动比率、速动比率和现金比率；二是现金流量与短期债务的比较：现金流量比率。

第二类，长期偿债能力比率。总债务存量比率：资产负债率、产权比率、权益乘数、长期资本负债率；总债务流量比率：利息保障倍数、现金流量利息保障倍数、现金流量债务比；影响长期偿债能力的其他因素：长期租赁、债务担保、未决诉讼。

第三类，资产管理比率：应收账款周转率、存货周转率、流动资产周转率、净营运资本周转率、非流动资产周转率和总资产周转率等。

第四类，盈利能力比率：销售净利率、资产净利率、资产净利率、权益净利率。

第五类，市价比率：市盈率、每股收益、市净率、市销率。

（二）基于通用企业财务分析的财务指标体系

总结常规的财务分析指标，比较系统工程、全面的财务分析指标体系可以列示如下：

第一类，偿债能力的分析与评价指标：从短期偿债能力评价指标看，包括：流动比率、速动比率、现金比率、现金流动负债比率（现金流量比率）；从长期偿债能力评价指标看，包括：资产负债率、所有者权益比率、权益乘数、产权比率、利息保障倍数、带息负债比率。

第二类，盈利能力评价指标：总资产报酬率、净资产收益率、资本收益率、销售净利率、成本费用利润率。

第三类，营运能力评价指标：流动资产周转率、存货周转率、应收账款周转率、固定资产周转率、总资产周转率。

第四类，发展能力评价指标：总资产增长率、固定资产增长率、资本保值增值率、营运资金增长率、营业收入增长率、利润增长率、净利润增长率。

第五类，其他获利能力指标：资产净利率、营业利润率、盈余现金保障倍数。

第六类，上市公司盈利能力评价指标：每股收益、每股净资产、每股股利、股利支付率、市盈率。

（三）基于做大做强企业导向下的财务指标体系

做大做强，已经成为中国企业的共同梦想与追求所在，在这样的梦想诱导下，必然也会滋生相应的分析指标体系，我们对此类分析指标进行分析，现列出做大企业导向下的财务指标体系设计①如下：

第一类，盈利能力：销售利润率、净资产收益率、每股收益、盈余现金保障倍数四个指标。

第二类，偿债能力：资产负债率、流动比率、速动比率。

第三类，资产管理能力：应收账款周转率、存货周转率、总资产周转率、资产现金回收率。

第四类，成长能力：净利润增长率、总资产增长率、资本保值增值率、主营业务增长率。

（四）基于观察企业财务活力的财务指标体系

财务活力的提升依赖于财务管理与企业资源、技术的有效结合。这对于中国企业转换经济发展方式，提高自主创新能力、增强核心竞争力和持续发展力来说，自然是值得考察的动态指标。从财务活力看，主要分析指标列示②如下：

第一类，评价企业偿债能力的指标：资产负债率、已获利息倍数、速动比率、现金流动负债比率。

第二类，评价企业营运能力的指标：总资产周转率、应收账款周转率、不良资产比率、流动资产周转率。

第三类，评价企业盈利能力的指标：净资产收益率、EVA 经济增加值、总资产报酬率、盈余现金保障倍数、主营业务利润率、成本费用利润率。

---

① 姚树中：《大企业财务竞争力研究》，经济管理出版社 2012 年第 1 版。

② 曾道荣：《企业财务活力研究》，西南财经大学出版社 2008 年第 1 版。

第四类，评价企业持续发展能力的指标：销售（营业）增长率、资本积累率、三年销售利润平均增长率、总资产增长率、三年技术投入平均增长率、技术投入比率、培训费用率、人均利税率。

（五）基于出资者监管导向下的国有企业绩效评价指标

作为国有企业的出资者，对国有企业运行态势尤其是对经营绩效的关注是其核心利益所在，因此，不论是以前的财政部或者是现在的国资委，都在持续改进对国有企业绩效评价标准的建立健全。现以 2011 版国资委对中央企业经营绩效的评价标准为例，分为四个大类，每个大类都分为基本指标与修正指标两个小类，具体构成如下[①]：

第一大类，盈利能力状况。其中，基本指标类包括：净资产收益率、总资产报酬率；修正指标类：主营业务利润率、盈余现金保障倍数、成本费用利润率、资本收益率。

第二大类，资产质量状况。其中，基本指标类包括：总资产周转率（次）、应收账款周转率（次）；修正指标类：不良资产比率、资产现金回收率、流动资产周转率。

第三大类，债务风险状况。其中，基本指标类包括：资产负债率、已获利息倍数；修正指标类包括：速动比率、现金流动负债比率、带息负债比率、或有负债比率。

第四大类，经营增长状况。其中，基本指标类包括：销售（营业）增长率、资本保值增值率；修正指标类：总资产增长率、销售（营业）利润增长率、技术投入比率、存货周转率、资本积累率。

（六）基于投资者分析导向的上市公司盈利评价指标

股份公司是以发行股票来筹集企业资本的，作为企业的股东或潜在投资者，要了解企业的财务状况及其经营成果，分析企业的盈利能力及其发

① 国务院国资委财务监督与考核评价局：《企业绩效评价标准值 2012》经济科学出版社，2012 年第一版。

展趋势，从而正确预测投资收益，把握投资机会及投资规模。对股份公司进行财务分析，采用上述偿债能力和营运能力分析常用的指标以外，还应对每股收益、每股净产、每股股利等指标进行分析评价，从而作出正确结论。

1. 每股收益

每股收益也称每股盈利，是由企业的税后净利扣除优先股股利后的余额与普股流通在外股数进行对比所确定的普通股每股收益额。用以评价公司发行在外每一普通股的盈利能力。在投资分析中，每股盈利的数字是非常重要的，因为，投资者可以把本年度的每股收益和公司以往年度的每股收益相比较，预测每股盈的变动趋势及股价的变动趋势。一般来讲，每股盈利越高，表明企业绩效越好，投资决策前就各公司的每股利进行横向比较，以确定投资人的投资目标和投资策略。

2. 每股净资产

每股净资产，也称每股账面价值，它是以期末净资产与普通股总股数的比。每股净资产越高，说明每股实有资产价值越大，进而公司发展潜力和股票投资价值越大，投资安全性越高，该指标还可以用来帮助判断股票市价的合理。

3. 每股股利

每股股利是企业股利总额与期末普通股股数的比值。用以反映股份每一普通股获得股利的多少，是评价普通股报酬情况的重要指标。企业每股股利的高低，一般取决于两个因素：一方面是企业获利能弱，一个没有盈利能力的公司，要想发放股利也是困难的，若是发放股利就会增加流通在外的股数，引起股价下跌；另一方面，企业是否需要增加资金经营周转，是否有更好的投资机会，也影响着每股股利的发放。通常，当企业资金周转充裕时，则每股股利就会高些，反之，则会少些。

4. 股利支付率

股利支付率是普通股每股股利与每股净收益的比值，它反映了公司的股利分配政策和支付股利的能力。该比率主要用于衡量公司当期每股收益有多大的比例或者企业的现金多大比例以股利形式支付给普通股股东。从公司股东的角度来分析，股利支付率和每股股利一样，比每股收益更能直接体现当前收益。股利支付率的高低也没有一个固定的衡量标准，而且一般公司之间也没有可比性。

5. 市盈率

市盈率也称价格盈余比例，是股票投资者衡量股票潜力，借以投资入市的重要指标。它是普通股每股市场价格与每股利润的比率。反映投资者为从某种股票取得得 1 元收益所愿支付的价格。其计算公式为：

市盈率 = 每股市价/每股盈利

S = P/E。其中，S 表示市盈率，P 表示股票价格，E 表示股票的每股净收益。

很显然，股票的市盈率与股价成正比，与每股净收益成反比。股票的价格越高，则市盈率越高；而每股净收益越高，市盈率则越低。市盈率反映投资者对公司未来盈利的预期。市盈率越高，说明投资者预期的司未来盈利越大，反之，就越小。一般来讲，那些快速发展的行业或公司股票盈率较高，而平稳发展的行业或公司这个比例则较低。市盈率越大，往往也意味着投资风险越大，投资价值越低。

总之，财务指标常常需要与时俱进地解释问题，这就是“商业生态”的力量所在。因为，“生态”在本质上是由多种要素所形成的相互协同和制约的关系，在一个生态中，个体往往呈现出本身所不具备的能量与价值。企业在谋求自身发展时，已经不能拘泥于自己的竞争优势或者熟悉的行业特点，点、线的思维在崇高跨界的时代已经不再适用。企业作为一个比生物体处于更高层次的生命存在，其生存发展之道不能局限于“优胜劣汰”，更有“适者生存”才是经得住考验的“真理”。也就是说，虽然不会完全避开竞争，但只要有可能，就得避开竞争对手的制约，避免双方无谓的争夺，利用尚未有对手竞争的资源，建立自己不与其他企业发生重叠的“生态”，或尽量在较少重叠的“生态”中生存发展。在利用自身的优势基因形成自己的特点之后，要在自己自身特点与环境因素相匹配、相契合的“生态位”中成为“最适”者，不断发展自己的特殊能力，成为其他企业不能与之竞争的优势，正如老子所说，“夫唯不争，则天下莫与之争”。找到最适合的环境，干最适合的事情，才是经营的最高智慧。

作为企业运行态势的数字化写照，财务指标也同样需要这样的理想境界。这就是财务指标分析对企业生存、获利与发展的匹配性与生态化属性。

三、财务指标的应用性选定

财务分析是了解一个企业经营业绩和财务状况的真实面目，从晦涩的会计程序中将会计数据背后的经济涵义挖掘出来，为投资者和债权人提供决策基础。由于会计系统只是有选择地反映经济活动，而且它对一项经济活动的确认会有一段时间的滞后，再加上会计准则自身的不完善性，以及管理者有选择会计方法的自由，使得财务报告不可避免地会有许多不恰当的地方。虽然审计可以在一定程度上改善这一状况，但审计师并不能绝对保证财务报表的真实性和恰当性，他们的工作只是为报表的使用者作出正确的决策提供一个合理的基础，所以即使是经过审计，并获得无保留意见审计报告的财务报表，也不能完全避免这种不恰当性。这使得财务分析变得尤为重要。

（一）财务指标选取的理论基础

在以上评价原则的基础上，就可以实际构建企业创新发展指数评价指标体系。在具体确定和选择企业创新发展评价指标时，应注意遵循以下原则：

1. 科学导向性

评价指标要能真正反映企业财务活动和转型升级的现实状况和变化趋势，强化指标的客观监测与科学评价功能，以及对企业经营与管理活动的实际引导作用。市场化经营与科学化管控是企业生存与发展的重要基础，现在已经渐渐深入人心了。所以，编制企业财务指数应该选择相应的经济学指标，比如，实现盈利水平、企业营业总收入、全员劳动生产率等。只有经济指标与创新指标相互有机结合，才能真正反映出企业创新发展和质量进步对于经济社会的强大推动作用。因此，作为导向性的指数指挥棒，也应该考虑通过适度体现市场与创新在企业的推进程度，从而引导企业培育可持续发展的潜力。

2. 口径可比性

指标选择要注意与前后左右保持一致，尤其是各知名组织或系列所采用的评价指标相互一致，保证评价指标具有相应的可比性，能够被管理界和学术界认可和应用。在本研究中，我们通过相对指标一般能够从多方面、多视角，更加客观、准确地揭示评价对象的发展状况和工作绩效，以期能够更加全面、客观地描述我国企业运行中追求创新发展的状况和趋势。

3. 编制可操作性

指标设置上的一个关键问题，是要考虑这些指标是否能够采集到权威、准确的公开数据。虽然在理论研究中可以设置很多指标，有些甚至是非常具有理论和实践意义的，但如果指标采集不到数据，也是没有用的，因为不具有可操作性。

4. 相对稳定性

评价指标体系要保持相对的稳定，在一般情况下，不要轻易的变动，否则达不到累积比较的目的。比如，如果一个指标在二、三年之后就没有了，就很难在该指标所涉及的方面，动态监测和比较分析一个企业在 5 年或 10 年以后的发展变化情况。

5. 数据可获得性

作为一项研究，我们当然期待能够在指标的细化程度、专业深度方面有所突破。如通过经营活动现金净流量来揭示企业当期的盈余现金保障系数、通过现金及现金等价物期末余额与期末流动负债比例来揭示现金比率，通过经营现金净流量与平均资产总额之比来揭示。但试想一下，现金流量表作为不少企业并不常见的报表，怎么可能定期会成为编制财务指数的原材料呢？因此，我们从数据可获得性来平衡理想与现实之间的边界。可获得性应该是一个现实的概念，一个能够为工作带来实际效益的期望目标。

（二）财务指标选取的实战策略

为了使统计评价工作更加准确和客观，真正反映我国企业创新发展的实际情况和发展趋势，在评价指标的设计和选择上，还要根据统计和评价的理论方法基础，还要注意遵循以下一些指标选取原则，以使评价指标能够相关互补、有机平衡，并满足唯一的评价服务目标。

本研究报告最终基于实用基础，经过反复比较、试算，选定的财务指标体系如表 4－2 所示。

考虑到项目推进中源于企业实际数据的可取得性，我们只好放弃了关于回报效力、现金动力方面的指标。

表 4－2　　本项目选定财务指标一览表

指标类别	指标名称	代码	计算公式	主导价值观
盈利能力	销售利润率	P_1	净利润/营业收入×100%	销售商品或服务实现盈利能力
	净资产报酬率	P_3	净利润/平均股东权益总额×100%	百元净资产创造盈利
	总资产收益率	P_4	净利润/平均资产余额×100%	企业资产全面利用效率
偿债实力	流动比率	S_1	流动资产/流动负债×100%	一般性的短期负债偿付力
	资产负债率	S_3	负债总额/资产总额×100%	举债筹资与财务杠杆
	有形净值债务率	S_4	负债总额/有形净值总额×100%	严守债务警界线
运营活力	应收账款周转次数	O_1	营业收入/平均应收账款余额	强化销售资金回收速率
	流动资产周转率	O_2	主营业务收入净额/平均流动资产总额	流动资产营运管理效率
	总资产周转率	O_3	主营业务收入净额/平均资产总额	整体资产周转创造收入效率

续表

指标类别	指标名称	代码	计算公式	主导价值观
发展潜力	研发投入率	D_1	研发成本/产品销售总收入×100%	技术引爆市场的后发优势
	近三年销售增长率	D_3	[（本期销售收入/三年前销售收入$^{1/3}$ -1）] ×100%	持续性市场拓展能力
	近三年资产增长率	D_4	[（本年总资产/三年前总资产）$^{1/3}$ -1] ×100%	企业整体做强做大趋势

第三节 数据转换的逻辑

如何对纷繁复杂的个体化财务指标，按照一定的规则进行专业化数据处理，从而变成能够反应群体化企业财务运行态势的统一指数，这将关系到其中第一环节的逻辑顺序与数据处理是不是科学、合理。因此，数据自身的转换必然遵循其学科规律，即统计学的规律、经济学的解释、管理学的内涵与社会学的解释。

一、从财务指标到财务指数的思维辨析

在统计学中，统计指数，简称指数，是一种特殊的相对指标，用来测定某一现象或多种现象在不同时间或空间中发展变化的相对程度。指数又

有广义与狭义之分，广义指数是指一切说明社会经济现象数量对比关系的相对数，一般反映了范围、口径相同的同类现象在不同时间空间下的对比，如动态相对数、比较相对数、计划完成相对数等，泛指各种相对数。而狭义上的指数是指不能直接相加和对比的复杂现象综合变动的相对数，一般指总指数，即以相对数形式综合反映总体各变量在不同场合下的相对变动，如：股票价格指数。

从经济学的角度看，经济指数是一种为测定或评价特定经济现象，对多种数据取样进行综合、叠加、统计运作获得的数字上的统计指数，如商品指数、股市指数等。从本质上看，经济指数就是狭义概念的统计指数在经济学领域的应用。

社会现象也同样可以通过指数进行形象的刻划。比如：通过搜集人们衣食住行等相关数据，运用一定的科学方法反映出研究对象的相对水平或状态。如，穿衣指数、洗车指数、体质指数、幸福指数、自信指数……林林总总的指数让人眼花缭乱。严格意义上说，生活中的指数已经泛化了，很多指数只是“形式”上的指数，而失去了统计指数的原本涵义。也许在现实生活中，人们对指数的应用并不那么严格，而是习惯于将对事物的评价用“指数”命名；不管怎样，指数的概念已经深入人心，成了人人都乐于接受的事物，成了方便人们交流的概念。所以，很多机构或企业也都试图发布各种指数，来描述或影响人们的生活，“指数化生活”正成为人们一种新的生活样态。

在管理学上，指数主要应用于系统的综合评价，指数的设计多数是通过选取合适的被评价对象的指标值，并用一定的量化方法将量纲不同、特征各异的指标值转换成量纲相同、变化规律和趋势相同或相近的标准化形式的数值，进而对特定对象进行综合评价，如顾客满意度指数和公司治理指数。本研究拟要建立的企业财务指数也是在该类指数的概念范畴之中。

关于会计指数所要传递的信息，由于角度不同，会计指数所要反映内容的重点也有所不同，从微观的角度看，会计指数反映的是不同时期、不同时点企业效能变动情况的相对指标，宏观方面，会计指数应能有效传递一个国家或地区经济运行状况。会计指数体系应具备代表性、决策有用性和服务性三项功能。我们应该确认：企业创新发展评价是一个复杂的大系统，既要总体评价，又要各子要素水平评价。实际上，企业创新发展评价是由单个指标评价和整个指标体系的综合评价组成的。

二、会计指数编制的基本思路辨析

众所周知，会计报表数字是对单个企业在特定时点或时期的财务状况与经营成果的客观反映，基于报表数字编制的企业效能会计指数不仅能对企业本身的经营效率及各项财务能力作出客观评价，而且还能对相应期间内一个国家或一个地区的宏观经济运行状况作出合理判断，进而为政府制定宏观经济政策提供支持。

当前理论界对会计指数的建立所确定的两套思路：一套思路是采用加权综合指数法，设置若干个三级小类财务指数，即与财务指标一一对应的小类财务指数；在三级小类指数之后，设置四、五个分类二级财务指数，即企业盈利能力指数、企业偿债实力指数、企业运营活力指数、企业发展潜力指数；在二级分类指数之后，再集中融合成一个综合总指数，即综合财务指数。最终形成综合财务指数的纵向构成体系。

依据述指标转化为指数的逻辑关系，第一个核心问题是有效利用统计学理论对财务指标进行相应的数学处理，第二个核心问题采用加权综合指数法，其核心特点在于如何利用和确保权重系数的设置是科学而合理的。

（一）指数的设计原则——数据处理的模型

由于本研究中的企业财务指数属于管理学指数的范畴，所以在指数设计这一章节中，我们将重点介绍管理学中指数的构建方法。管理学中的指数常被用作系统的综合评价，很多指数的设计会采用多指标综合评价法，即将多个指标合成为一个综合指数以反映评价对象总体特征和信息的方法。其指数设计过程中的关键步骤可归纳如下：步骤一，构建一个科学合理的评价指标体系，即选取合适的指标变量；步骤二，确定各个指标变量的权重；步骤三，指标变量的无量纲化处理；步骤四，建立综合评价模型，即构建出总指数。

其中，步骤一和步骤二是构建指标的关键因素，评价指标的选择以及权重系数的确定将直接影响综合评价的结果。

如果从财务指标的具体构成、属性转化到集合而成财务指数来看，其构成图如图 4－3 所示。

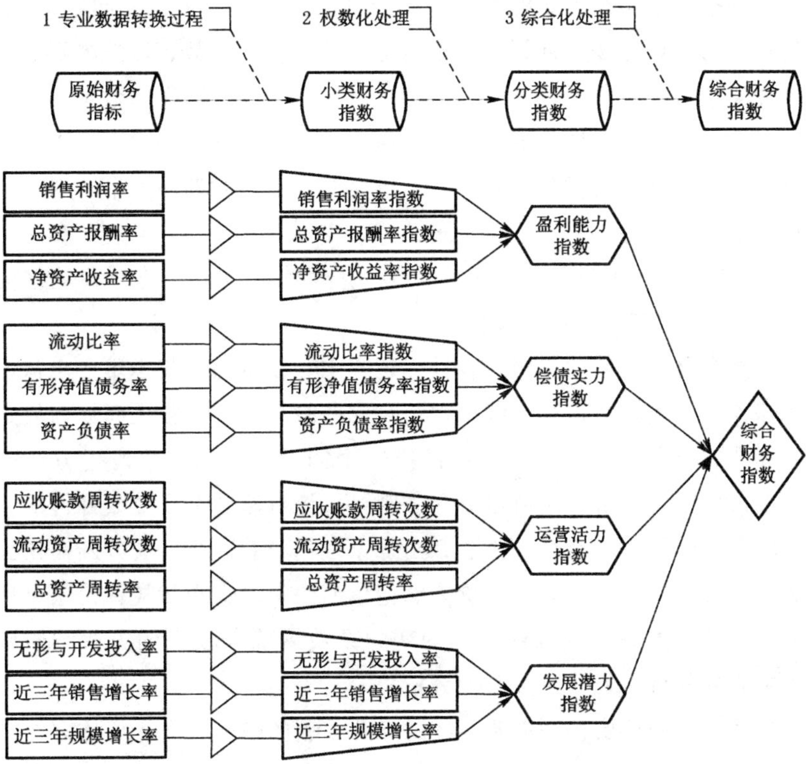

图 4－3　财务指标转化与集成为财务指数的示意图

同时，从图 4－3 中也不难看出，随着财务指标向财务指数的转化，渐进式形成了如下特点：其一是相对性，指数是反映现象在不同时间和空间上的相对指标，具有相对数的特点，一般以百分比表示。比如，2010 年 10 月，中国消费者物价指数达到 4.4%，这就意味着以 2013 年 9 月份为基准点，9月份花费95.6元买到的商品，在10月份需要100元才可买到，人们的生活成本平均上升了4.4%；2011年12月，浙江省富阳市建筑行业的企业偿债能力指数达到97.8810%，这就意味着以其特定时点为基准点，12月份偿债能力明显萎缩了，也是需要相关各方关注的焦点问题。其二是综合性，指数是反映一组变量或事物在特定场合下综合对比形成的相对数，并不能反映具体变量或事物某部分具体变动的情况。比如，综合财务指数就是由若干财务指标或众多企业群体组成的一组财务项目，通过一定的计算方法，计算所有项目综合后的财务指数，以反映财务指标的综合变动水平。其三是平均性，与综合性结合在一起，指数可以理解成总体水平的一个代表性数值，反映了所有变量的平均变动水平。同样以综合财务指数为例，它正是反映了一大群企业在某一时期内的平均财务运行态势与水平。

（二）不同环节的权重确定

在整个财务指数的逐级综合计算过程中，权重始终相当重要。从三级指数综合成二级指数，从二级指数综合成一级指数。指数之间如何界定权重，标准如何寻找，这是要解决的第一个问题。按照权数产生方法的不同，多指标综合评价方法可以分为主观赋权评价法和客观赋权评价法。其中，前者主要是采取定性的方法，由专家根据经验进行主观判断而得到的权数，如层次分析法、模糊评价法、德尔菲法等。客观赋权评价法是根据指标之间的相关关系或各项指标的变异系数来确定权数的方法，如熵值法、主成分分析法、灰色关联度分析法等。

最后，我们还要特别强调，经过专业编制的财务指数，要体现在以下两个方面的效能：一是综合分析事物的变动方向和变动程度，研究事物在长时间内的变动趋势。指数是一种相对数，选定事物对的基准点，便可以迅速分析出现象变动的方向和程度。通过对指数数列的分析还可以反映事物发展变化的一种趋势。二是能够对复杂的社会经济现象进行因素分析。复杂现象的变动往往受到多种因素的影响，指数虽然不能反映综合现象中单一变量的具体变动，却可以通过指标体系分析各个构成因素对总指数变动的影响。鉴于指数的性质，它方便了人们对研究事物的横向或纵向的比较，并已渐渐成为一种重要的统计分析方法。

第四节 财务数据的价值挖掘

人类自从诞生以来就在源源不断地创造着数据，商业文明的发展自始至终都离不开对于数据宝藏的挖掘，在商业世界中，数据一直都不是什么新鲜的东西，但是当海量的数据积累所造就的“大数据”时代到来，经济的新的增量已经逐渐露出了面纱。在大数据时代，数据已经成为与人才等量齐观的真正核心资源。这些能够被企业随时获取的数据，可以帮助和指导企业全业务流程的任何一个环节进行有效运营和优化，并帮助企业做出最明智的决策。人们日益发现：领军企业与其他企业之间最大的差别在于新数据类型的引入。那些没有引入新的分析技术和新的数据类型的企业，不太可能成为其行业的领军者。显然，在大数据时代，商业世界就如同飘浮在数据海洋上的巨轮，作为商业世界中的个体，企业要想做到游刃有余就必须如熟悉水性一般熟悉和用好海量的数据。大数据在重新定义企业智商的同时，对企业核心资产也进行了重塑。在过去，衡量企业最重要的资产无外乎土地、流动资金和人才等几个要素，如今，数据作为企业一项更加重要的资产将直接关系到企业的发展潜力。在完成对企业智商和核心资产的重塑之后，数据资产正在当仁不让地成为现代商业社会的核心竞争力。

从古至今，从未有一个时代出现过如此大规模的数据爆炸。如今的商业世界，已经变成了漂浮在数据海洋上的巨轮，而那些通过大数据能力驶入蓝海的企业，将会赢得丰厚的回报。

一、财务数据分析的价值体现

在企业信息化理念被普遍接受的现在，究竟是否要利用先进的系统工具来固化管理流程与沉淀业务经验早已不再是个问题。但接踵而至的是，如何利用信息化达到预期的管理目标。这就是财务数据分析的价值挖掘问题。

作者强烈地认为，绝对不能将包括综合财务指数在内的财务数据挖掘与分析视为与现有相关分析和管理水火不融的两个事物，其实，财务数据分析是在财务数据采集基础上所做的期待找寻更多商业价值的一种活动，如图4-4所示的关系。

图4-4　财务会计数据采集与财会数据挖掘分析统筹示意图

首先，从企业系统的整体组成看，财务系统负责日常经营情况的财务表达，财务与业务并非表面的互不相干、而是“血肉相连”的一体化。“幸福的家庭都是相似的，不幸的家庭各有各的不幸。”俄国大文豪托尔斯泰的这句名言反映在该问题上却是业务与财务协同的现状，企业各有各的难题。因此，财务业务一体化，业务数据和财务数据的集成统一，价值重大，意义深远，有助于形成协同一致的管理视角，规避管理盲区和信息孤岛，克服业务数据不一致的顽疾，同时也大大提升财务操作、业务操作的效果和效率，降低企业的整体运营成本，加速企业整体效益的提升。

现在，在确定了财务与业务完全对接的配偶关系后，来进一步分析一下财务数据分析的人应用价值问题。

最为基础的问题是，管理层对财务数据分析的掌握。从管理层要掌握的管理与决策信息来看，由于管理层是企业的总指挥，其品格、知识和能力，直接影响着企业的生存与发展。要阅读和真正懂得会计报表，还要适当学一些会计基础语言和会计方法，掌握一些基本的会计分析方法，对管理层总揽全局，抓住企业经营中的主要矛盾是大有裨益的。管理层领导企业就如同乐队的指挥一样，当每一种乐器各自为政地演奏时会很吵闹，通过指挥者的努力洞察及领导就能将其配合成为美妙的乐章。但是，指挥者仅是解释乐谱的人而已，管理层则不然，他既热爱自己的企业，同时又深刻地了解自己的企业，那么，他既是作曲家，又是指挥者。同时，企业财务机制的改革与现代企业制度有着血肉相连的关系，研究国家作为出资者加强对国有企业的财务管理问题，离不开现代企业理论的指导。最不能忘记的是，在工业化时代，机械力量的崛起改变了各行各业的面貌。在信息时代，计算机处理技术创造了新的商业模式。随着我们进入大数据时代，那些拥有繁荣发展前景的企业具备以下特征：巧妙地利用数据捕捉到能够改变游戏规则的分析理论和具有洞察力的观点，进而创造出新的创新型解决方案。

除了管理层直接需要热心关注财务数据分析之外，即使从社会生活来看，投资群体比比皆是。换句话说，投资行业的很多人吃尽苦头才学到以下道理，即在大海里捞针是一回事，用这根针来缝东西又完全是另一码事。数据方面的引领者和落后者的区别不是因为领先者更有实力而是因为落后者的瘫痪不作为。即使对于一个股票市场或股权领域甚至于债权关系来说，对于来自日益复杂的商业投资世界的数据分析，同样显得不可或缺。风险管理成为一个投资者特别关注的问题。除了考虑上述新资产类别的风险，投资者还必须分析其投资决策的变化会对整体资产组合造成怎样的影响。

此外，监管汇报的复杂性和深度带来了更多的挑战，对最好的风险管理的需求以及投资者之间的透明度已经将数据置于前沿。在政府管制的视野里，时刻也关注着工业、商业、服务等众多企业、行业、产业的运行情况。比如，由于某一种或几种产品市场需求不足？产能过剩的问题更加突出？主要原材料价格回升乏力？或者，在已经实施或即将调研出台的相关产业调整和振兴规划等一系列政策效应的作用下，这一产业的产品产销形势是否出现了好转？引领中国经济增长的工业生产在经历了增速和产品价格连续下滑和库存持续增加后，是否开始出现了积极向好的迹象？等等。甚至，从货币总调控视角看，能继续保持银行体系流动性充足吗？是否需求新增贷款尽快进入生产和流通领域，将为经济增长注入强劲动力？

总之，管理层、投资相伴而生的投资群体、政府监管机构或政策管制者，都需要顺应这种大数据的潮流。数据挖掘与分析的世界里，只要你玩数据，你就会发现，如果数据的标准没有建立起来，干什么都没用。大量的工作就是在把杂乱无章的数据归并聚合，这就是在建立数据标准与处理流程。这将是下面几章将要探索的主题所在。

二、财务数据分析的差异化需求

一个基本原则是，从企业财务数据出发，企业内部需要适当转换视角、行业组织层面需要针对性分析、宏观管控场面也需要相应地实施关联分析，如图 4 – 5 所示。

（一）基于企业主体的视角

财务分析不仅是一门科学，更是一门艺术。它建立在庞杂的会计数据系统之上，但又不局限于数字的堆砌，而是归纳，分析与推理的巧妙结合。鉴于本书多处都将谈到企业财务分析，这里就不一一赘述。可以说，企业内部分析的一条主线就是围绕资产负债表、损益表和现金流量表等公司财务报表所内含的信息，连贯前后、联系左右地解剖分析。财务分析应该遵循的这样三个重要的原则：永远不要只凭一年的数据来评价一家公司。通常在看三年，最好是五年的数据。不要孤立地评价一家公司，通常要与同规模、同行业、同国家的其他公司进行比较。进行比较的同时要尽

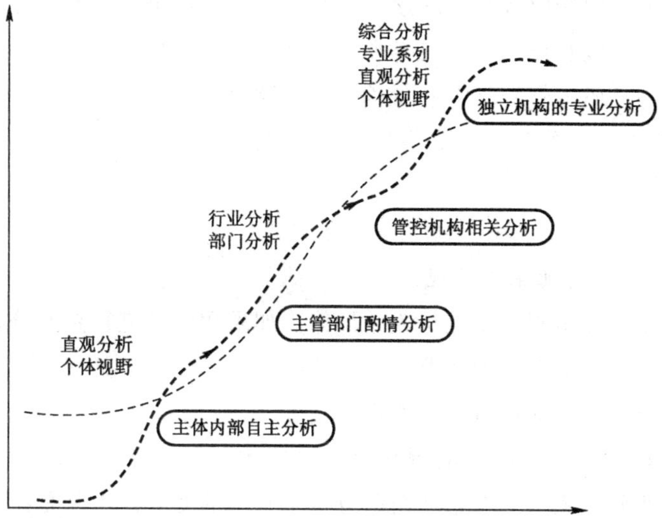

图 4－5　企业内部并联分析

可能地确保公司情况具有可比性。换句话来说，用来分析的数据基础应该是一致的。对于公司内策人而言，理解公司财务报表，恰当地评估公司经营业绩，作出正确的经营和投资决策，财务分析具有非常重要的参考价值和借鉴意义。

与本书相关知识点相连一体，企业财务分析的重点包括两个篇章，第一篇章就是公司财务比率分析（包括：偿债能力分析、营运能力分析、盈利能力分析、成长能力分析、企业市值分析等），现金流量分析（包括：现金流量结构分析、现金偿付能力分析、现金流量比率分析、现金流量趋势分析等），本量利分析（包括：成本性态分析、盈亏平衡分析、利润规划分析、利润敏感性分析等）、杠杆分析（包括：经营杠杆分析、财务杠杆分析、综合杠杆分析等），资本分析（包括：资本成本分析、资本结构分析、资本投资分析等）；第二篇章就是效率评估，如：EVA 分析、营运资本与流动性、资本与定价、以及战略、成功与失败等方面的评价；第三篇章则是有用的基准比率，即着眼于竞争对手的比较、比率对比。

针对快速变化的外部环境和自身发展的需要，企业层面的财务分析需要以战略为导向的财务分析理念，并在实践中不断予以创新。提倡财务分析要与宏观环境相结合、要与市场经营相结合、要与企业内部管理（预算目标管理、成本管控等）相结合的“三结合”；坚持注重差异化定位，与功能定位完全融合；并支撑财务战略规划，支撑自身财务战略动态控制。

（二）基于行业主体的视角

行业是由许多同类企业构成的群体。如果我们只进行企业分析，虽然我们可以知道某个企业的经营和财务状况，但不能知道其他同类企业的状况，无法通过比较知道目前企业在同行业中的位置。尽管着眼于“行业”的视角与着眼于“企业”的视角存在着巨大的角度差异，但是万变不离其宗，行业分析依然是在企业财务分析基础上的变异。也就是说，行业财务分析，不得不关注所分析行业的现实特征和竞争条件、行业的周期与成长阶段、行业的进入与退出、供应商的权利、买方的权利。行业的环境分析关注的是对企业影响最直接、作用最大的外部环境；行业结构分析主要涉及到行业的资本结构、市场结构等内容。一般来说，主要是行业进入障碍和行业内竞争程度的分析；行业的市场分析主要涉及行业市场需求的性质、要求及其发展变化，行业的市场容量，行业的分销通路模式、销售方式等；行业的组织分析则研究行业对企业生存状况的要求及现实反映，主要内容有：企业内的关联性，行业内专业化、一体化程度，规模经济水平，组织变化状况等；而行业成长性分析指向业所处的成长阶段和发展方向，一般应动态地进行行业生命周期的分析，尤其是结合行业周期的变化来看公司市场销售趋势与价值的变动。

行业分析的基因毫无疑义地源自于相关企业财务的活力，即各类行业研究报告必然将成为企业投资、财务、经济、风险因素控制的考虑前提。行业分析主要面向投资者而产生，当然，也可能性同时期用于向投资主管部门备案和行政审批、用于向金融机构贷款、用于企业融资和对外招商合作等。

（三）基于宏观管控的视角

宏观是什么？表层上看，宏观态势包括钢铁、建材、水泥、有色、化工、汽车、船舶、轻工、纺织、医药、烟草、煤炭、煤炭、电力、石油等众多产业产品所构成的经济运行态势。但是，宏观的内涵与外延远不止于此，甚至在上述这些产业产品分析的基础上，各个区域、层级之间，现行态势与未来战略之间，也都可以归结为宏观范畴。从一个县级政府对经济的关注，“产销衔接处于较低水平”、“重点产业振兴规划启动”、“消费增长势头尚待强化”、“工业经济发展稳中趋缓”、“固定资产投资形势不容乐观”、“财政收入未达到预期目标”等等，都是时不时见诸媒体的关键词。

不过，从学术研究追究其变化机理，宏观经济政策与微观企业行为之间必然存在着强烈的互动关系。企业财务数据分析也完全可以从宏观层面找到落脚点与联动点。[①] 微观的企业财务数据，必然联动着宏观的政策态势。尽管缺少对宏观经济政策与波动和企业微观主体行为与业绩之间关系的研究，但是，从宏观到微观的传导机制却是客观存在的。经济刺激政策是行业业绩轮动的先行指标，货币政策松紧交替是经济产出变化的先行指标，但是，我们只是对这些先行指标与企业业绩的关系有个简单的历史经验判断，而缺乏对从先行指标到具体企业行为与业绩的传导机制的更深认识，尤其缺乏对两者关系量化的认识。北京大学姜国华教授认为经济学者研究宏观经济政策（利率、货币、财政、汇率等政策）与宏观经济产出的关系，会计学者研究企业行为（公司治理、财务管理、会计活动等）与企业产出的关系，两者交织并不多见。

会计学和财务学研究微观企业主体的行为。微观企业行为包括但不限于公司治理、商业模式、投融资、财务管理、会计政策等。微观企业行为的结果是企业产出，包括企业业绩（收入成长、盈利水平）、资本结构、

① 姜国华、饶品贵：《宏观经济政策与微观企业行为——拓展会计与财务研究新领域》，《会计研究》2011年第3期，P9～18。

企业财富成长等指标。信贷传导机制理论认为，作为企业融资重要来源的银行的资产除了有货币和债券资产以外，还有一项非常重要的资产：银行对企业的贷款。货币政策可以通过影响银行对企业的贷款来实现对实体经济的调控。

总之，宏观经济政策与微观企业行为的互动是一种时刻存在的现象，一方面可以把财务数据分析放到宏观经济环境的大背景中去，帮助我们更深刻的理解企业行为选择，更好地预测企业业绩走向；另一方面对经济学研究也可以提供借鉴作用，使我们更清晰地理解宏观经济政策是通过怎样的机制和渠道影响企业行为和企业产出，并进而影响经济产出，使宏观经济政策和社会经济产出之间关系的研究更加丰满，对未来政策的制定提供更加坚实的微观基础。

第五乐章

编制技术：基于现代综合评价方法

财务会计是一门定性与定量完善统一的学科。即使是企业财务分析的数据海洋里，也跟人们日常生活存在着类似问题。比如，在日常生活中，经常遇到许多模糊事物，没有分明的数量界限，要使用一些模糊的词句来形容、描述。比如，比较年轻、高个、大胖子、好、漂亮、善、热、远……。这些概念是不可以简单地用是、非或数字来表示的。在人们的工作经验中，往往也有许多模糊的东西。比如，要确定一炉钢水是否已经炼好，除了要知道钢水的温度、成分比例和冶炼时间等精确信息外，还需要参考钢水颜色、沸腾情况等模糊信息。所以，除了很早就有涉及误差的计算数学之外，还需要模糊数学。所以，理论研究工作者的可贵之处就在于他们又创新了基于多元要素考量的现代综合评价技术。

现代综合评价技术，涉及纯粹数学、应用数学、自然科学、人文科学和管理科学等方面。在图像识别、人工智能、自动控制、信息处理、经济学、心理学、社会学、生态学、语言学、管理科学、医疗诊断、哲学研究等领域中，都得到广泛应用。只要经过仔细深入研究就会发现，在多数情况下，决策目标与约束条件均带有一定的模糊性，对复杂大系统的决策过程尤其是如此。在这种情况下，综合评价就会显得更加自然，也将会获得更加良好的效果。

第一节 基本流程与技术

一、指数的编制流程与设计方法

由于本研究中的综合财务指数属于管理学指数的范畴，所以在指数设计这一章节中，我们将重点介绍管理学中指数的构建方法。管理学中的指数常被用作系统的综合评价，很多指数的设计会采用多指标综合评价法，即将多个指标合成为一个综合指数以反映评价对象总体特征和信息的方法。

什么是流程？简言之，流程是一项活动或一系列连续有规律的事项或行为进行的顺序。流程与两个概念直接相关，一个是时序，即时间上的先后顺序；另一个是环节，即根据某种逻辑，将一项活动分为的若干小的过程。必须明确：任何生产或生活活动都在一定的时间内按顺序进行，否则会造成不良的后果或不能达到预期的目的。也就是说，流程是为了一定的目的去做事情的顺序，要求在环节上掌握流程中的小过程，并在时序是把握时间上的先后顺序。

流程是不是一定很重要呢？举个生活中的现实例证吧！正常的流程下，当我们煎鸡蛋时，一定是先放油再放鸡蛋，现在你不按流程办事，在其他条件不变情况下，你想先放鸡蛋再放油，行吗？可见，流程是被经验与事实所证明的不可随意变更的东西。

流程的表达方式：方框图表达、文字表达、表格表达、图形表达。

关于财务指数编制的基本流程，其指数设计过程中的关键步骤可归纳如下：

步骤一：构建一个科学合理的评价指标体系，即选取合适的指标变量；

步骤二：确定各个指标变量的权重；

步骤三：指标变量的无量纲化处理；

步骤四：建立综合评价模型，即构建出总指数。

其中，步骤一、步骤二是构建指标的关键因素，直接影响综合评价的结果。下面我们将细介绍指数设计的各个步骤。

二、选取指数变量的原则

构建科学合理的评价指标体系是建立指数的前提和关键。评价指标体系是一组既独立又相互关联，同时能比较完整地表达评价要求的一系列指标。这些评价指标不是可以随意选取和构建的，它们需要遵循以下原则：

（一）指标导向原则

曾几何时，在各地都将区域经济发展列为第一要务的大环境下，考评干部，区域生产总值及增长率甚至成为了论“成败”的唯一指标，扭曲了干部的为官心态，造成了有些干部在工作上人浮于事，更多精力投入“造”声势，“树”政绩。改进干部的考核标准，让干部能剖开虚浮的数字做工作，给工作注入更多的实质内容，确保实质效果。工作会更细致入微，而非流于形式；更有质量，而非应付检查。编制财务指数所需要的财务指标也是这个问题道理。靠科学论证，不再拍脑门。让所选取的财务指标成一面镜子，反应活生生的企业经营实际，摒弃“唯利润”观的思想，将各项评价工作开展得科学、深入、有质量。

总之，指标的选取要以评价目的为前提，引导和鼓励评价对象正确的方向和目标发展。比如顾客满意度指数的指标体系就从顾客的角度来设计指标体系，以顾客对产品、服务、价值感知为出发点，选择顾客认为的最为重要的测评指标。指标选取不仅能及时定位不断变化的顾客期望和需求，更为企业下一步战略提供信息，引导企业向目标靠近，起到目标导向作用。

（二）不重不漏原则

综合财务指数犹如一个“照相机”，能够“忠实而不折不扣”萃取企业运行的一个“完整瞬间”。因此，选准了目标企业群体，就要全面、系统地纳入到评价范畴，而既不能重复也不能漏网”。“不重不漏”原则意味着选取的指标既要有代表性，又要有全面性。在指标综合评价法下，评价对象必须用多个指标进行衡量，这些指标不仅需要单个指标具有一定的代表意义（即代表性），更要满足指标体系结构的全面性。因为指标与指标之间相互联系又相互制约，遵从“不重不漏”的原则，就意味着同次的指标之间要尽可能地界限分明，避免相互有内在联系的若组、若干层次的指标体系。因为指标间信息的重叠会影响到结果的可靠性和准确性。

（三）通用性原则

通用性原则是指指标的选取要使得不同时期以及不同对象具有可比性。包括纵向比较和横向比较。纵向比较是同一对象在不同时期的对比。各项指标的内涵和外延需要在长时期内保持稳定，这样构建的指标体系才具有意义。横向比较是不同对象之间的比较，要找出共同点，并按照共同点设计评价指标体系。

（四）实用性原则

实用性原则是指指标体系的可行性与可操作性。首先，评价指标体系要繁简适中，太繁琐的指标体系容易造成指标间的重叠渗透，也会让指数的实用性大打折扣。因此，在能够基本保证评价结果的客观性和全面性的条件下，尽量简化、减少影响较小的指标。其次，数据的获取必须具备可操作性，来源可靠，并能有效控制数据的准确性。

第二节
权重系数的确立

对于老百姓来说，某些人“位高权重”，某些人“无足轻重”，前者其实就是那些一言九鼎的显贵，后者则指平民百姓。从指数研究来看，一个能够体现现实经济运行冷暖的指数，必须对各种因素的影响力差异不能不正视。一个指数能不能取信于读者，权重的确定也是一个关键环节。

一、方法论的一般思路简介

按照权数产生方法的不同，多指标综合评价方法可以分为主观赋权评价法和客观赋权评价法。其中，前者主要是采取定性的方法，由专家根据经验进行主观判断而得到的权数，如层次分析法、模糊评价法、德尔菲法等。客观赋权评价法是根据指标之间的相关关系或各项指标的变异系数来确定权数的方法，如熵值法、主成分分析法、灰色关联度分析法等。下面我们将主要介绍这几种权重的确定方法，读者如有兴趣，也可进一步参阅相关参考资料。

（一）主观赋权评价法

1. 层次分析法

该方法最早由美国运筹学家萨迪于20世纪70年代提出，它是一种将定性分析与定量分析结合起来的系统化、层次化的分析方法。其基本原理是：先把一个复杂问题中的各个指标通过相互关系使其分解成若干个有序层次，一般包括目标层、准则层和方案层，按照对一定客观事实的判断，对每层的重要性予以量化，进而建立判断矩阵，逐步归结最底层相对于最高层重要程度的权数值。比如，你去商场购买一部手机，在了解了几款不同型号的手机后，你需要作出决策。这时，你会对一些中间指标进行考察分析，如手机的品牌、价格、外形、售后服务等（这些指标位于同一层次上），然后对这些中间指标的重要程度作出估计，这些指标便会在你的心中有一种排序，这种排序就决定了每个指标的权重，这样不同型号的手机信息“对号入座”，最终得出“效果最佳”的手机型号，作出选购决策。层次分析法的主要优点是将定性分析与定量分析有机地结合起来，把人们依靠主观经验判断的定性问题定量化，既反映了定性分析的结果，又发挥了定量分析的优势。此外，该方法将决策问题看作“多层次结构”的系统，可以有效地解决复杂的决策问题。

2. 模糊综合评价法

该方法是应用模糊关系合成的原理，从多个因素对被评价的事物隶属等级状况进行综合性评判的一种方法。其基本原理是：首先确定被评价对象的指标集 $U=(x_1, x_2, x_3, \cdots\cdots x_n)$ 和评价集 $V=(v_1, v_2, v_3, \cdots\cdots v_n)$。其中，评价集 V 是其他多指标综合评价方法所没有的，被评事物对应各评语等级隶属程度信息通过这个模糊向量表示出来，体现出了评判的模糊特性。利用指标集 U 和评价集 V 建立模糊关系矩阵，即，x_1 为各单项指标，v_1 为对 x_1 的评价等级层次，然后分别确定各个因素的权重和它们的隶属度向量，获得模糊评判矩阵，最后把模糊评判矩阵与因素的权重集进行模糊运算，获得综合评价结果。该方法利用模糊数学中的隶属函数和模糊统计方法量化了定性的指标，也实现了定性与定量的有效结合。此外，该方法很好地解决了判断的模糊性和不确定性问题。

3. 德尔菲法

德尔菲法也称专家调查法，是一种采用通讯方式将所需解决的问题单独发送到各个专家手中，经过几轮反复征询意见，最终整理出综合意见的方法。该方法是为了克服专家会议中不能充分表达意见、权威意见左右其他人的想法等弊端而产生的一种专家预测方法。德尔菲法吸收专家参与预测，充分利用了他们的经验和学识，预测过程经过几轮反馈，使专家的意见逐渐趋同，这些特点使得它成为一种较为有效的判断预测方法。

尽管以上三种主观赋权评价法各有优点，但它们均是依据专家经验衡量各指标的相对重要性，多少会有一定的主观随意性，受人为因素的干扰较大，指标权重的客观性略显不足。

（二）客观赋权评价法

1. 熵值法

熵值法是利用评价指标的固有信息来判断各个指标的效用价值，从而在一定程度上避免了主观判断带来的偏差。在信息论中，熵是对不确定性的一种度量。信息量越大，不确定性就越小，反之，不确定性越大。通过对熵的计算确定权重，就是根据各项指标值的差异程度确定各指标的权重。当评价对象的某个指标值相差较大时，熵值就越小，说明该指标提供的有效信息量较大，其权重也就越大。

2. 主成分分析法

主成分分析也称主分量分析，旨在利用降维的思想，把多指标转化为少数几个综合指标。它是一种数学变换方法，把给定的一组相关变量通过线性变换成另一组不相关的变量，新的变量按照方差一次递减的顺序排列。在数学变换中保持变量的总方差不变，使得第一变量具有最大的方差，也称为第一主成分，依次类推，N 个变量就有 N 个主成分。主成分分析法的基本思想就是利用多个指标之间的相关性，用较少的指标替代原来的较多指标，使这些较少的指标尽可能多地反映原来的指标信息，可以在一定程度上解决指标的信息重叠问题。另外，各个综合因子的权重是根据它们的贡献率大小而确定，也克服了人为确定权数的缺陷。

3. 灰色关联度分析法

灰色关联度分析法的基本思想是根据各因素变化曲线的几何形状的相似程度，来判断因素之间关联程度的方法。此方法通过对动态过程发展态势的量化分析，求出参考数列与各比较数列之间的灰色关联度。换句话说，可以利用各方案（各比较数列）与最优方案（参考数列）之间的关联度大小对评价对象（或指标）进行比较、排序，最终得出结论。该方法的主要优点是计算简单，对数据量的要求较低。

客观赋权评价方法综合考虑各指标间的相互关系，并根据各指标提供的初始信息量确定权数，避免了人为判断的主观因素，有利于增强评价结果的准确性。但是当指标较多时，该方法的计算量会非常大，操作成本较高。

二、层次分析的具体操作过程

古人云："欲穷千里目，更上一层楼"。九层之台，起于累土。揭示企业运行态势，也是这个道理，需要一层一层地观察其细节。正是在这种哲学思维下，一种逐层推进的分析方法便产生了。层次分析法（Analytic Hierarchy Process，简称 AHP）可用于分析复杂的社会、政治、经济、技术等方面决策问题，它利用不确定的和多标准的特征来解决决策问题。

（一）层次分析法的基本原理

把问题层次化，根据问题的性质和需要达到的总目标，将问题分解为不同的组成因素。并按照因素间的相互关联影响以及隶属关系，将因素按不同层次聚集组合。形成一个多层次的分析结构模型。由高层次到低层次分别包括：目标层、准则层、指标层、方案层、措施层等，并最终把系统分析归结为最低层（供决策的方案、措施等），相对于最高层（总目标）的相对重要性权值的确定或相对优劣次序的排列问题。

从基本原理与步骤上讲，层次分析法首先要遵循因素之间的内在逻辑关系构造一个层次结构框架，再计算每一层次中各个要素的相对权重，确定其优先顺序，从而为总体分析提供观察事物轻重缓急的标杆。其具体流程如下：

1. 建立层次结构模型。充分了解要分析的系统后，把系统的各因素划分成不同层次，再用层次框图说明层次的递阶结构以及因素从属关系。

2. 构造判断矩阵。判断矩阵元素的值反映了人们对下层两两元素与上层因素相对重要性的认识。它直接影响决策的效果。一般采用 1 至 9 及倒数核度方法。

3. 层次单排序及其一致性检验。算出各判断矩阵的最大特征根及其特征向量，并通过归一化处理。即为同一层次相应因素对于上一层某因素相对重要性的排序权值。同时要检验判断矩阵的一致性，如果不符合条件需要对判断矩阵重新调查。

4. 层次总排序及其一致性检验。算同一层次对最高层次（总目标）的相对重要性的排序权值。此过程是从最高层依次到最低成进行的。也还要对判断矩阵一致性检验，不符合的也要从头开始。

（二）基于层次分析法的指数权重测度应用

利用层次分析法对企业财务指数体系中诸多构成元素之相对权重进行测度，其总体目标是选择一种最科学、最合理、最为多数思考者认可的企业财务指标权重模式，这也是财务指数编制的核心技术要素所在。参考本项目第三乐章第三节、第四节的相关研究结论，我们认为财务指标体系中的构成层级与构成要素已经确定，现模拟进行具体的要素权重测试流程：

1. 搭建阶梯式层次结构

阶梯式层次结构的最高层通常只有一个元素即决策目标（综合财务指数），中间层次是准则层（分类财务指数），最下面是方案层（三级财务指数）。一方面，上层取决于下层的整合，另一方面，下一级准则又受上一层次准则支配，阶梯式层次结构体现了这种从上到下的支配关系。比如，我们以某企业综合财务指数的编制视角为例，把企业领域的阶梯式层次结构描绘如图 5－1 所示。

2. 构造两两比较判断矩阵

建立了阶梯式层次结构之后，上下层之间元素的隶属关系就被确定了。

根据系统决策的四个准则必须作出以下比较：盈利能力与偿债实力、盈利能力与运营活力、盈利能力与发展潜力、偿债实力与运营活力、偿债实力与发展潜力、运营活力与企业发展潜力。为了构造两两比较矩阵，层

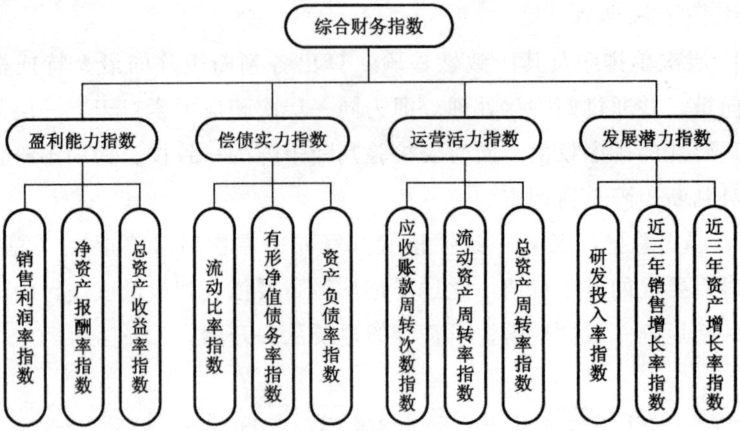

图 5-1 财务指数体系中权重位次选择阶梯式层次结构

次分析法中通常采用 9 级标度法给判断矩阵的元素赋值。

根据上述一般性原理，要给这些成对的元素赋值，也就是说把两两相比的轻重缓急程度用数值描述出来，相关各方当事人会有不尽相同的看法，比如，企业领导、企业职工、企业人员、委派机构等，各有理性的考虑和自己的观点，这些观点有时是相通的，有时却差异明显。

3. 优先级的测度

根据层次分析法的专业逻辑与测算过程，可得出在两个层面的各种指数影响因素的权重位次（综合优先级）。其具体计算过程从略，如表 5-1 所示。

表 5-1　　综合财务指数体系下分层元素权重一览表

指标	权数 WC_i	子指标	权数 WC_{ij}	W_{ij}
盈利能力 C1	0.5862	销售利润率	0.6558	0.3844
		净资产收益率	0.2528	0.1482
		总资产报酬率	0.0915	0.0536
偿债实力 C2	0.2416	流动比率	0.5447	0.1316
		有形净值债务率	0.3165	0.0765
		资产负债率	0.1389	0.0336

续表

指标	权数 WC_i	子指标	权数 WC_{ij}	W_{ij}
运营活力 C3	0.0978	应收账款周转次数	0.6625	0.0648
		流动资产周转次数	0.2263	0.0221
		总资产周转次数	0.1111	0.0109
发展潜力 C4	0.0743	无形与开发投入率	0.7425	0.0552
		近三期销售增长率	0.1575	0.0117
		近三期规模增长率	0.0999	0.0074

第三节 无量纲化方法介绍

在传统制造业的成本会计核算中，经常需要对在产品通过约当完工产品折合成标准的完工产品，其实，财务指数是一个高度集合化的数据，也需要有一个异曲同工的折算处理。具体而言，在综合评价中，由于各个评价指标的实际值所代表的物理涵义不同，所以在量纲上存在差异。这种异量纲性导致各指标之间存在不可比性。因此，统计学中将指标进行无量纲化处理使得各指标之间具有可比性。无量纲化，也叫数据的标准化、规格化，即通过数学变化消除原始变量量纲影响的方法。从理论上看，无量纲方法可以有很多种，归纳起来主要有三大类：直线型无量纲化方法、折线型无量纲化方法和曲线型无量纲化方法。

一、直线型无量纲化方法

直线型无量纲化方法的基本思想是假定实际指标和评价指标之间存在着线性关系，实际指标的变化将引起评价指标一个相应的比例变化。代表方法有：阈值法、标准化法（Z - score 法）、比重法等等。

1. 阈值法

阈值法是用指标实际值与阈值相比以得到指标评价值的无量纲化方法。阈值也称临界值，是衡量事物发展变化的一些特殊指标值，比如极大值、极小值、满意值、不允许值等。常用算法公式有：

$$y_i = \frac{x_i}{\max\limits_{1\leqslant x\leqslant n} x_i}$$

$$y_i = \frac{\max\limits_{1\leqslant x\leqslant n} x_i + \min\limits_{1\leqslant x\leqslant n} x_i - x_i}{\max\limits_{1\leqslant x\leqslant n} x_i}$$

$$y_i = \frac{\max\limits_{1\leqslant x\leqslant n} x_i - x_i}{\max\limits_{1\leqslant x\leqslant n} x_i - \min\limits_{1\leqslant x\leqslant n} x_i}$$

$$y_i = \frac{x_i - \max\limits_{1\leqslant x\leqslant n} x_i}{\max\limits_{1\leqslant x\leqslant n} x_i - \min\limits_{1\leqslant x\leqslant n} x_i}$$

$$y_i = \frac{x_i - \max\limits_{1\leqslant x\leqslant n} x_i}{\max\limits_{1\leqslant x\leqslant n} x_i - \min\limits_{1\leqslant x\leqslant n} x_i} k + q$$

2. 标准化法

统计学原理告诉我们，要对多组不同量纲数据进行比较，可以先将它们标准化即转化成无量纲的标准化数据。而综合评价就是要将多组不同的数据进行综合，因而可以借助于标准化方法来消除数据量纲的影响。标准化公式如下所示：

$$y_i = \frac{x_i - \bar{x}}{s}$$

其中：$\bar{x} = \frac{1}{n}\sum_{i=1}^{n} x_i$　　而同时：$s = \sqrt{\frac{1}{n-1}\sum_{i=1}^{n}(x_i - \bar{x})^2}$

3. 比重法

比重法是将实际值转化为它在指标值总和中所占的比重。主要公式有：

$$y_i = \frac{x_i}{\sum_{i=1}^{n} x_i}$$

或者：$y_i = \dfrac{x_i}{\sqrt{\sum_{i=1}^{n} x_i^2}}$

以上介绍了三种常用的直线型无量纲化处理方法，这些方法的最大特点是简单、直观。直线型无量纲化方法的实质是假定指标评价值与实际值呈线性关系，评价值随实际值等比例变化，而这往往与事物发展的实际情况不相符。这也是直线型无量纲化方法的最大缺陷。为了解决这个问题，我们很自然想到用折线型无量纲化方法或曲线型无量纲化方法代替直线型无量纲化方法。

二、折线型无量纲化方法

折线型无量纲化方法主要有凸折线型、凹折线型和三折线型三种类型。从理论上讲，折线型无量纲化方法比直线型无量纲化方法更符合事物发展的实际情况，但应用的前提是评价者必须对被评价事物有较为深刻的理解和认识，合理地确定指标值的转折点及其评价值。常用的公式如下所示：

$$y_i = \begin{cases} \dfrac{x_i}{x_m} y_m & 0 \leqslant x_i \leqslant x_m \\ y_{m+\frac{x_i - x_m}{\max\limits_{1 \leqslant i \leqslant n} x_i}(1-y_m)} & x_i > x_m \end{cases}$$

其中：x_m 为转折点指标值，y_m 为 x_m 的评价值。

三、曲线型无量纲化方法

有些事物发展阶段性的临界点不很明显，而前中后各期发展情况截然不同，也就是说指标值变化对事物发展水平的影响是逐渐变化的，而非突变的。在这种情况下，曲线型无量纲化方法更为适用。常用的公式有：

$$y_i = \begin{cases} \dfrac{x_i}{x_m} y_m & 0 \leqslant x_i \leqslant x_m \\ y_{m+\frac{x_i - x_m}{\max\limits_{1 \leqslant i \leqslant n} x_i}(1-y_m)} & x_i > x_m \end{cases}$$

$$y = \begin{cases} 0 & 0 \leqslant x \leqslant a \\ 1 - e^{-k(x-a)^2} & x > a \end{cases}$$

$$y = \begin{cases} 0 & 0 \leqslant x \leqslant a \\ \dfrac{k(x-a)^2}{1 + k(y-a)^2} & x > a \end{cases}$$

$$y = \begin{cases} 0 & 0 \leqslant x \leqslant a \\ a(x-a)k & a < x \leqslant a + \dfrac{1}{\sqrt[k]{a}} \\ 1 & x \geqslant a + \dfrac{1}{\sqrt[k]{a}} \end{cases}$$

$$y = \begin{cases} 0 & 0 \leqslant x \leqslant a \\ a(x-a)k & a < x \leqslant a + \dfrac{1}{\sqrt[k]{a}} \\ 1 & x \geqslant a + \dfrac{1}{\sqrt[k]{a}} \end{cases}$$

$$y = \begin{cases} 0 & 0 \leqslant x \leqslant a \\ \dfrac{1}{2} - \dfrac{1}{2}\sin \dfrac{x}{b-a}\left(x - \dfrac{a+b}{2}\right) & a < x \leqslant b \\ 1 & x > b \end{cases}$$

无量纲化方法在使用时，应尽可能选择适合于讨论对象性的方法，不能不加考虑随便选用一种方法。当然也可以选用种，然后分析不同的无量纲化对结论会产生多大的影响。在对量纲化方法进行选择时，一般的原则是遵循客观性，根据评价象的实际情况确定选用的转化公式。也就是说，公式要能客观反映指标实际值与事物综合发展水平之间的对应关系。实际工表明，不是越复杂的方法就越合适，关键在于是否切合实际的需求，在这个前提下，应该说越简单、越方便使用，越会受欢迎。

第四节
财务指数编制步骤

为节省篇幅，仅举例列示一个行业（农林牧渔行业）、一个分类指数（盈利能力指数）的编制流程进行系统分析，其他行业、其他分类指数的计算过程不再具体列出。

一、基础性二级指数的具体流程

在编制指数之前，首先要对原始指标进行同趋势化处理。即整理变形为同向指标[①]。将“成本型”指标转化为“收益型”指标，通常采用求倒数的方法：

$$X = \frac{1}{x}$$

式中：x 是原始指标，X 是转化后的指标。

现具体说明盈利能力二级指数的编制过程：

第一步，农林牧渔类盈利能力——销售利润率原始数据。

农林牧渔企业，2009 年 1 ~ 12 月销售利润率原始数据如图 5 - 2 所示：

第二步，农林牧渔类盈利能力——销售利润率指标的一阶差分。（以下各阶段都将是对原始数据的数学处理，不再保留常见财务指标的形式，而主要以数学变形后的中间变量出现）。

---

① 财务指标分为三类：“收益型”指标（指标数值越大越优）；“成本型”指标（指标数值越小越优），比如费用水平；固定型指标（指标数值越趋于某一固定值越优）。如果不对这些不同类型的指标进行适当的预处理，得出的综合指数会产生较大的误差，没有实际意义。

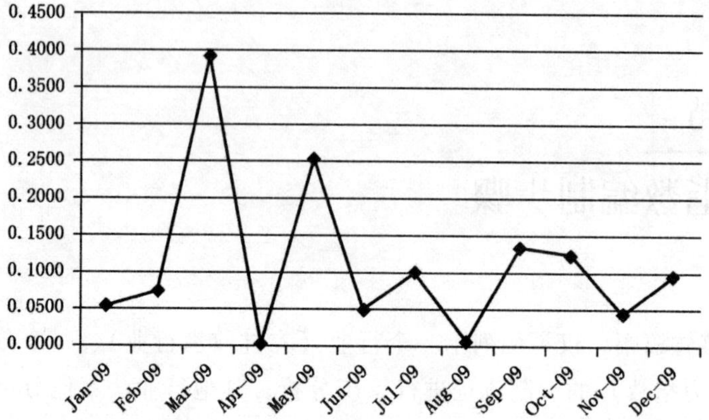

图 5－2 农林牧渔行业——盈利能力——销售利润率原始数据趋势示意图

公式为：

$$d_i(t) = x_i(t) - x_i(t-1)$$

式中：$x_i(t)$ 是第 i 个指标的原始序列，$d_i(t)$ 是第 i 个指标的差分序列。

对述销售利润率数据的原始序列作差分后，将其差分值作图如图 5－3 所示：

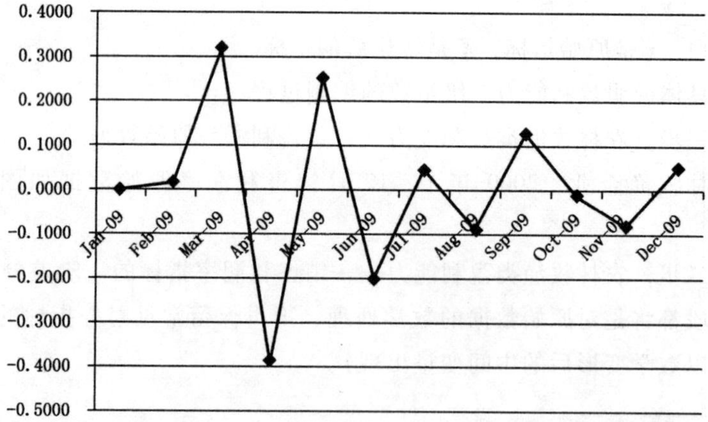

图 5－3 农林牧渔行业——盈利能力——销售利润率一级差分示意图

第三步，农林牧渔类盈利能力——销售利润率消除量纲的影响。

我们知道，差分后的指标仍然具有量纲。而不同的指标具有不同的量纲，若不消除量纲，各个指标综合后的结果就无实际意义。消除量纲可以采用相对化处理的方法。我们选取本期与前期原始数据的平均值作为相对化处理的基数。公式如下：

$$c(t) = \frac{d(t)}{\frac{1}{2}[x(t) + x(t-1)]} \times 100$$

对销售利润率的差分序列进行无纲量化的相对化处理，处理后的序列如图 5－4 所示：

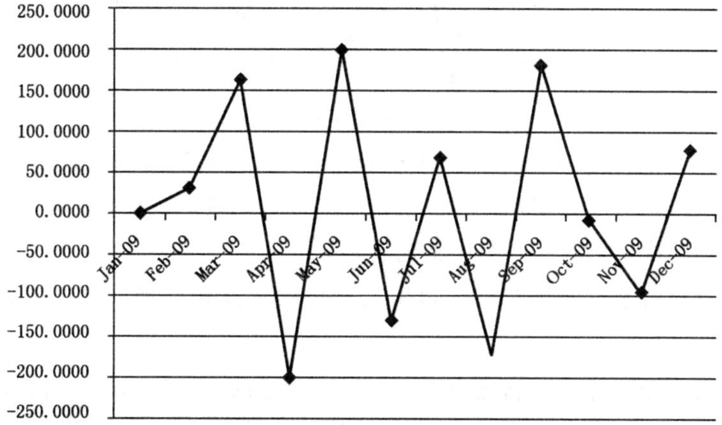

图 5－4　农林牧渔行业——盈利能力——销售利润率无量纲化示意图

第四步，农林牧渔类盈利能力——销售利润率标准化处理。

若不对指标进行标准化处理，数值大的指标的作用会强化，而相对弱化了数值小的指标。标准化处理的方法如下：

$$z(t) = \frac{c(t)}{\sum |c(t)|/n}$$

式中：n 是序列的期数（月数）。

式中的分母实际上是序列的绝对平均数，而不是算术平均数。这是由于序列中各期的值有正有负，算术平均数会比较小，不同指标的算术平均数会非常接近，从而达不到标准化处理的目的。

对销售利润率的序列进行标准化处理，处理后的序列见图5－5所示：

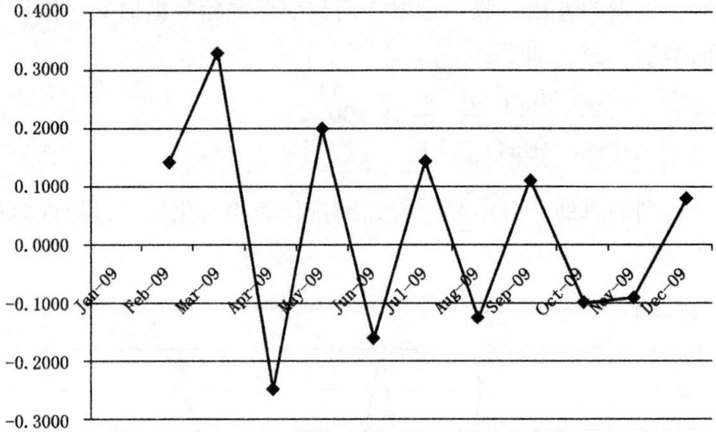

图5－5　农林牧渔行业——盈利能力——销售利润率标准化处理示意图

第五步，对农林牧渔类成本费用利润率、总资产报酬率、净资产收益率等其他三个三级指标进行类似的转换。

同样经过上述各个步骤，得出其相应的标准化处理结果。如表5－2所示。

之后，统一进行盈利能力中三个三级指标的权重计算，综合得出盈利能力的标准化数据，即表5－2中的加权值一栏。

表5－2　盈利能力下分项指标的标准化处理结果表

项目	Feb－09	Mar－09	Apr－09	May－09	Jun－09	Jul－09	Aug－09	Sep－09	Oct－09	Nov－09	Dec－09
销售利润率	0.1429	0.3333	－0.2500	0.2000	－0.1667	0.1429	－0.1250	0.1111	－0.1000	－0.0909	0.0833
净资产收益率	1.0000	0.5000	－0.3333	0.2500	0.2000	－0.1667	－0.1429	0.1250	0.1111	－0.1000	0.0909
总资产报酬率	－1.0000	0.5000	－0.3333	0.2500	0.2000	－0.1667	－0.1429	0.1250	0.1111	－0.1000	0.0909
加权值	0.2550	0.3908	－0.2787	0.2172	－0.0404	0.0363	－0.1312	0.1159	－0.0273	－0.0940	0.0860

第六步，农林牧渔类盈利能力二级指数的编制。

将上面的序列编制为指数的形式。具体的做法是：先令 2009 年第 1 个月的值（即第 1 期的值）命为 100，即 $v(1) = 100$，其余各月的值按下面的迭代公式计算：

$$v(t) = v(t-1) \times \frac{100 + r(t)}{100 - r(t)}$$

式中：v(t)是本期的初始综合指数，v(t-1)是前期的初始综合指数。分式(100+r)/(100-r)是一个接近于 1 的数，当 $r>0$ 时，该式的值大于 1，那么本期的指数值就大于前期的指数值；当 $r<0$ 时，该分式的值小于 1，本期的指数值就小于前期的指数值。

这样就得到流通企业——盈利指数了 v（t）。序列图 5-6 所示。

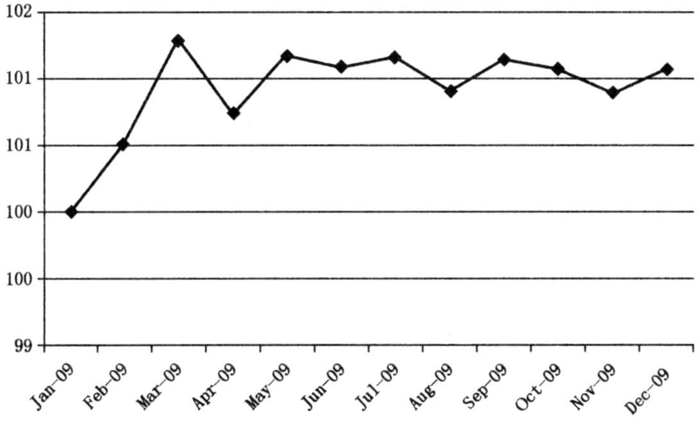

图 5-6　农林牧渔行业——盈利能力指数示意图

从图 5-6 可直接解读，2009 年，富阳农林牧渔业在整体上注重茶叶、花卉苗木、水产品、节粮型畜禽、蔬菜和竹业等“六大优势产业”，继续抓好水果、干果、蚕茧、药材和蜂业等“五大特色产业”，整个行业的大类产品销售利润率先扬后稳，主要是春季以蚕茧、春茶为代表的非基本农产品在人工成本持续高涨的带动下大幅上扬，直接导致了行业在乐观预期下，一季度销售盈利年好，3 月份、4 月份、5 月份，整个行业产品销售利润率经历了冲高、回落、反弹的剧烈运动，之后渐渐趋于小幅起伏的总体平稳态势。

上述盈利能力指数的编制与计算过程是一个基本过程，类似地，我们可以推算出农林牧渔行业的回报效力指数、偿债实力指数、运营活力指数和发展潜力指数。

二、行业综合性指数的具体流程

在农林牧渔类企业群体的行业性盈利能力指数（P）、偿债实力指数（S）、营运活力指数（O）和发展潜力（D）指数编制完成之后，就可以将这四个二级分项指数集合成为这个行业的综合财务指数：

$$CFI = \sum W_i I_i$$

式中：CFI是财务指数，I_i 是第 i 个分指数，W_i 是第 i 个分指数的权重。

这里，拟按各分指数等权重计算，综合指数曲线图如下：

将上面得到的指数，除以基期的值（这里取 2008 年 12 月份为基期），再乘以 100 就得到最终的指数，即富阳市农林牧渔行业财务指数，见图 5－7 所示。

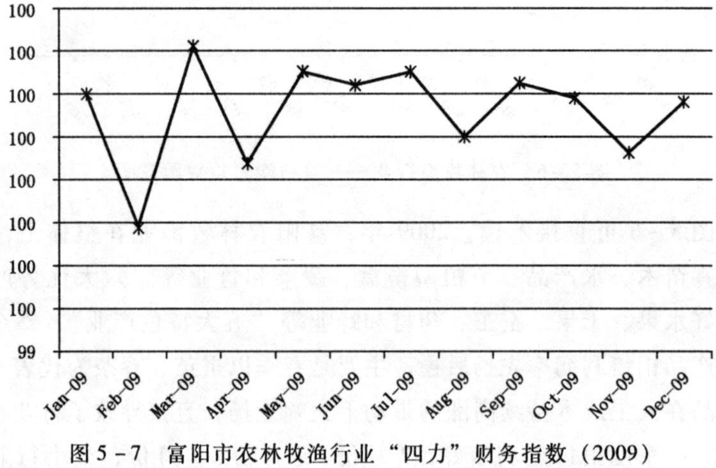

图 5－7 富阳市农林牧渔行业“四力”财务指数（2009）

我们注意到，从企业盈利能力、偿债实力、运营活力和发展潜力的“四力”综合财务指数走势图来看，2009 年，富阳市整个农林牧渔业行业，尽管没有正面遭受金融危机传导的阵阵经济寒流，但是，间接影响也很大，在劳动力成本持续增加、茶叶和蚕茧等部分农产品产量预期减收、生产资金相对短缺的格局下，前期上下震荡明显（强盈利能力指数、弱发展潜力指数），后期上幅上下运动，之后渐渐趋于小幅起伏的总体平稳态势。从本图分析，富阳市农林牧渔业行业当年走向并没有给人以后劲势头向上持续的感觉。

三、全局综合性指数的具体流程

根据上述八大板块的数据处理，遵循其规模化权重指标，进行相应的合成处理，从而得到三年财务指数示意图（见图 5－8）。

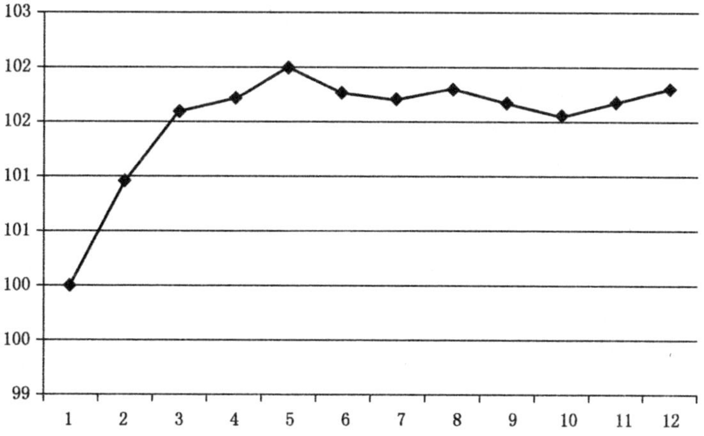

图 5－8　富阳市八大行业“四力”财务指数（2009）

结合图 5－8 分析，2009 年，在国际金融危机对国内冲击一浪接一浪的外部压力下，富阳市八大行业也未能幸免。面对这种突如其来的挑战与困难，富阳市各行各业都能从自身实际出发，力争“转危为机、实现再造”，政府出手扶持与企业挖掘潜力并举，进一步做强优势产业、做好特色基地，进一步推出“中国白板纸基地”、“中国球拍之乡”等强势产品。从盈利、偿债、运营和发展的“四力”指数走势看，在面对上一年的痛苦与困惑后，企业能够痛定思痛，应对得力，在外部援手下比较快地走出困境，在上半年拉出了持续回升的上涨通道并稳定了局势，后期适当上下窄幅起伏，渐渐趋于总体平稳态势。可见，富阳市八大行业当年的“四力”指数显现出相对乐观、整体向上的持续特征。

第六乐章

编制案例：基于县域经济综合案例

毛泽东同志曾经认为，解剖麻雀是调查研究、综合分析的基本功，借此可以找出规律性的东西。从这个意义上来说，一个县也是一只麻雀，一只中国社会与经济大肌体的麻雀。解剖好这只麻雀，分析好这只麻雀的机理，对整个经济与社会，都将有积极的作用。“麻雀虽小，五脏俱全”，小小的一个县，汇集了一个完整行业的全部要素。从哲学上的解释，解剖麻雀是一种方法论。运用解剖麻雀的方法，就是对一种有代表性的事物进行剖析，就像把麻雀解剖一样，去看事物内部各要素之间的联系以及如何与整体发生关系，由此得出的结论是可以推广到类似事物的。

因此，本乐章将聚焦一只麻雀，旨在解剖之后是否可以推广？

第一节 相关说明

为了较好地通过样本群体的数据演绎好综合财务指数的编制应用，这里主要说明两个方面的问题，一是样本在现实经济环境下的代表性价值，二是样本数据的取得、初步整理情况。

一、选择样本的全国代表性

在企业纷纷步入转型升级的过程中，在推进改革与发展的进程中，我们的最大难点在县域，重点和着力点也在县域。只有从辽阔的县域入手，通过加快县域发展方式转变，以此推动农村经济的大发展，激发广阔的农村市场需求，培育中国经济发展的新增长点，才能为世界经济发展培育新的竞争优势，为经济转型寻找有效的突破口。因此，选择一个中国东部地区县级市编制三年间财务指数，这样的考虑是具有一定现实指导价值的。

基于项目研究的既定目标，考虑到数据的可获得性，在浙江省财政厅的具体协助下，我们选择位于东部经济发达地区的浙江省，确定杭州市郊区的富阳市作为项目研究的数据基地。从经济发展的历史定位来看，富阳也经历了不同的发展阶段，各个阶段都相应确定了不同的发展重点，凭借自身的传统优势在工业发展的道路中走得比较踏实，有了一定的工业基础，经济发展也已经具备了较强的实力。但应该看到，在国家进行宏观调控，要素制约越来越大的背景下，按照当前的发展模式和态势，富阳经济再发展已面临较大困难，可持续发展面临严峻的挑战。一方面，以制造业为主体的经济面临着环境和要素制约，低、小、散的行业给富阳可持续发展的环境带来了不小的压力；另一方面，随着各地交通环境的日益改善，杭州一个半小时旅游交通圈的形成，使富阳地域优势进一步弱化。此外，周边县（市）发展战略十分鲜明，发展态势十分逼人。腾笼换鸟，发展耗能低、污染少、产出高的先进制造业、现代服务业，已是其可持续发展的必由之路。

在浙江省加快推进现代服务业发展的大趋势下，富阳已进入工业化发展中期，打造运动休闲之城符合富阳产业结构调整的要求，大力发展运动休闲产业能有效降低经济增长对土地、能源、原材料、运输和投资的需求，有效减轻环境压力；大力发展运动休闲产业能提高三产比重，拉动城市由生产性城市向服务性城市的转轨。打造运动休闲之城的战略既是区域发展的必然要求，也能成为区域现代服务业的最大亮点，是顺应世界潮流和经济发展趋势的。

图6－1　富阳市（指数样本）地理位置示意图

如图6－1所示，富阳与杭州毗邻，是一座历史悠久、人文荟萃、经济繁荣、环境优美的城市。根据第六次人口普查统计，富阳市常住人口为71.7万人，其中市外流入人口为13.5万人。富阳市是杭州“交通西进”、“旅游西进”的第一站，历史悠久、人文底蕴深厚，置县于公元前221年，至今已有2200多年历史，是东吴大帝孙权的故里，现代文豪郁达夫的故乡，一脉灵气、天下独绝的富春江横贯全境，既赋山城之美，又具江城之秀，是座典型的江南山水园林文化城市和休闲度假旅游胜地，素有“天下佳山水，古今推富春”之盛誉。

二、样本数据的取得与初步筛选

本项目研究所获得的原始数据源于富阳市税务局集中的企业法人（包括股份有限公司和有限责任公司）纳税申报会计报表的数据。项目组基于研究要求进行了以下筛选与梳理：

第一步，对金融行业数据的剔除。本来的金融行业也是一个重点观察对象，而无可奈何的现实是：由于金融行业报表区别于一般企业，且县域经济范畴内的金融机构均属于末梢的基层分支机构，如二级支行或储蓄所等。经过对所掌握的原始会计数据进行的初步分析，其报表种类、份数、数据都存在着残缺不全的情形，从研究分析的数据质量上看存在着明显缺陷。年度报表企业户数多则 12 户，少则 5 户，一般为 8 户；以月、季度报计，户数多则 12 户，少则 3 户，一般为 5 户，且个别月份只有资产负债表或只有利润表。此类数据显然会影响分析的系统性与准确性。项目组经过反复商榷后剔除此类金融企业样本。

第二步，对现金流量表数据的忽视。系统完整而又理想的基本会计报表包括资产负债表、利润表和现金流量表等，不过，理想是美好的，现实是骨感的。基于企业编制的现金流量表是基于年终一次性编制的年度现金流量表，并没有按月度编报的频率进行，这与我们期待的按月编制财务指数的设计框架是不相吻合的。因此，我们也同样放弃了对现金流量表的数据分析。

第三步，对各期样本总量的平衡。在上述两个步骤清理数据的基础上，我们进一步发现，各个年度、同一年度各个月的会计报表份数（申报单位数）依然不尽相同，比如，2009 年内各月份会计报表份数差异在 ±3% 之间，2010 年内各月份会计报表份数差异在 ±3.5% 之间，2011 年内各月份会计报表份数差异在 ±4.5% 之间。总体上看，在经过上述两轮数据整理后，整个样本数据拥有相对稳定、完整、充分的财务分析与指数编制基础，因此项目组采信了实际报表数据。

第二节
2009 年度行业与综合财务指数

2009 年是进入新世纪以来许多行业、许多地方最为困难的一年。富阳市也不例外。面对罕见的国际金融危机，上下团结一致、共克时艰，保企业、保增长、保民生、保稳定，工业经济在极度严峻的形势下逐步企稳向好，在企稳向好中不断加快转型升级。纵观金融危机爆发以来，我市经济运行想、曲线呈现“V”型深度调整，特别是 2009 年，表现为“低位开局、企稳回升、逐季走高”的发展态势。现根据 2009 年度的分月、分行业数据，编制相应的指数。根据体现富阳市产业经济结构的相关数据，行业包括“农林牧渔业”、“采矿业”、“制造业”、“建筑业”、“批发和零售业”、“租赁和商业服务业”、“居民服务、修理和其他服务业”等多个行业。

一、2009 年度富阳市分行业财务指数

行业是指从事国民经济中同性质的生产或其他经济社会的经营单位或者个体的组织结构体系的详细划分。由于不同行业，其担负的社会职能不完全相同，其具体的产品职能也彼此不同，其产品的生产流程与技术各有差异，其产品或服务的销售特点千姿百态，其整体市场规律与客户特征不同，其自身资金、员工与技术的密集程度互不相同，其商业模式和盈利模式也差异巨大，诸如此类，都不同程度地必然表现出在存货核算、成本费用、固定资产、收入确认等会计核算方面的纷繁差别，也形成了各个行业在财务管理领域的差异。这些差异性正是需要关注并凭以持续改进相关管控工作。

（一）2009 年度农林牧渔业分项指数

从产业链分析，农林牧渔服务业是各项农业的附属行业，其细分领域非常繁杂，从农业产业链上端开始，一直延伸到零售环节，比如：育种育苗、水产养殖、配套服务业。必须注意到，接壤杭州主城区的富阳市号称青山绿水遍地金，其农林牧渔服务业发展前景非常广阔，经济产值占比将持续提升。

现将其当年度农林牧渔服务业盈利能力指数、偿债实力指数、运营活力指数和发展潜力指数编制如下：

1. 盈利能力指数（见图 6－2）

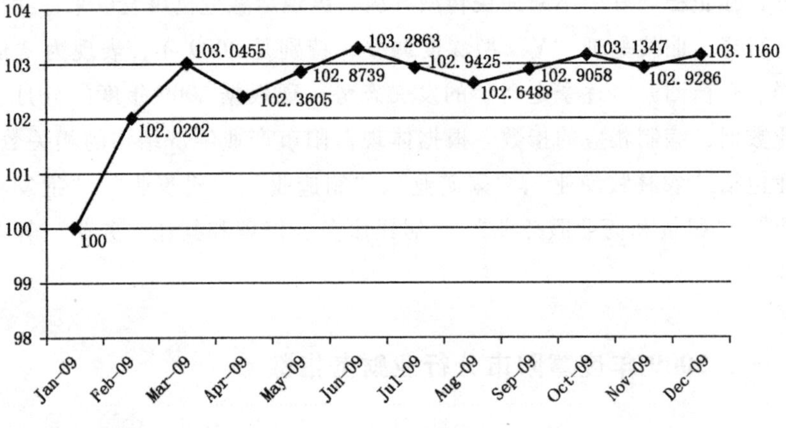

图 6－2 2009——农林牧渔——分项指数——盈利能力指数趋势图

从年度盈利能力指数看，总体趋势比较好，其中三个高点值得关注，分别是三月前后的春茶上市期、六月的夏收时节、十月的秋收时节，分别构成本行业的盈利亮点。

2. 偿债实力指数（见图 6－3）

从偿债实力指数看，整体实现了“转负为正”的目标。年初二、三月份是农林牧渔服务业偿债实力相对较弱的时点，此后略有起伏，总体渐渐回升，其上下荡幅相对变窄。

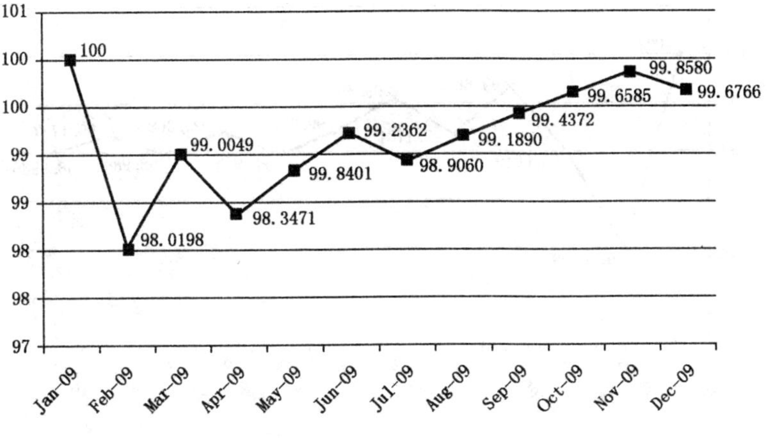

图 6－3　2009——农林牧渔——分项指数——偿债实力指数趋势图

3. 运营活力指数（见图 6－4）

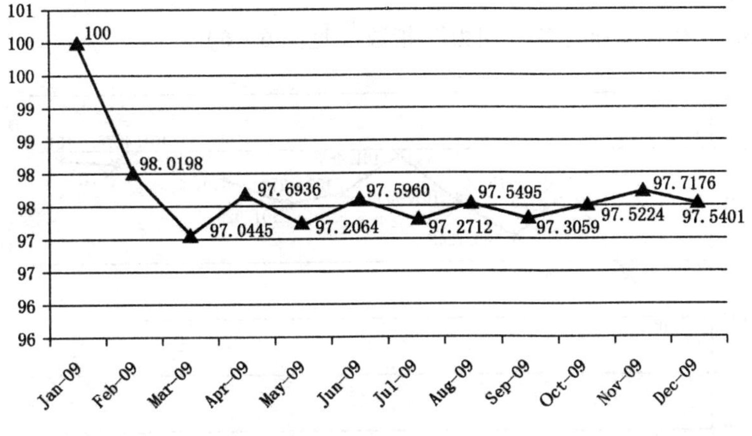

图 6－4　2009——农林牧渔——分项指数——运营活力指数趋势图

从运营能力看，农林牧渔服务业整体上略有不足，交易不甚活跃，周转不甚快活，处于低位徘徊状态。这与此行业渐渐褪去往日光泽的整体态势直接相关。

4. 发展潜力指数（见图 6－5）

从发展潜力指数图可以直观看出，此行业年初起伏大，后来渐趋稳

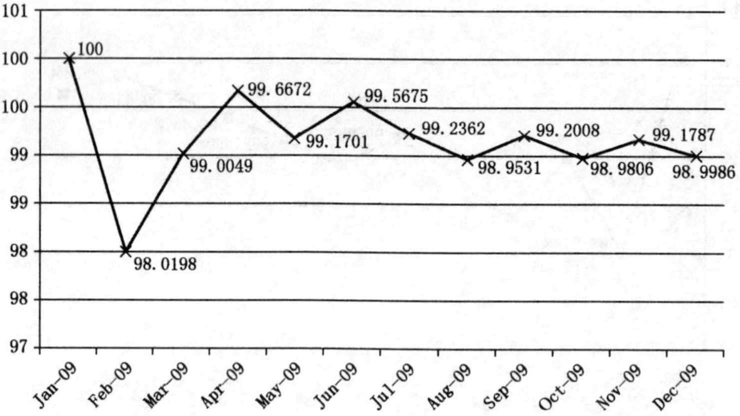

图 6-5 2009——农林牧渔——分项指数——发展潜力指数趋势图

定，但是总体格局是行业后劲乏力，难有优异表现，总体上涨难度也将大大增加。

5. 农林牧渔业财务“四力”指数（见图 6-6）

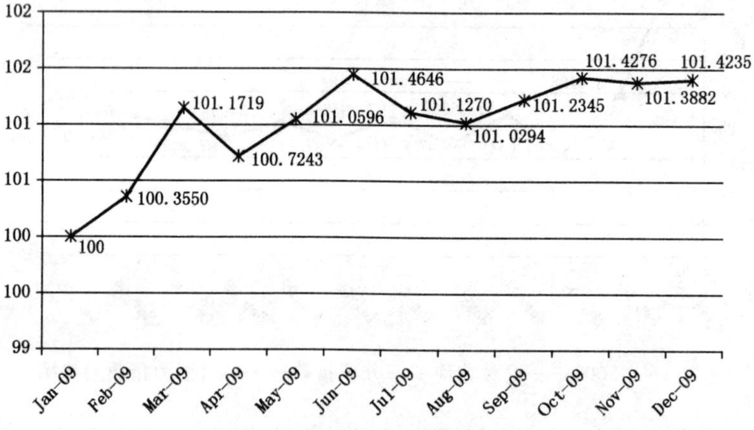

图 6-6 2009——农林牧渔——财务“四力”指数趋势图

从 2009 年度盈利、偿债、运营与发展的综合构成指数图看，尽管分指数走势此起彼伏，但农林牧渔服务业总体持续向好。这印证了农林牧渔在高附加值现代经营过程中的市场繁荣景象，随着各类产品轮番上市潮临近，市场活力逐渐扩大、盈利表现优异。

(二) 2009 年度采矿业分项指数

通常，采矿业是指对固体（如煤和矿物）、液体（如原油）或气体（如天然气）等自然产生矿物的采掘，包括地下或地上采掘、矿井的运行，以及一般在矿址或矿址附近从事的旨在加工原材料的所有辅助性工作。随着富阳市各种采矿企业对矿产资源的开发利用，采矿业经济总量不断壮大，成为拉动全市经济和税收快速增长的重要支撑之一，也成为稳定行业经济增长的重要力量。现具体分析其 2009 年的各项财务指数。

1. 盈利能力指数（见图 6－7）

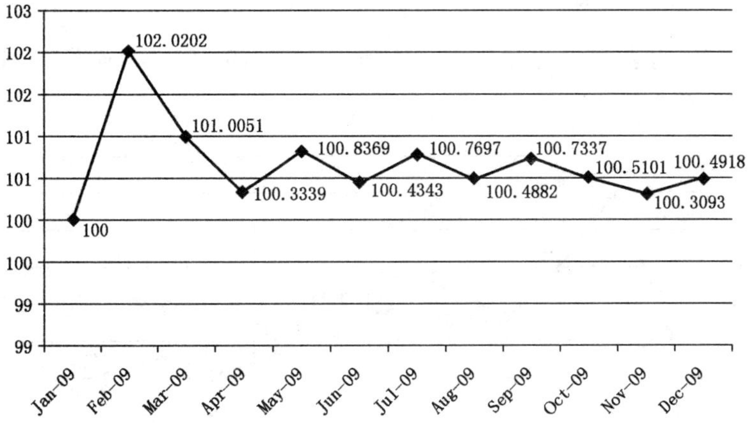

图 6－7　2009——采矿业——分项指数——盈利能力指数趋势图

采矿行业的盈利能力在 2009 年度的总体表现基本平稳，市属采矿业在经济发展与企业税收领域持续健康发展。

2. 偿债实力指数（见图 6－8）

采矿行业经济持续健康发展，其相应的偿债实力一直表现得可圈可点。

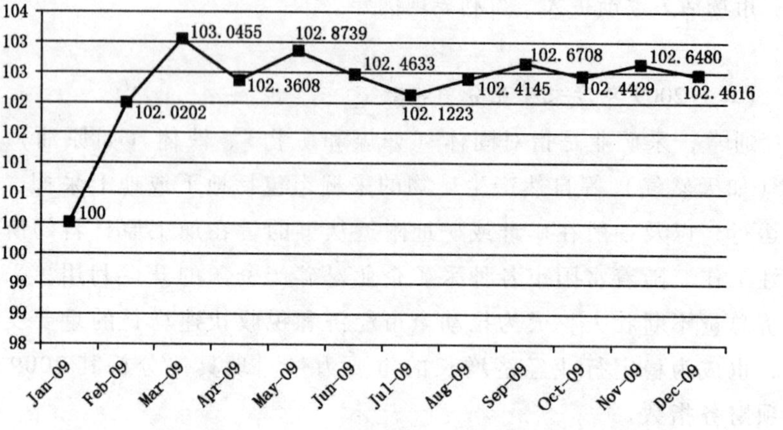

图 6-8 2009——采矿业——分项指数——偿债实力指数趋势图

3. 运营活力指数（见图 6-9）

运营活力表现出先扬后仰，高潮是达到 102.0202，而低谷则跌落到 99.7686。

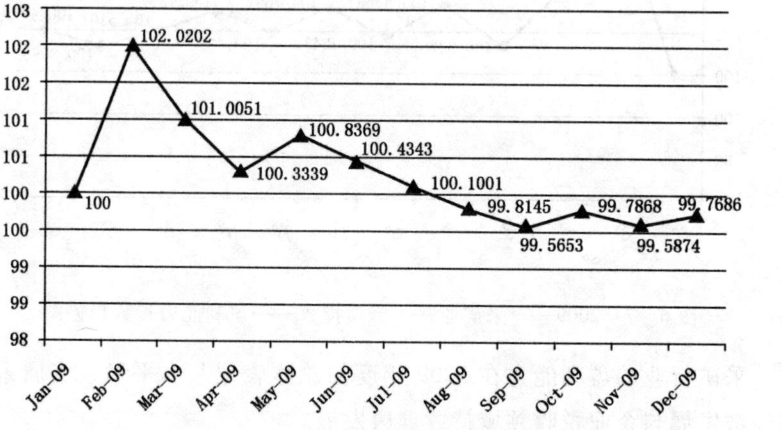

图 6-9 2009——采矿业——分项指数——运营活力指数趋势图

4. 发展潜力指数（见图 6-10）

经过几年轮回后，2009 年度的采矿业生产经营态势表明，其行业发展潜力并不乐观，这可能是整个采矿业在连续多年的高潮后走向落败的基本趋势。

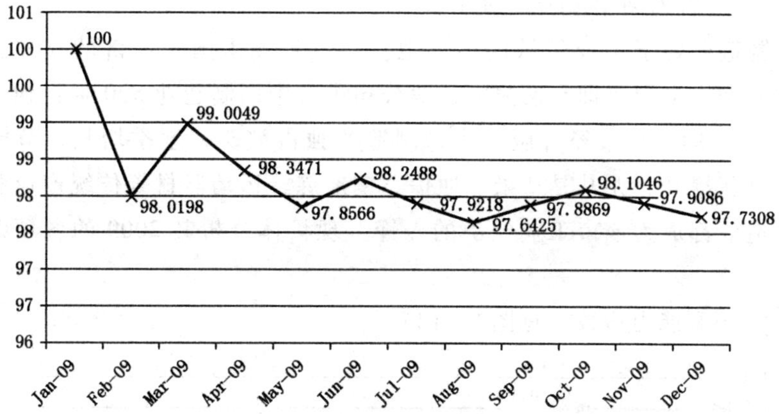

图 6－10　2009——采矿业——分项指数——发展潜力指数趋势图

5. 采矿业财务"四力"指数（见图 6－11）

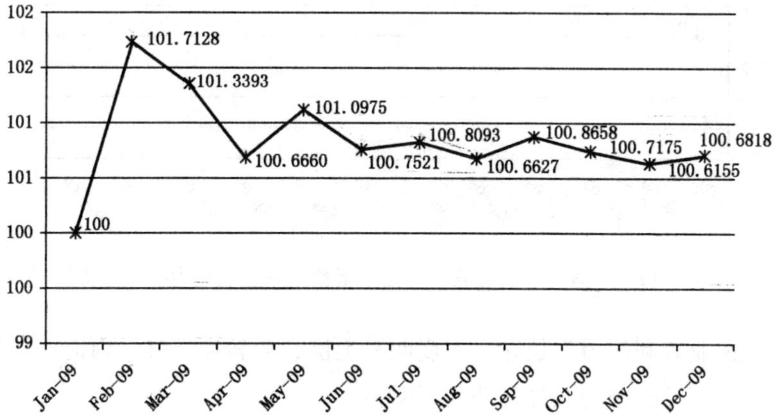

图 6－11　2009——采矿业——财务"四力"指数趋势图

从盈利、偿债、运营与发展融合而成的综合指数看，2009 年的采矿业处于相对旺盛的发展态势，当然，运营能力和发展后劲已经开始显现出颓废的疲软态势，不过，采矿业持续多年来积累的既有高盈利能力、低偿债压力依然使得行业处于安全地带。

（三）2009 年度制造业分项指数

制造业处于工业领域的主导地位，也是该市国民经济的支柱。21 世纪初期，富阳市即有两家制造业公司进入中国制造业 500 强行列。在 2009 年度的富阳市经济版图中，制造业独占鳌头，逐季增长、节能降耗、创新提升，尤其是造纸、通信、铜冶炼、运动器材等传统产业和先进制造业都成为该市工业经济的先锋。现具体分析其 2009 的各项财务指数。

1. 盈利能力指数（见图 6 - 12）

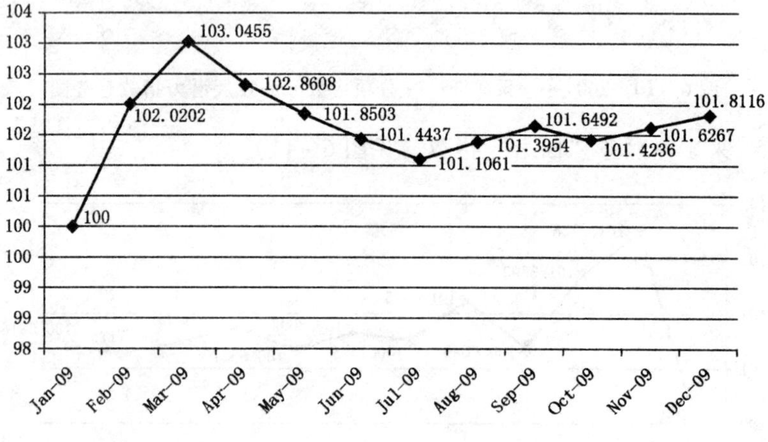

图 6 - 12　2009——制造业——分项指数——盈利能力指数趋势图

制造业盈利能力指数在一季度明显上涨，后转而下降。内需疲软加上外需反复，导致制造业提升势头不明显。

2. 偿债实力指数（见图 6 - 13）

制造业偿债实力一直比较平稳，基于现金为王和主动收缩的原则实施了谨慎的举债策略。

3. 运营活力指数（见图 6 - 14）

制造业的运营活力总体显现出下降趋势，并在下半年渐进回升，表明以制造业为主的富阳经济放缓增长步伐的可能性。国际市场需求不硬、发

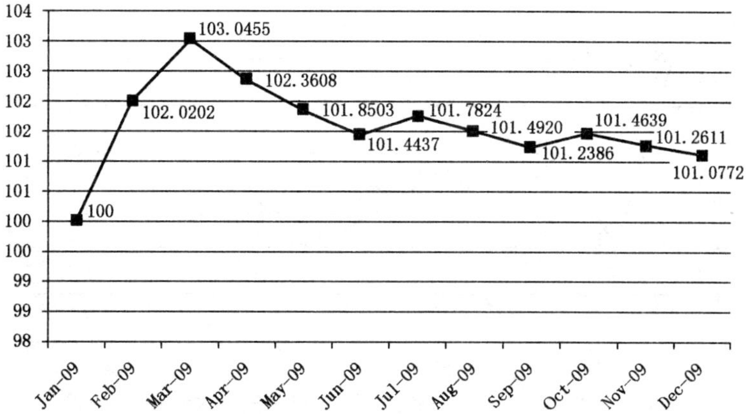

图 6－13 2009——制造业——分项指数——偿债实力指数趋势图

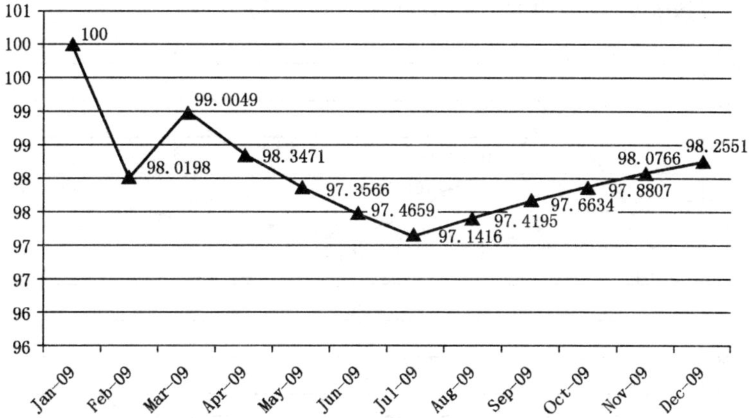

图 6－14 2009——制造业——分项指数——运营活力指数趋势图

展要素制约不小、新生产业培育不力，都可能是管理层值得关注的危机所在。

4. 发展潜力指数（见图 6－15）

制造业复苏势头低迷，让富阳经济面临的下行风险日益浓重，显示出进一步丧失动能的迹象，引发了对于这个县域经济体状况的更多疑虑。

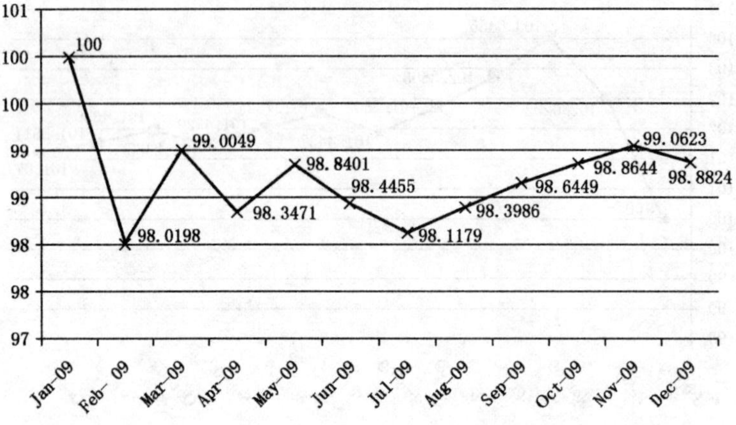

图 6－15 2009——制造业——分项指数——发展潜力指数趋势图

5. 制造业财务“四力”指数（见图 6－16）

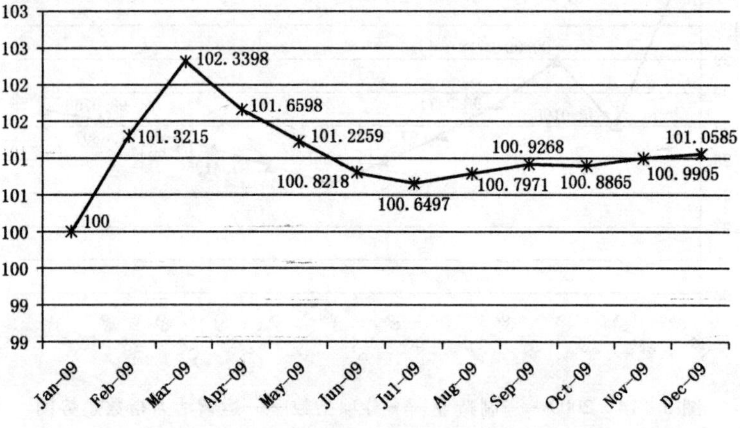

图 6－16 2009——制造业——财务“四力”指数趋势图

从盈利、偿债、运营与发展的综合指数变化情况看，2009 年度的富阳制造业处于稍有作为之后的持续下降态势，一季度走强后平淡趋冷，反映出内需放缓以及外围冲击还在发酵，给本地脆弱的外向型经济复苏带来下降的风险。

（四）2009 年度建筑业分项指数

建筑企业在富阳市经济发展中占居着重要的位置，包括建筑施工企业、勘测设计、工程监理、招标代理、检测试验企业等在内的整个行业都得到了有效的发展，在富阳经济的发展中起到了直接的促进作用，总产量保持增长，正面临着工程生产成本上升、融资难的多重压力，财务利润不容乐观，不稳定性增多。

现具体分析其 2009 年度的各项财务指数。

1. 盈利能力指数（见图 6－17）

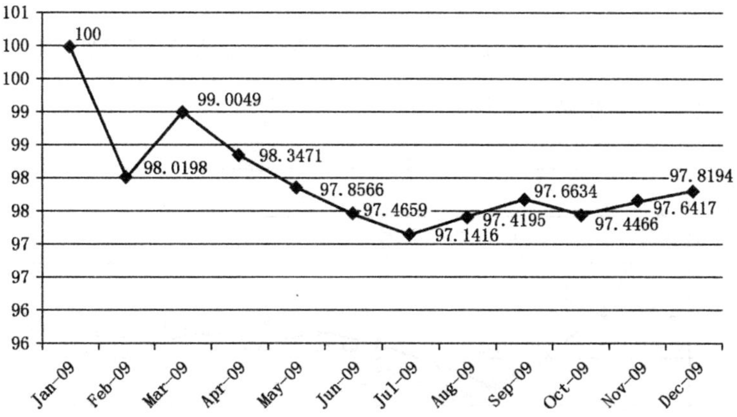

图 6－17　2009——建筑业——分项指数——盈利能力指数趋势图

从建筑业 2009 年度各个月份变化指数看，建筑业总体经济产值增速放缓，利润严重下滑，财务状况不容乐观，企业经营困难加深。

2. 偿债实力指数（见图 6－18）

偿债实力的充分与适当对建筑业发展起到了直接的促进作用，即便是在 2009 年度宏观环境趋紧的情况下，富阳企业的偿债实力也无显著下降。

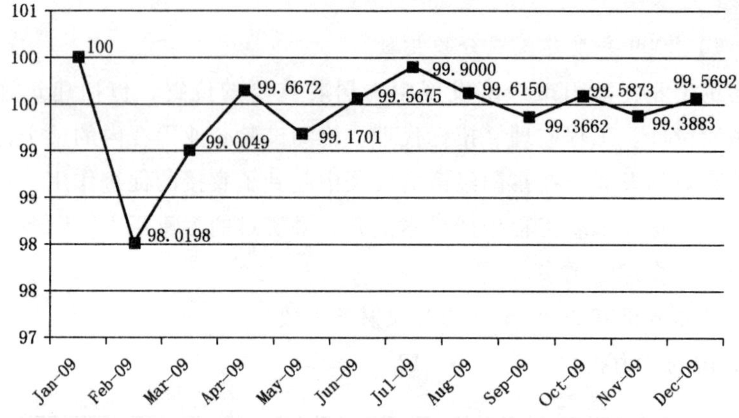

图 6－18　2009——建筑业——分项指数——偿债实力指数趋势图

3. 运营活力指数（见图 6－19）

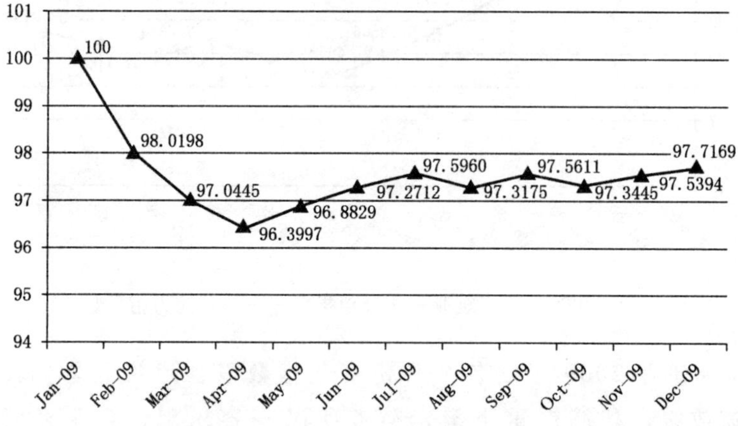

图 6－19　2009——建筑业——分项指数——运营活力指数趋势图

运营活力与总产值增速放缓，利润严重下滑，财务状况不容乐观等都存在着彼此互动的关系，企业经营困难加深，不稳定性增多，应引起重视。

4. 发展潜力指数（见图 6－20）

2009 年度，建筑企业正面临着工程减少、成本上升、融资难的压

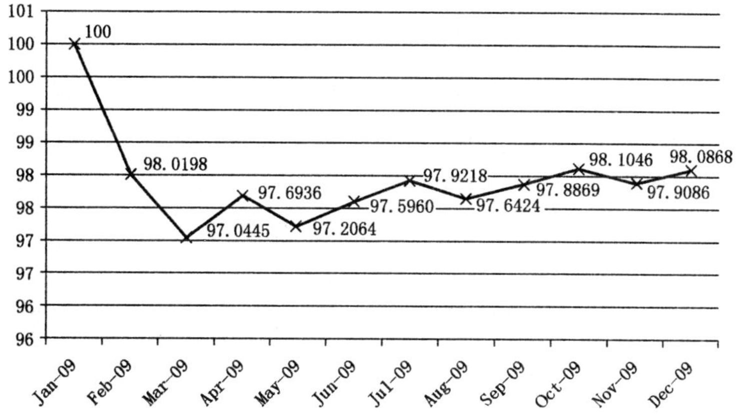

图 6-20　2009——建筑业——分项指数——发展潜力指数趋势图

力，企业经营困难加深，不稳定性增多，从而导致行业发展潜力表现淡然。

5. 建筑业财务“四力”指数（见图 6-21）

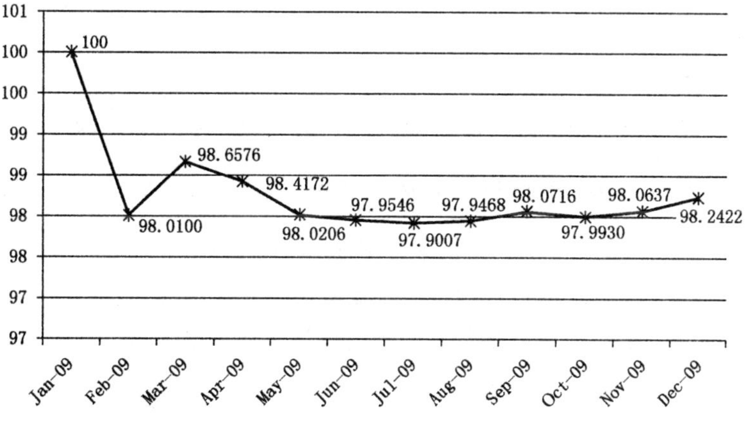

图 6-21　2009——建筑业——财务“四力”指数趋势图

从盈利、偿债、运营与发展潜力分析，建筑行业总体趋势不容乐观，产值增速放缓，利润严重下滑，财务状况不容乐观，企业经营困难加深，不稳定性增多，应引起重视。

（五）2009 年度批发和零售业分项指数

批发零售业是社会化大生产过程中的重要环节，是决定经济运行速度、质量和效益的引导性力量，是我国市场化程度高、竞争激烈的行业之一，尤其是随着电子商务的渗透，批发和零售业即将发生深刻的变化。2009 年批发零售业发展迅速，企业数量不断增加，企业规模不断扩大，吸纳就业能力不断增强，商品市场繁荣活跃，市场格局日新月异，经营方式快速更新。但是，根本性的提升尚待更加强劲的推进。现具体分析其 2009 年的各项财务指数。

1. 盈利能力指数（见图 6－22）

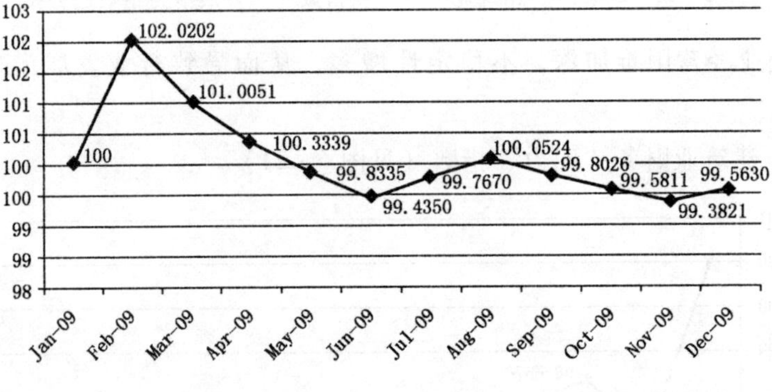

图 6－22　2009——批发和零售业——分项指数——盈利能力指数趋势图

2009 年初，富阳批发和零售业盈利能力起步有所突破，增长 2.0202%。后因金融危机影响，全年盈利能力处于困境，难以逐步企稳回升。如何真正启动尚处潜伏状态的国内市场，从外向型经济向内外兼顾的发展模式转变显然是一个现实挑战。

2. 偿债实力指数（见图 6－23）

受金融危机的影响，开年一季度的偿债实力即跌入低谷，二季度逐步企稳回升，相关指数逐月小幅上扬，三四季度继续延续和巩固上升势头，但是整体而言，始终呈现积极向好的运行态势。

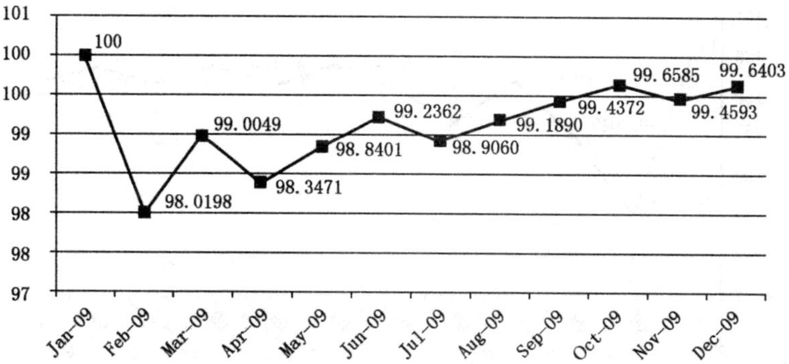

图 6－23　2009——批发和零售业——分项指数——偿债实力指数趋势图

3. 运营活力指数（见图 6－24）

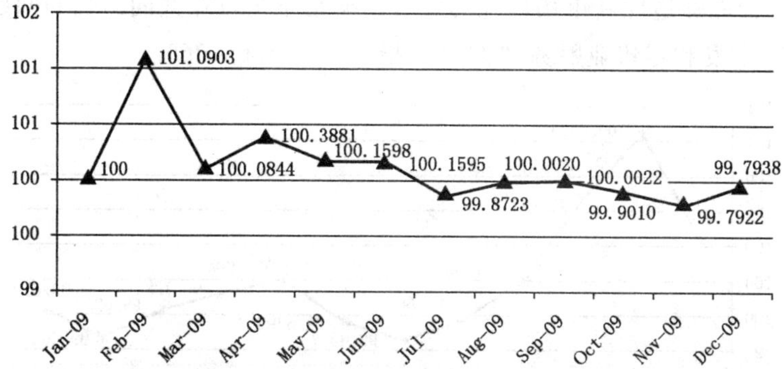

图 6－24　2009——批发和零售业——分项指数——运营活力指数趋势图

2009 年富阳批发和零售业除了年初有所回升外，整体感觉处于平衡中略有下降的整体格局。行业规模扩张，新兴零售业态势得到发展，竞争态势相对强化。必须清晰地认识到：随着经济全球化趋势的加快与国际国内市场格局的调整，作为富阳本地的经济结构也将发生深刻的变化，批发和零售业已经成为提供就业机会的主要行业、产业结构优化的主导行业和经济增长的重要支柱行业，应该全方位采取措施。

4. 发展潜力指数（见图 6－25）

尽管金融危机影响的尽头尚不确定，但是，面向消费者的市场刚性特

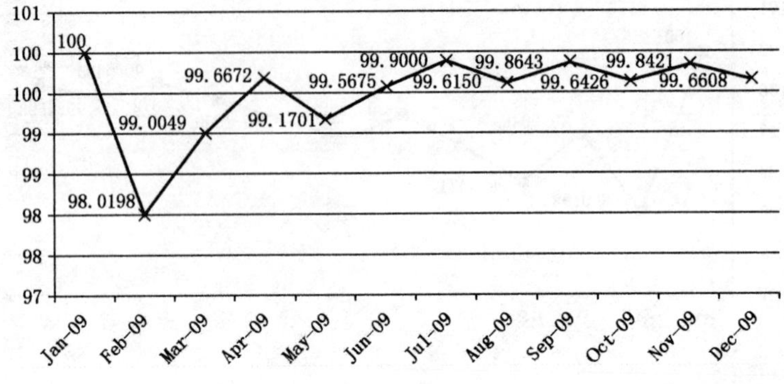

图 6－25　2009——批发和零售业——分项指数——发展潜力指数趋势图

征显著，市场格局日新月异，流通业呈现多样化发展态势值得肯定，如何营造一个能够适应新市场环境的经营策略是整个行业共同面临的问题。

5. 批发和零售业财务“四力”指数（见图 6－26）

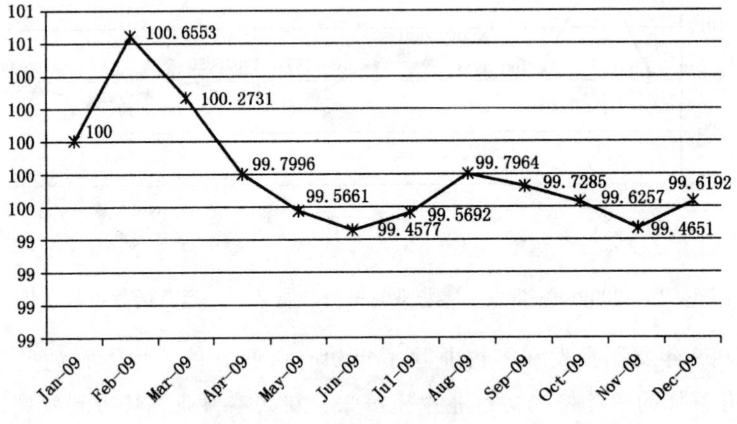

图 6－26　2009——批发和零售业——财务“四力”指数趋势图

从 2009 年富阳市批发和零售业的盈利能力、偿债实力、运营活力和发展潜力看，由于受金融危机的影响，除年初尚可外，全年出现了连续性恶化情形，难以有效地企稳回升。

（六）2009年度房地产业分项指数

相对而言，房地产是一个地理位置决定价值的产业。作为省会杭州市的郊区，来自富阳本地的开发商和外来资本近年来渐渐推进着富阳市房地产开发行业的做大做强，并努力开发房地产将富阳市建设成为杭州的“卧城”，整个产业也融合进入杭州市整体房地产发展的跌荡起伏中。2009全年房地产开发行业处于热点领域，2011年以来，杭州楼市纷纷降价促销，富阳楼市却显得很淡定，房价没有出现明显下滑的趋势。

1. 盈利能力指数（见图6－27）

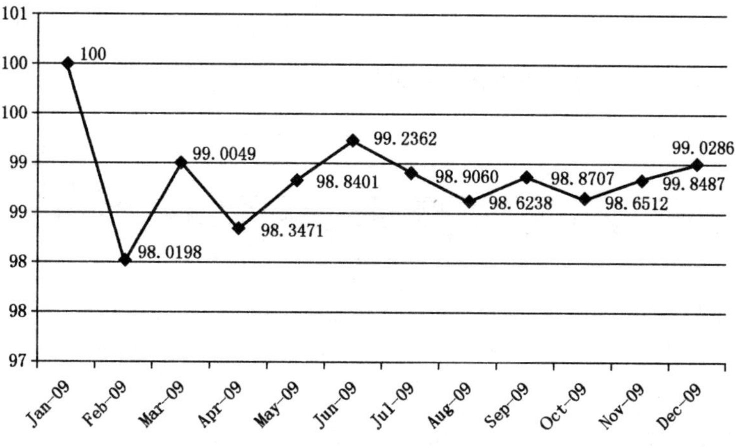

图6－27　2009——房地产业——分项指数——盈利能力指数趋势图

市场销售引起盈利能力明显转阴，杭州楼市纷纷降价促销，相邻的富阳楼市不会很淡定，房价年初明显下滑后，此起彼伏，整体显得“静悄悄”。盈利能力也随之基本格局不变的前提下起伏趋稳。

2. 偿债实力指数（见图6－28）

房地产行业无疑是高负债行业，全年房地产开发行业的偿债能力围绕起点水平略有下降，这与危机背景的大局直接相关。

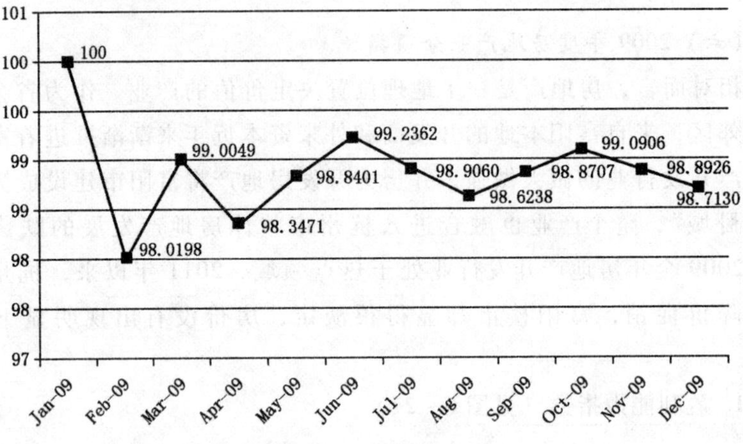

图 6-28　2009——房地产业——分项指数——偿债实力指数趋势图

3. 运营活力指数（见图 6-29）

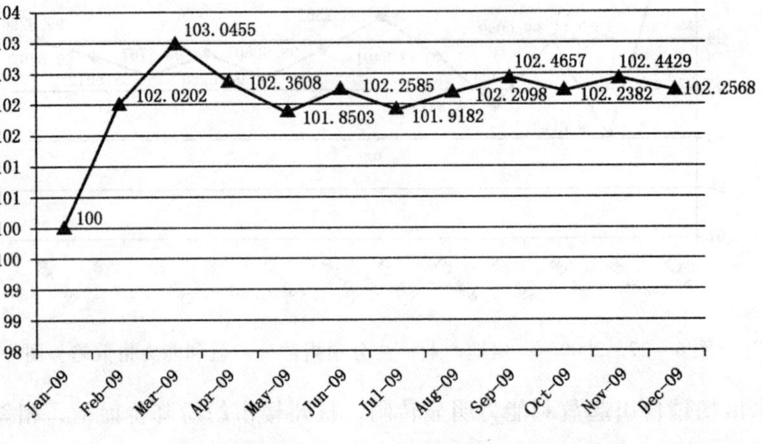

图 6-29　2009——房地产业——分项指数——运营活力指数趋势图

从当地房地产销售情况看，富阳楼市显得很淡定，房价没有出现明显下滑的趋势，凭借邻近杭州地块的优质性，正吸引着越来越多的外地人来富阳投资和居住。各家房地产企业的运营活力仍然呈现出相对活跃的局面。

4. 发展潜力指数（见图 6－30）

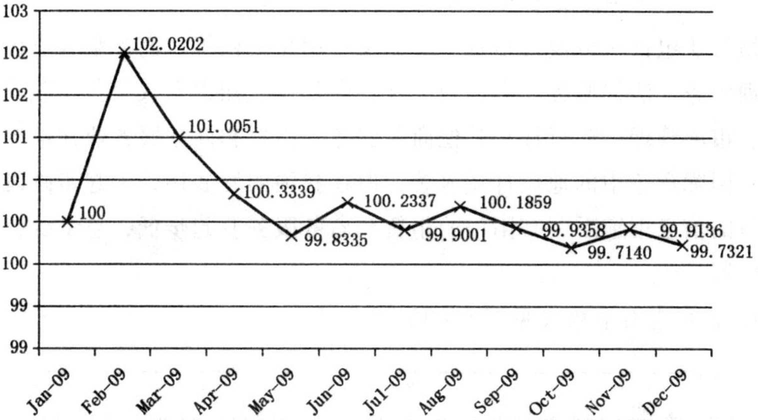

图 6－30　2009——房地产业——分项指数——发展潜力指数趋势图

房地产尽管地域性极强，但是行业发展趋势却与宏观形势紧紧相关。从 2009 年度发展潜力看，富阳楼市整体显得“静悄悄”。

5. 房地产业财务“四力”指数（见图 6－31）

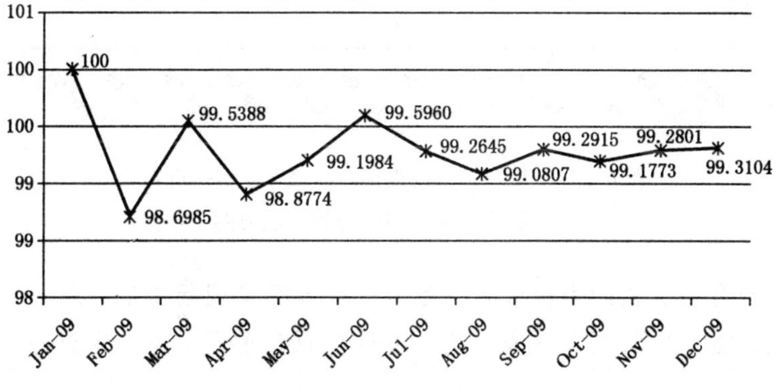

图 6－31　2009——房地产业——财务“四力”指数趋势图

从全年房地产开发行业的盈利能力、偿债实力、运营活力与发展潜力的综合情形分析，房地产依然没有表现出强劲的势头，整体上显现平台整理的格局，总体态势趋于平稳。

（七）2009 年度租赁和商务服务业分项指数

租赁业包括机械设备租赁、文化及日用品出租等，商务服务业包括企业管理服务、法律服务、咨询与调查、广告业、知识产权服务、职业中介服务、市场管理、旅行社和其他商务服务。租赁和商务服务业在世界经济发展和国际竞争中的地位日益显著，但在我国的发展还处于起步阶段。从可获得的信息渠道看，富阳市的租赁和商务服务业起步低，总量少，尚待持续发展。

1. 盈利能力指数（见图 6－32）

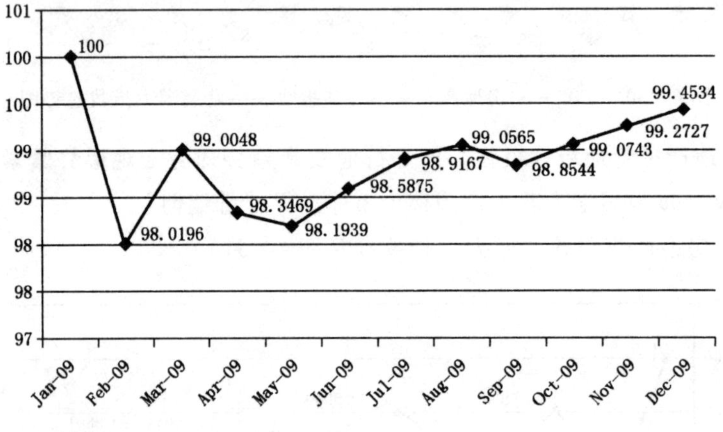

图 6－32　2009——租赁和商业服务业——分项指数——盈利能力指数趋势图

2009 年度，富阳市租赁和商务服务业依然呈现起步低，总量小的态势，盈利能力并无重大突破，基本维持在原有水平，并多少有些萎缩与转淡。

2. 偿债实力指数（见图 6－33）

2009 年度租赁和商务服务业的偿债实力在年初稍为转下，之后在二季度回暖，进入三季度又慢慢回落，整体看并无大起大落。

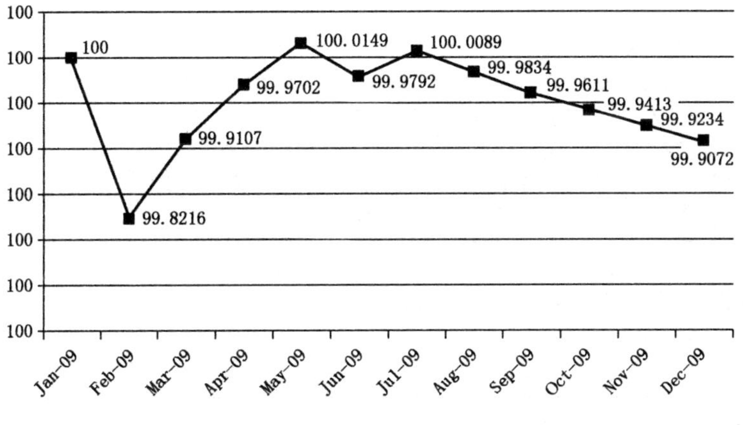

图 6－33　2009——租赁和商业服务业——分项指数——偿债实力指数趋势图

3. 运营活力指数（见图 6－34）

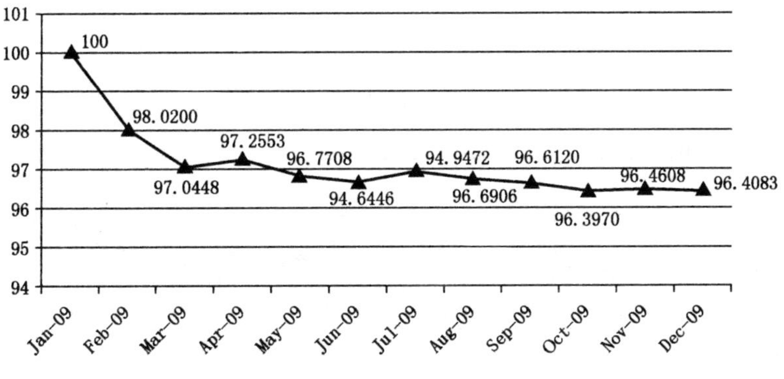

图 6－34　2009——租赁和商业服务业——分项指数——运营活力指数趋势图

2009 年度，租赁和商务服务业运营活力不足、行业规模小、档次低的问题依然突出。应该看到：旅游消费热已在居民家庭中兴起，尤其是住房、汽车的消费，带动了众多上、下游产业的联动发展，因此消费层次提升与消费结构转换必将带来产业结构的调整与升级、其间蕴含着服务业的发展机遇。

4. 发展潜力指数（见图 6－35）

2009 年度，租赁和商务服务业的中心地位愈发突出。富阳急需在发

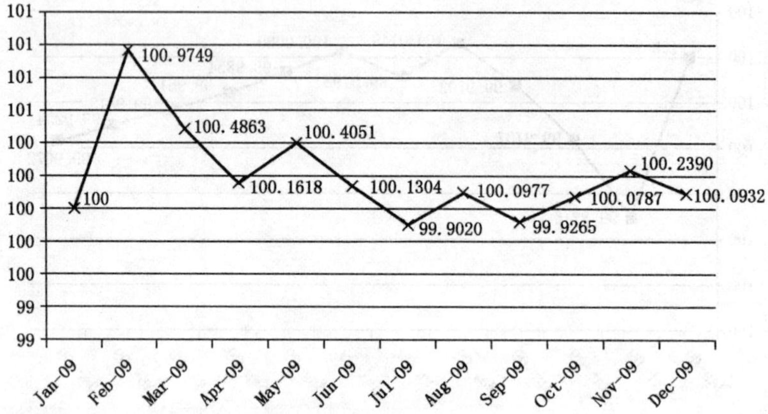

图 6-35 2009——租赁和商业服务业——分项指数——发展潜力指数趋势图

展租赁业、加快建设会展业展馆、发展旅游业、培育中介咨询和科技教育服务业等方面努力。

5. 租赁和商务服务业财务“四力”指数（见图 6-36）

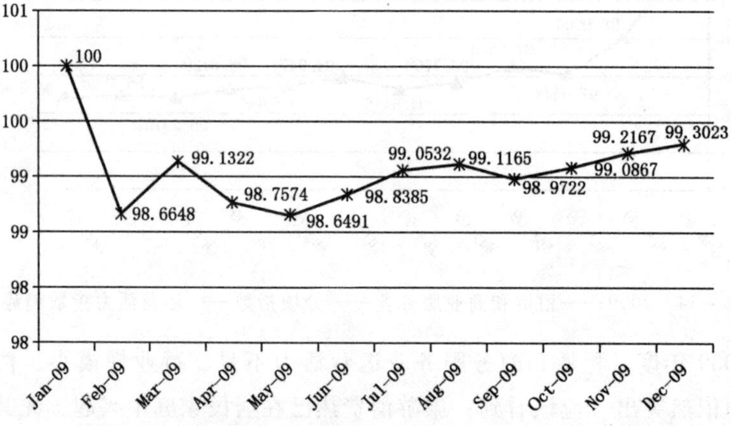

图 6-36 2009——租赁和商业服务业——财务“四力”指数趋势图

从 2009 年度租赁和商务服务业的盈利能力、偿债实力、运营活力和发展潜力分析，富阳市的租赁和商务服务业在危机来临前后，并未能出现大幅降落或走高的情形，总体维持正常态势。相信未来随着城市化进程的加快，更多的农村人口转化为城市人口，由此增大对现代消费服务的需求总量，从而提升对服务业增长空间的预期。

（八）2009年度居民服务、修理和其他服务业分项指数

居民服务和其他服务业是服务业的重要组成部分，与百姓日常生活息息相关，是为人们衣食住行提供直接服务的重要行业。在落实科学发展观，构建和谐社会和小康社会的进程中，居民服务业对于提高人们生活品质、解决就业、促进经济增长等方面起着不可忽视的作用。在富阳市，近年来居民服务和其他服务业规模进一步壮大，服务内容多样化、经营状况良好，经济效益大幅提升，投资主体多元化，私营经济占主体地位。2009年度，富阳市居民服务和其他服务行业相对集中，规模壮大，经营状况良好，增长速度缓慢。

1. 盈利能力指数（见图6－37）

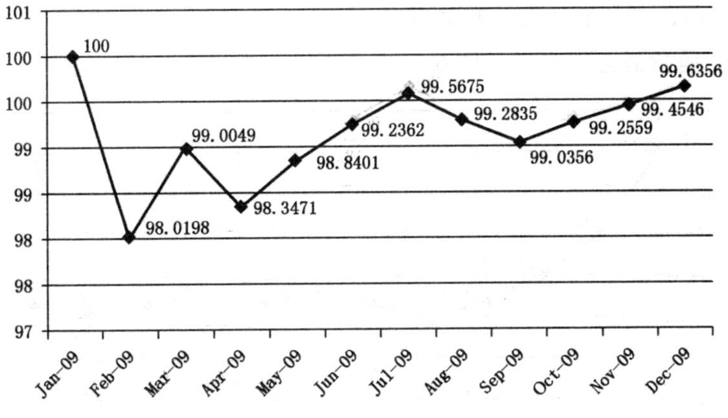

图6－37　2009——居民服务、修理和其他服务业——分项指数——盈利能力指数趋势图

2009年度，富阳市居民服务和其他服务业盈利能力各月表现存在细微变化，年初在一季度有所跌落，后渐进恢复，三季度、四季度分别显现出阶段性盘升格局。

2. 偿债实力指数（见图6-38）

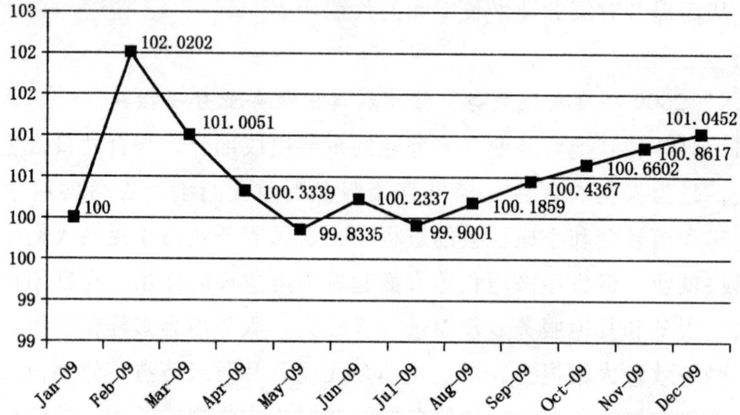

图6-38 2009——居民服务、修理和其他服务业——分项指数——偿债实力指数趋势图

2009年度，富阳市居民服务和其他服务业的偿债实力初期提升后二季度回落，再渐渐进入上升渠道。

3. 运营活力指数（见图6-39）

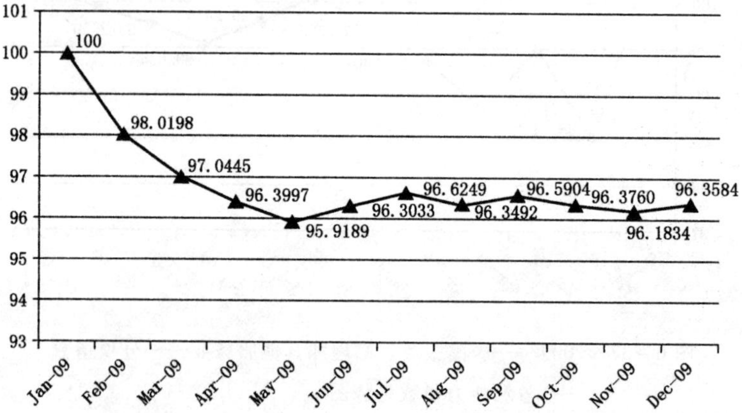

图6-39 2009——居民服务、修理和其他服务业——分项指数——运营活力指数趋势图

2009年度，富阳市居民服务业和其他服务业的运营活力总体显现出收入水平偏低，增长速度缓慢，服务缺口很大，从业人员整体素质尚待

提高。

4. 发展潜力指数（见图 6－40）

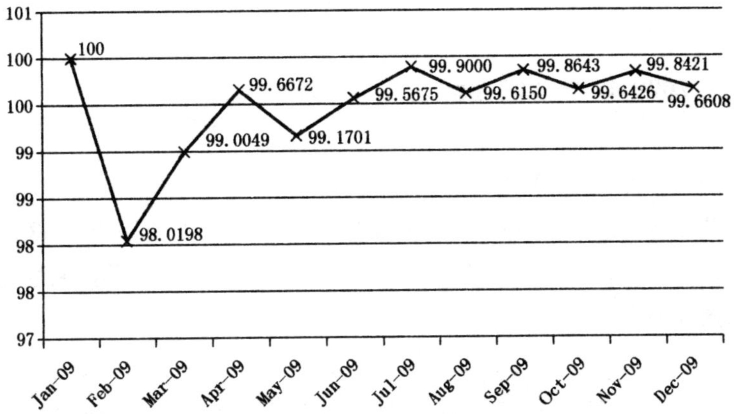

图 6－40　2009——居民服务、修理和其他服务业
——分项指数——发展潜力指数趋势图

2009 年度，富阳市居民服务和其他服务业的发展潜力显著特点是企业规模偏小、整体素质尚待提高。

5. 居民服务、修理和其他服务业财务“四力”指数（见图 6－41）

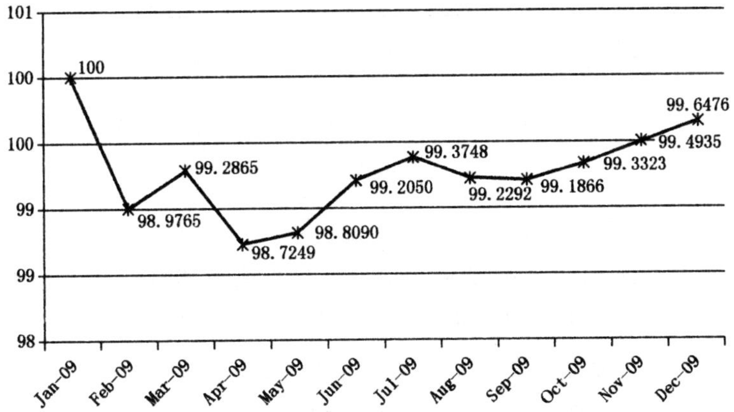

图 6－41　2009——居民服务、修理和其他服务业
——财务“四力”指数趋势

从企业盈利能力、偿债实力、运营能力、发展潜力的综合情况分析，2009年度，富阳市居民服务和其他服务业的态势不容乐观，全年没有出现持续、稳定向好的发展势头，处于相对小幅下降之后小幅回升。

二、2009年度富阳市综合财务指数

（一）盈利能力指数

从以上八个主要行业的样本企业群体数据看，2009年度，富阳市企业的盈利能力继续进入平稳而持续的增长区间，总体显示其盈利性相对稳健（见图6-42）。

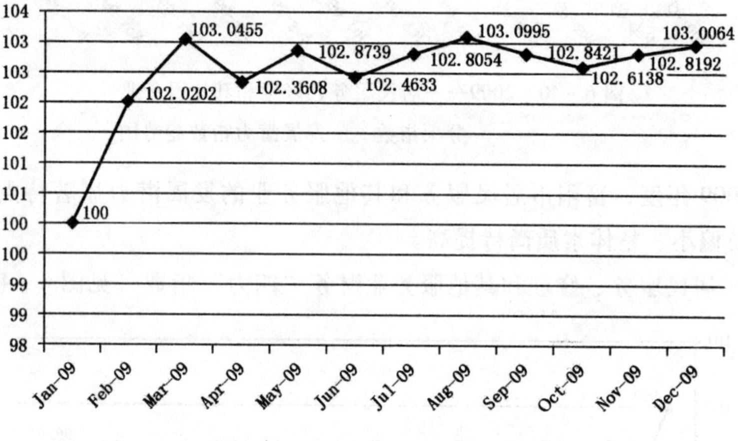

图6-42　2009年度富阳市企业盈利能力指数趋势图

（二）偿债实力指数

2009年是进入新世纪以来富阳市经济最为困难的一年。面对历史罕见的国际金融危机影响，通过共克时艰、主攻工业、迎难而上，保企业、保增长，产业经济在极度严峻的形势下逐步企稳向好，在企稳向好中不断加快转型升级，企业始终没有出现明显的系统性偿债风险（见图6-43）。

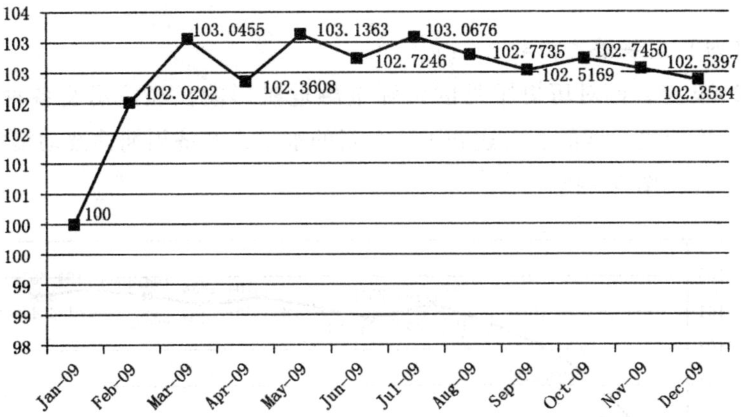

图 6－43　2009 年度富阳市企业偿债实力指数趋势图

（三）运营活力指数

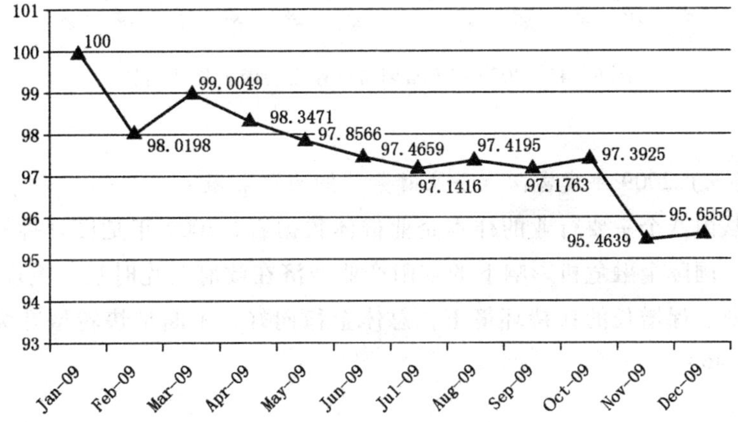

图 6－44　2009 年度富阳市企业运营活力指数趋势图

从八个主要行业的样本群体数据看，2009 年的宏观环境不确定因素多，国内新的挑战不断显现，土地要素制约更趋严峻，产业经济领域的运营活力并不乐观，大有渐进滑坡之势（见图 6－44）。

（四）发展潜力指数

2009年，面对历史罕见的国际金融危机影响，经济承受各种冲击，保持平稳较快发展的能力达到了一个新的水平，经济周期性波动幅度进一步缩小（见图6－45）。

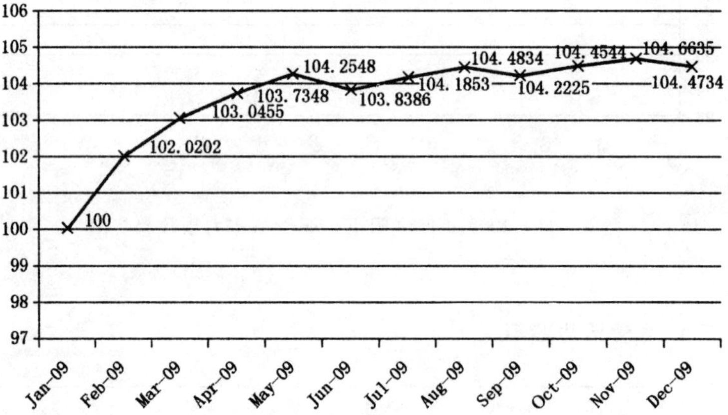

图6－45　2009年度富阳市企业发展潜力指数趋势图

（五）2009年度富阳市企业财务“四力”指数

从由八个主要行业的样本企业群体数据看，2009年是极具挑战性的一年。国际金融危机影响下的富阳产业经济在政府共克时艰、主攻工业、保企业、保增长的扶持环境下，总体企稳向好，不断加快转型升级（见图6－46）。

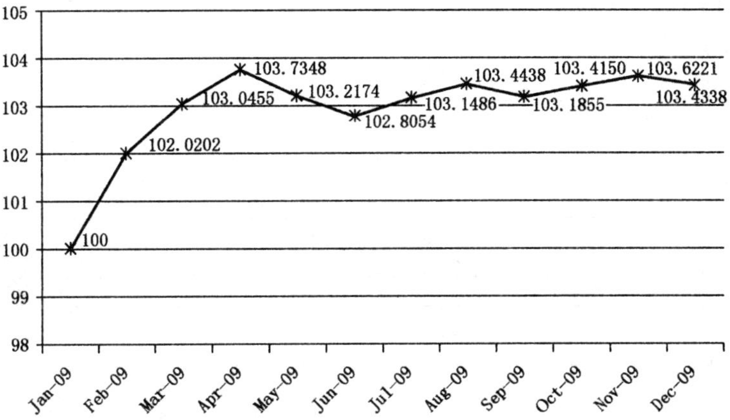

图 6－46　2009 年度富阳市企业财务“四力”指数趋势

第三节
2010 年度行业与综合财务指数

2010 年是富阳市实施“十一五”规划的收官之年。面对复杂多变的经济形势和种种挑战，全市上下在市委、市政府的领导下，以科学发展观为统领，全面开展攻坚决战年、转型升级年，执行力提升年、软环境整治年“四个年”活动，加快经济转型和项目实施，全市经济社会发展取得新的更大成绩，为顺利实施“十二五”规划打下坚实的基础。

一、2010 年度富阳市分行业财务指数

（一）2010 年度农林牧渔业分项指数

1. 盈利能力指数

从 2010 年度行业盈利指数的趋势分析，全年盈利指数节节攀升，多

个细分行业、大批企业的利润率回到峰值水平，每个月的表现进一步扩张（见图6－47）。

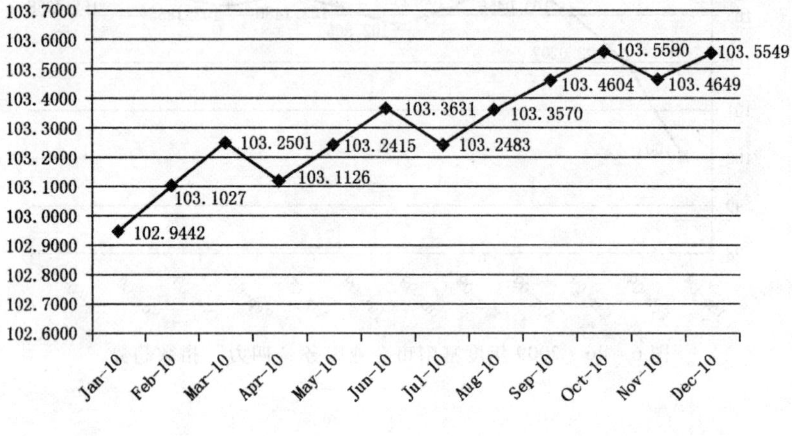

图6－47 2010——农林牧渔——分项指数——盈利能力指数趋势图

2. 偿债实力指数

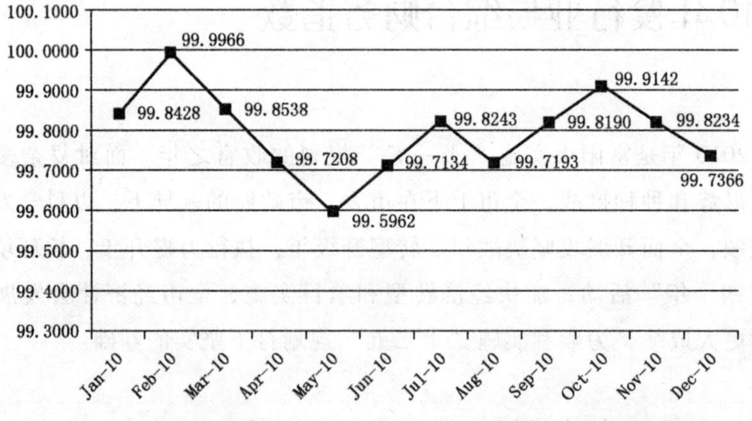

图6－48 2010——农林牧渔——分项指数——偿债实力指数趋势图

从2010年度分月份的偿债指数趋势分析，全年基本没有大的变化，表明尽管宏观环境并未出现转机，但企业具体筹划的债务情况比较满意（见图6－48）。

3. 运营活力指数

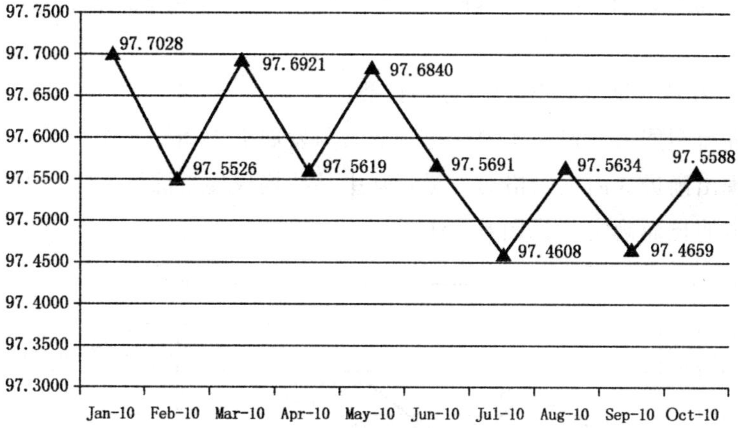

图 6-49　2010——农林牧渔——分项指数——运营活力指数趋势图

从 2010 年度分月份的运营活力指数趋势分析，全年呈现出震荡下行的趋势，短则一个月、一般两个月、长则三个月的指数走向出现反转调整。大势看，尽管并未持续下滑，但是震荡下行的格局强烈（见图 6-49）。

4. 发展潜力指数

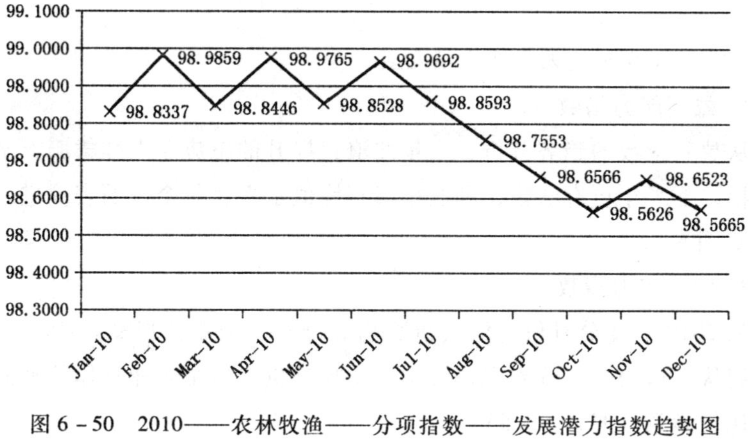

图 6-50　2010——农林牧渔——分项指数——发展潜力指数趋势图

从2010年度分月份的发展潜力指数趋势分析，全年先扬后仰，上半年起伏间整体并不明确下降，下半年终于表露出其下滑的态势（见图6－50）。

5. 农林牧渔业财务“四力”指数

在盈利能力、偿债实力、运营活力与发展潜力的综合作用下，全年趋势显现出渐进式向上的格局，尽管其中某些构成要素涨跌不一，但是，基本趋势明显而确定（见图6－51）。

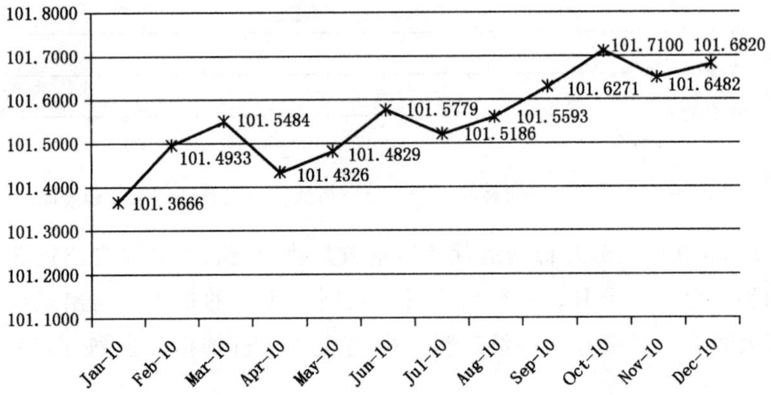

图6－51　2010——农林牧渔——财务“四力”指数趋势

（二）2010年度采矿业分项指数

1. 盈利能力指数

从盈利指数的趋势分析，全年波浪式提升的态势令人鼓舞，上半年小有涨幅，下半年再有涨幅，利润率回到峰值水平，每个月的表现进一步扩张（见图6－52）。

2. 偿债实力指数

从2010年度分月份的偿债指数趋势分析，全年情形概括为无规则波浪式起伏。这表明尽管宏观环境并未出现转机，但是企业具体筹划的债务情况比较满意（见图6－53）。

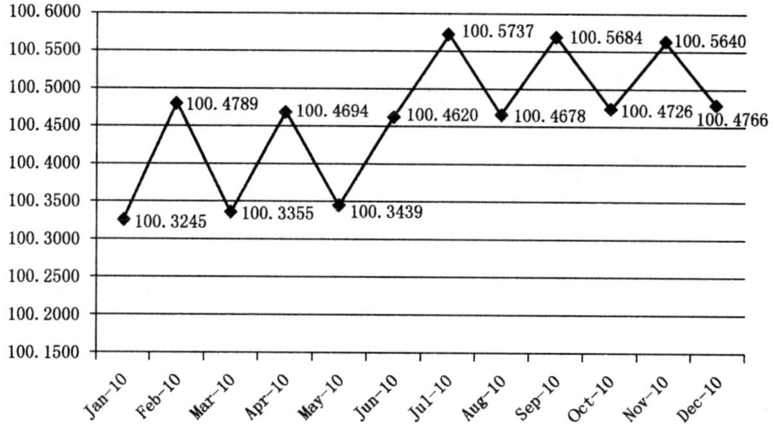

图 6－52　2010——采矿业——分项指数——盈利能力指数趋势图

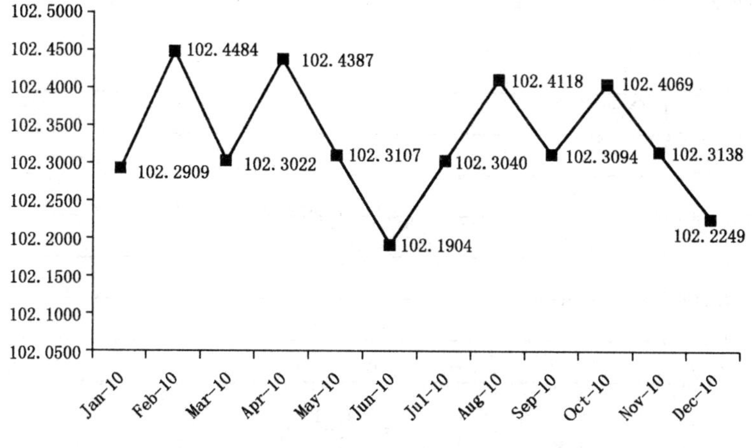

图 6－53　2010——采矿业——分项指数——偿债实力指数趋势图

3. 运营活力指数

从 2010 年度分月份的运营活力指数趋势分析，全年波浪式提升的态势令人鼓舞，每个月之间都有持续的小涨幅，运营活力进一步扩张（见图 6－54）。

4. 发展潜力指数

从 2010 年度分月份的发展潜力趋势分析，全年呈现稍稍负面形象。

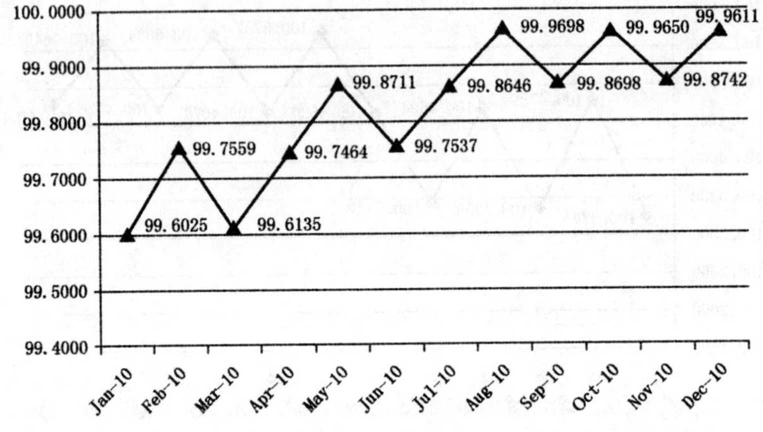

图 6-54　2010——采矿业——分项指数——运营活力指数趋势图

这表明宏观环境并未出现转机，后劲并不明朗的态势（见图 6-55）。

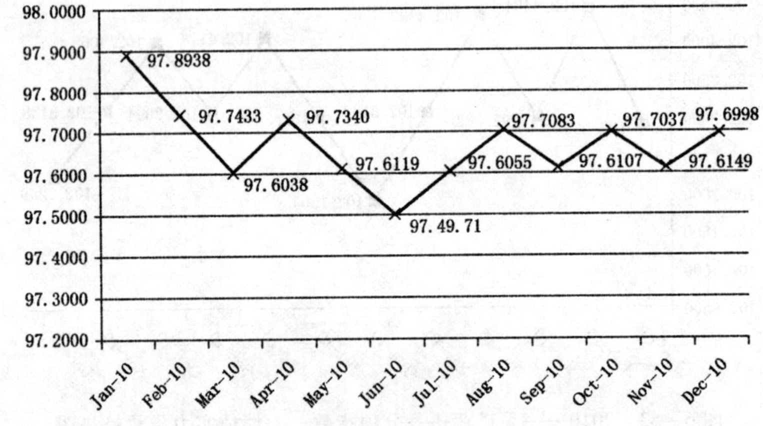

图 6-55　2010——采矿业——分项指数——发展潜力指数趋势图

5. 采矿业财务“四力”指数

2010 年的采矿业，在盈利能力、偿债实力、运营活力与发展潜力的综合作用下，全年趋势显现出有起伏、有向上的基本格局，其中某些构成要素涨跌不一，其基本趋势也相对难以准确判断（见图 6-56）。

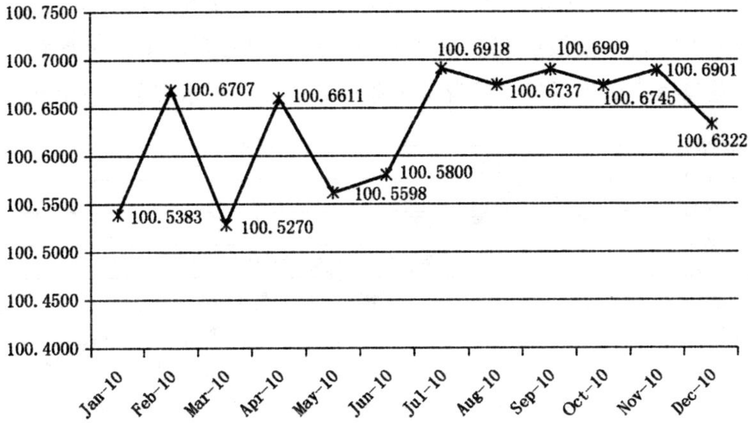

图 6-56　2010——采矿业——财务“四力”指数趋势图

（三）2010 年度制造业分项指数

1. 盈利能力指数

从盈利指数的趋势分析，全年持续而稳定的提升趋势比较明确。利润率始终在迈小步、方向明的情形下进一步提振（见图 6-57）。

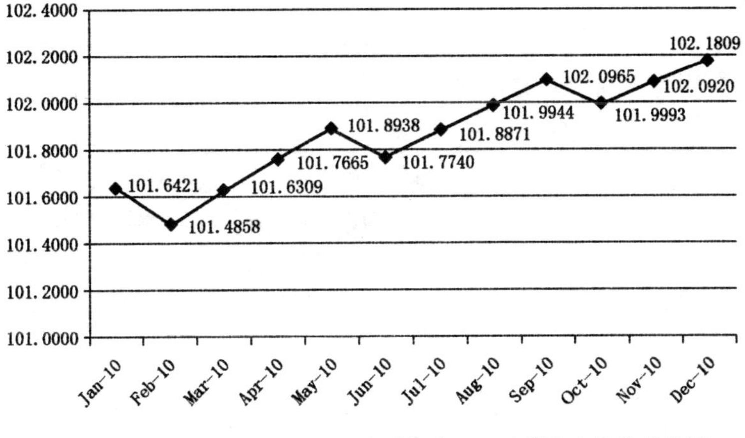

图 6-57　2010——制造业——分项指数——盈利能力指数趋势图

2. 偿债实力指数

从2010年度分月份的偿债指数趋势分析，全年在一季度略有回升外，其余各个季度就像波浪般有节奏地下降。这表明宏观环境未出现转机的情况下，微观经济也难以独善其身，企业债务情况并不乐观了（见图6－58）。

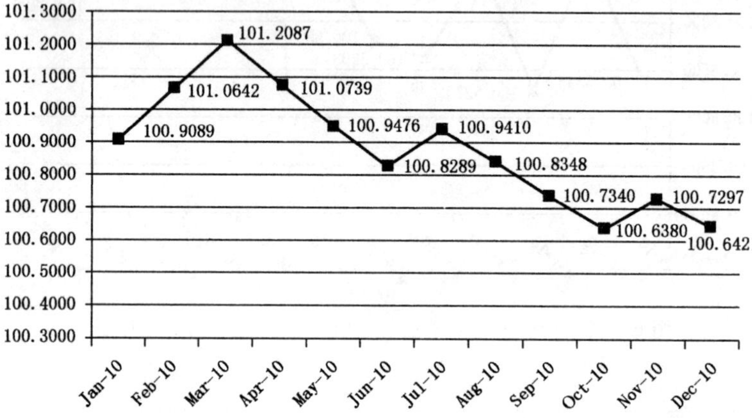

图6－58　2010——制造业——分项指数——偿债实力指数趋势图

3. 运营活力指数

从2010年度分月度的运营活力指数趋势分析，前半年在走下坡路，后半年渐渐经过努力拾阶而上，稍有恢复（见图6－59）。

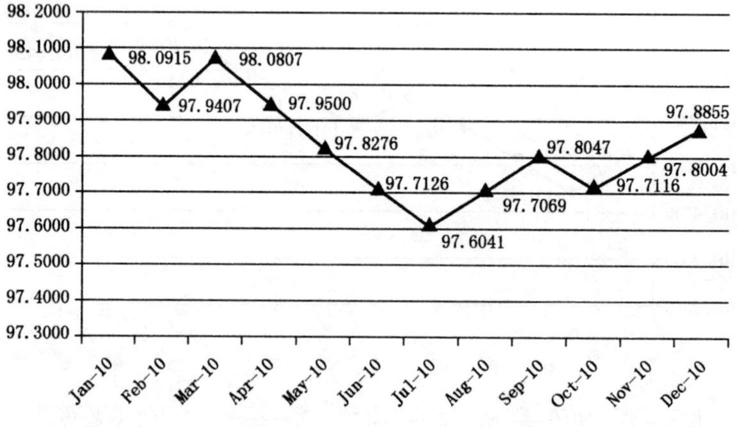

图6－59　2010——制造业——分项指数——盈利能力指数趋势图

4. 发展潜力指数

从 2010 年度分月份的发展潜力指数趋势分析，前八个月基本上起伏跌落，后四个月奋起直追，持续显现出向好的发展势头（见图 6－60）。

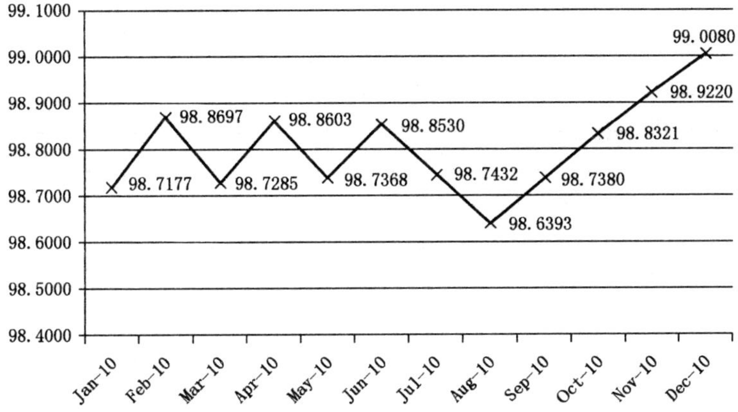

图 6－60　2010——制造业——分项指数——发展潜力指数趋势图

5. 制造业业财务“四力”指数

2010 年的制造业，在盈利能力、偿债实力、运营活力与发展潜力的综合作用下，全年趋势显现出时有起伏、总体向上的基本格局，其中某些小的构成要素涨跌不一，其大的基本趋势也相对明确提升（见图 6－61）。

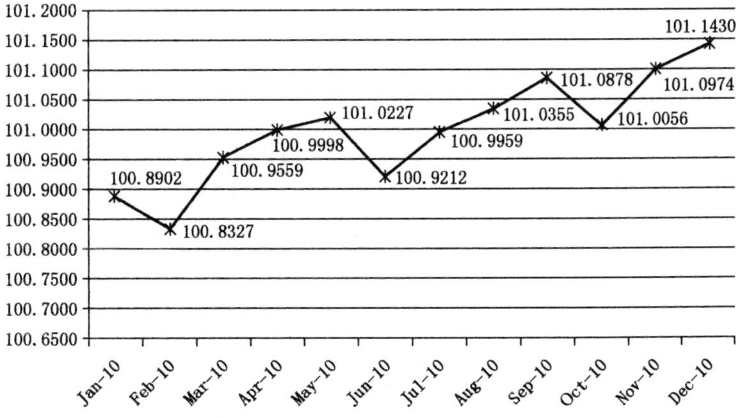

图 6－61　2010——制造业——财务“四力”指数趋势图

（四）2010 年度建筑业分项指数

1. 盈利能力指数

从盈利指数的趋势分析，全年各个月份的走向基本上呈现出一条顺势而下的线条，前期下降速度相对快，后期止跌回稳（见图 6 - 62）。

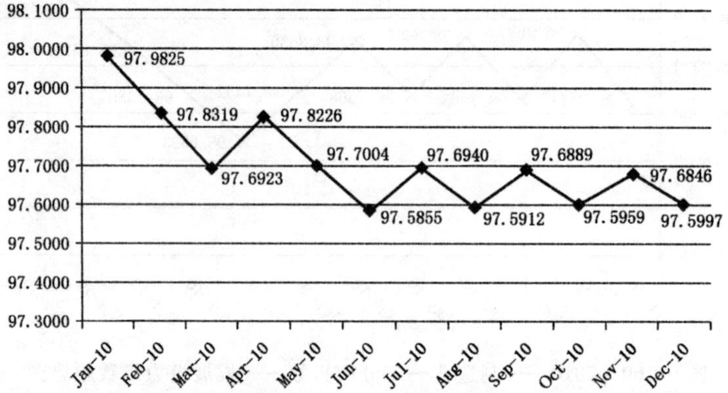

图 6 - 62　2010——建筑业——分项指数——盈利能力指数趋势图

2. 偿债实力指数

从 2010 年度分月份的偿债指数趋势分析，全年分别在两个台阶上上下下，前四个月稍高一点，再五个月有所降低，最后两个月稍有提振（见图 6 - 63）。

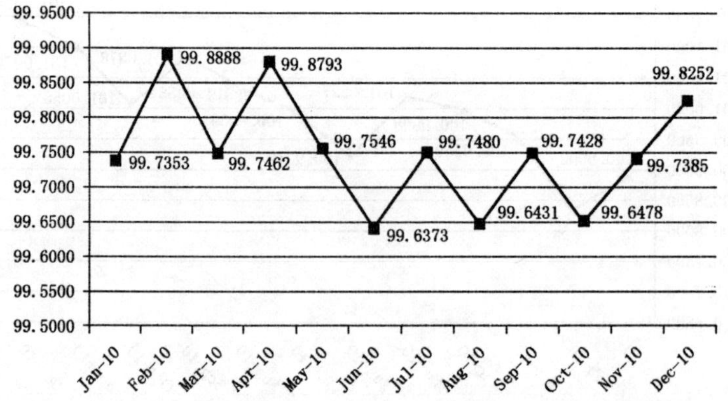

图 6 - 63　2010——建筑业——分项指数——偿债实力指数趋势图

3. 运营活力指数

从 2010 年度分月份的运营活力指数趋势分析，除年初年终月份稍高外，基本上都在 97.7295～97.5900 之间上下起伏（见图 6－64）。

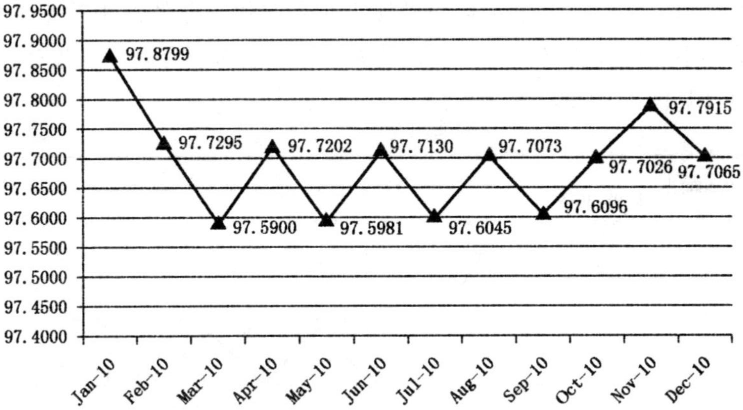

图 6－64　2010——建筑业——分项指数——运营活力指数趋势图

4. 发展潜力指数

从 2010 年度分月份的发展潜力指数趋势分析，全年除五月份明显降低到 97.6601 的低点外，其余各个月份都在 97.9235 之下近距离振荡（见图 6－65）。

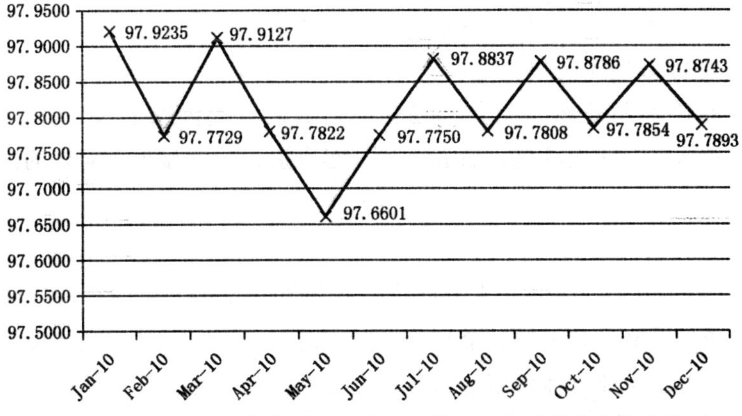

图 6－65　2010——建筑业——分项指数——发展潜力指数趋势图

5. 建筑业财务“四力”指数

2010 年的建筑业，伴随着建安工程投资的稳定增长，打消了人们对以房地产为依托的建筑业的担心。在盈利能力、偿债实力、运营活力与发展潜力的综合作用下，全年趋势显现出时有起伏、总体悲观的基本格局，其中某些小的构成要素涨跌不一，其大的基本趋势也相对明确地处于下行通道中（见图 6－66）。

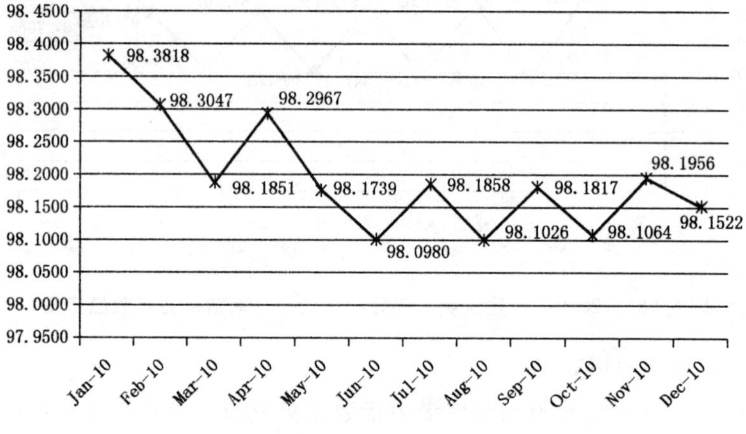

图 6－66　2010——建筑业——财务“四力”指数趋势

（五）2010 年度批发和零售业分项指数

1. 盈利能力指数

从 2010 年行业盈利指数的趋势分析看，全年再现了大“V”走向，前七个月基本上起伏跌落，后五个月奋起直追，持续显现出向好的发展势头（见图 6－67）。

2. 偿债实力指数

从 2010 年度分月份的偿债指数趋势分析，开年之初的一、二两个月连续下降，后又反转上升 5 个月，再摇摆前行。表明尽管宏观环境并未出现转机，但是企业具体筹划的债务情况比较满意（见图 6－68）。

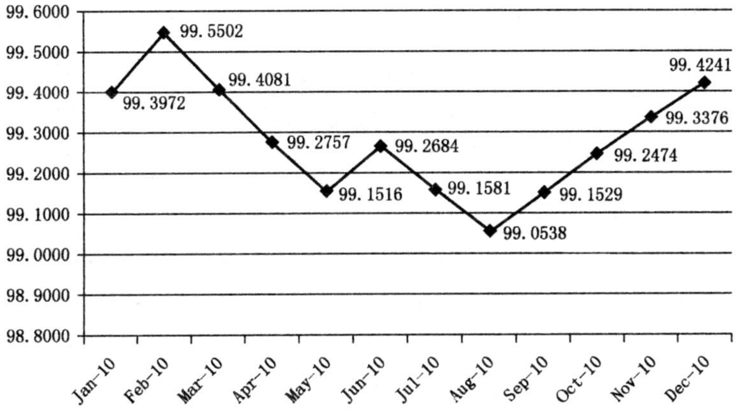

图 6-67　2010——批发和零售业——分项指数——盈利能力指数趋势图

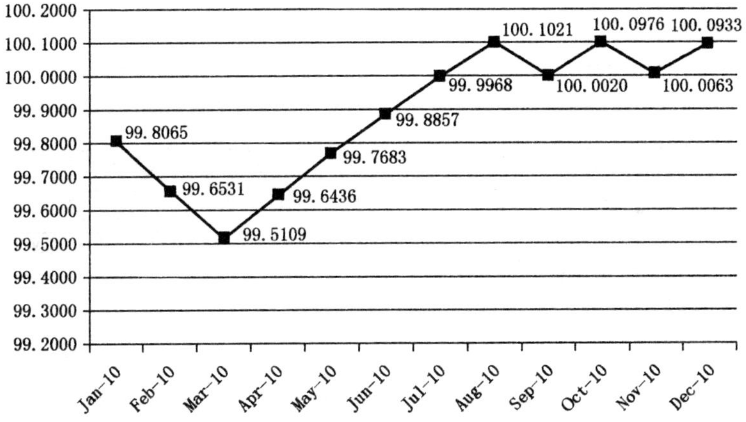

图 6-68　2010——批发和零售业——分项指数——偿债实力指数趋势图

3. 运营活力指数

从运营活力指数的趋势分析，全年持续而稳定的提升趋势比较明确，运营效率始终在迈小步、方向明的情形下进一步提振（见图 6-69）。

4. 发展潜力指数

从 2010 年度分月份的发展潜力指数趋势分析，全年几乎是在99.50～99.65 之间摇摆，正如人们所说的“锯齿”形态势分外显露（见图

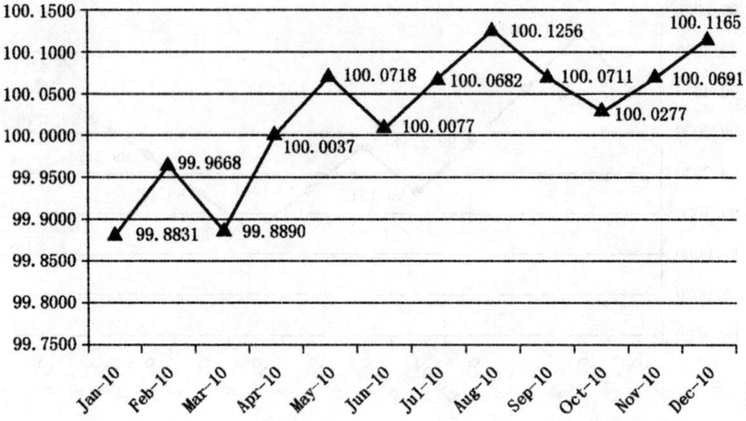

图 6－69 2010——批发和零售业——分项指数——运营活力指数趋势图

6－70）。

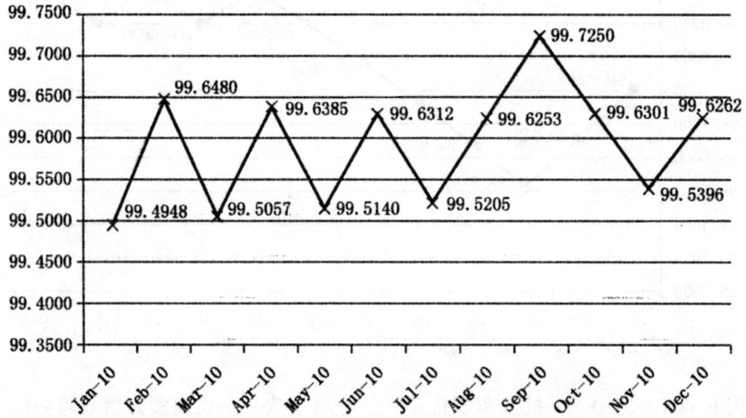

图 6－70 2010——批发和零售业——分项指数——发展潜力指数趋势图

5. 批发和零售业财务“四力”指数

在盈利能力、偿债实力、运营活力与发展潜力的综合作用下，全年趋势显现出年初下行，中间代位行驶，后期回升向上的格局，尽管其中某些时期上下不一，但是，全年走势平稳（见图 6－71）。

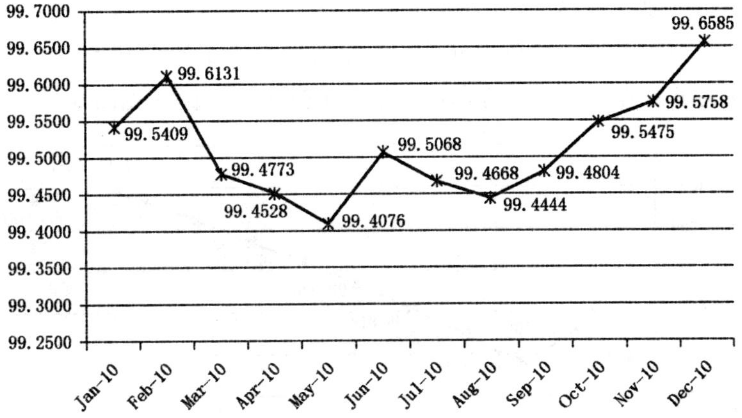

图 6－71　2010——批发和零售业——财务“四力”指数趋势图

（六）2010 年度房地产业分项指数

1. 盈利能力指数

从 2010 年度分月份盈利能力指数的趋势分析，全年分别在两个平台起伏摇晃。前半年介于 98.8637～99.0159，下半年提升在介于 99.0050～99.1092 之间，利润率连续回升（见图 6－72）。

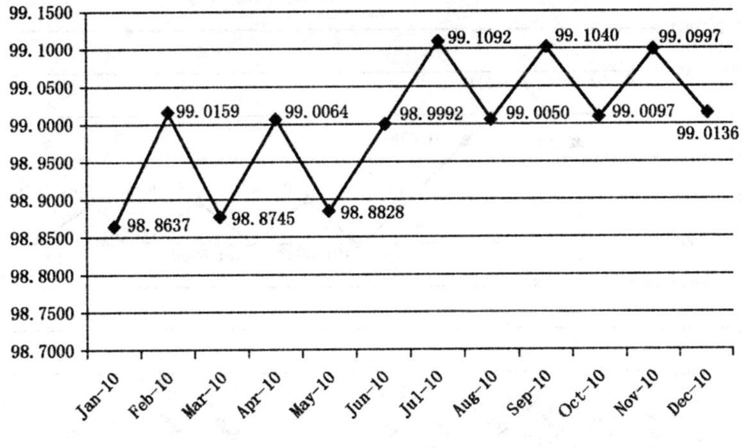

图 6－72　2010——房地产业——分项指数——盈利能力指数趋势图

2. 偿债实力指数

从偿债实力指数的趋势分析，全年持续而稳定的提升趋势比较明确。偿债实力始终在迈小步、方向明的情形下进一步提振（见图6-73）。

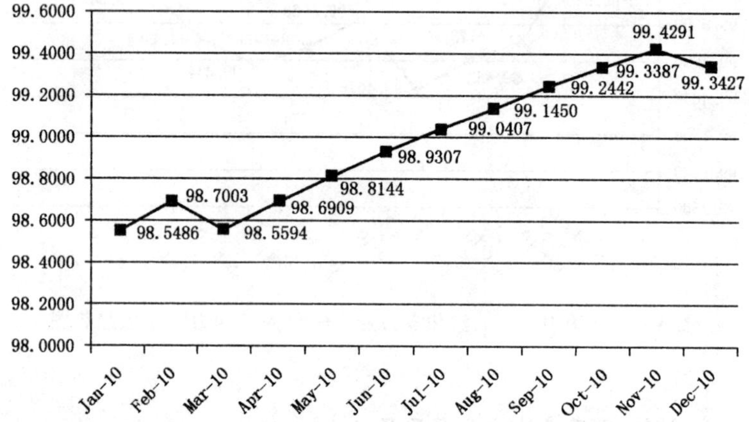

图6-73　2010——房地产业——分项指数——偿债实力指数趋势图

3. 运营活力指数

从2010年度分月份的运营活力指数趋势分析，全年先原地振荡，后转入抑制下行，上半年起伏间整体并不明确下降，下半年终于表露出其下滑态势（见图6-74）。

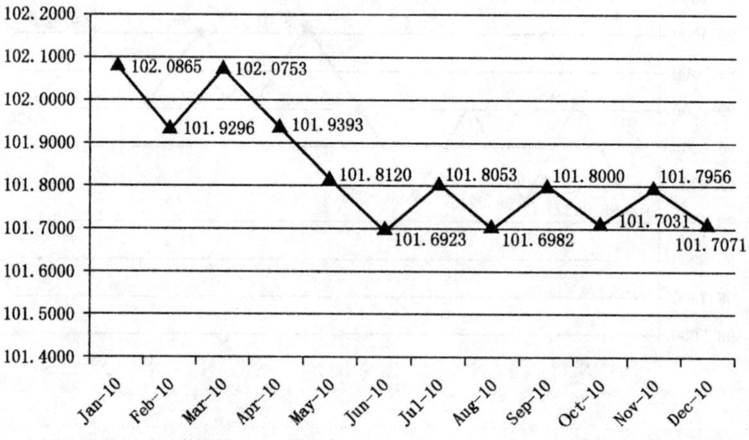

图6-74　2010——房地产业——分项指数——运营活力指数趋势图

4. 发展潜力指数

从2010年度分月份的发展潜力指数趋势分析，先稍振荡下行，再跌落较低层级后持续振荡前行。表明尽管宏观环境未能出现转机，呈现低开稳走、稳中降低的态势（见图6－75）。

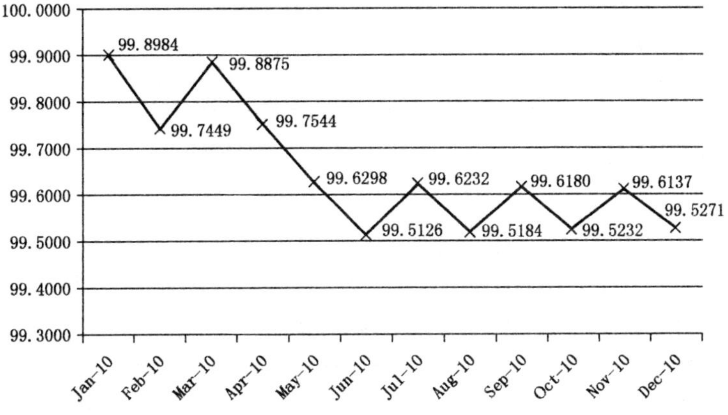

图6－75　2010——房地产业——分项指数——发展潜力指数趋势图

5. 房地产业财务“四力”指数

在盈利能力、偿债实力、运营活力与发展潜力的综合作用下，全年趋势显现出渐进式向上的格局，尽管其中某些构成要素涨跌不一，但是，持续上涨的基本趋势明显而确定（见图6－76）。

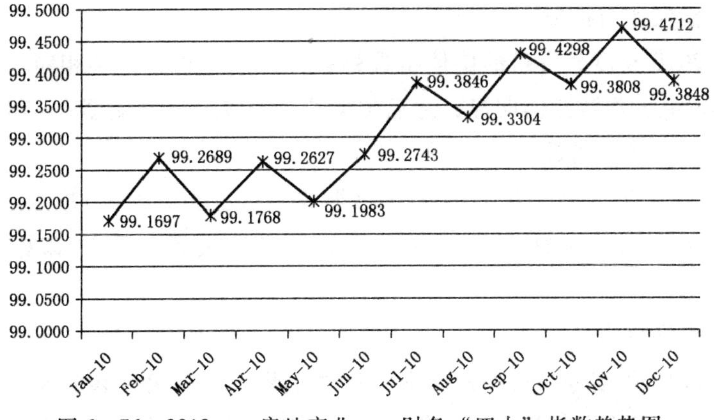

图6－76　2010——房地产业——财务“四力”指数趋势图

（七）2010 年度租赁和商务服务业分项指数

1. 盈利能力指数

从盈利能力指数的趋势分析，全年振荡趋势始终如一，且总体越走越弱。如何实质性地拉动内需，做好国内市场这篇大文章，是值得探索的一个时代主题（见图 6－77）。

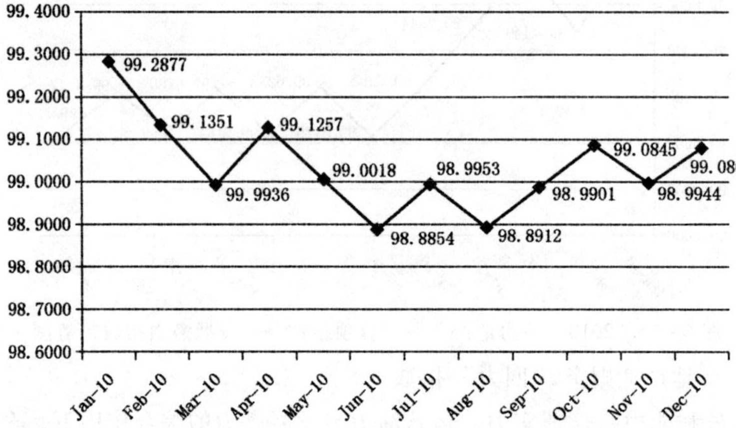

图 6－77　2010——租赁和商业服务业——分项指数——盈利能力指数趋势图

2. 偿债实力指数

从 2010 年度分月份的偿债指数趋势分析，全年上半年相对振荡，五月份偿债能力指数跌落明显，之后较低位置振荡前行（见图 6－78）。

3. 运营活力指数

从 2010 年度分月份的运营活力指数趋势分析，全年跌荡起伏，上半年起伏之间并未能明显下降，下半年终于表露出下滑态势（见图 6－79）。

4. 发展潜力指数

从 2010 年度分月份的发展潜力指数趋势分析，租赁和商业服务业并没有出现大起或大落的运行现象，而是伴随着政府对全县经济的扶持，在

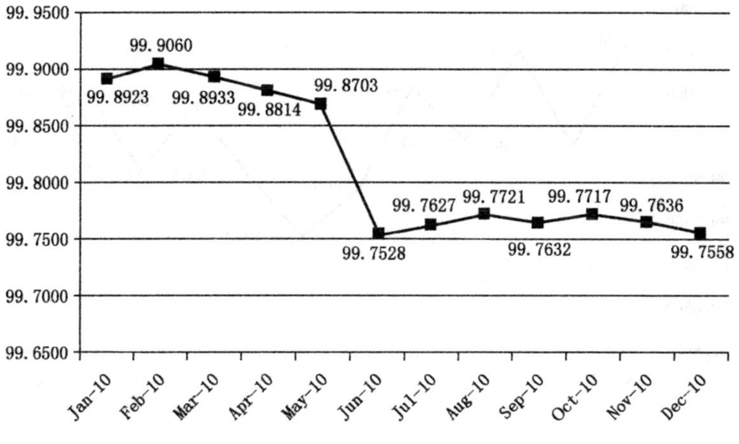

图 6－78　2010——租赁和商业服务业——分项指数——偿债实力指数趋势图

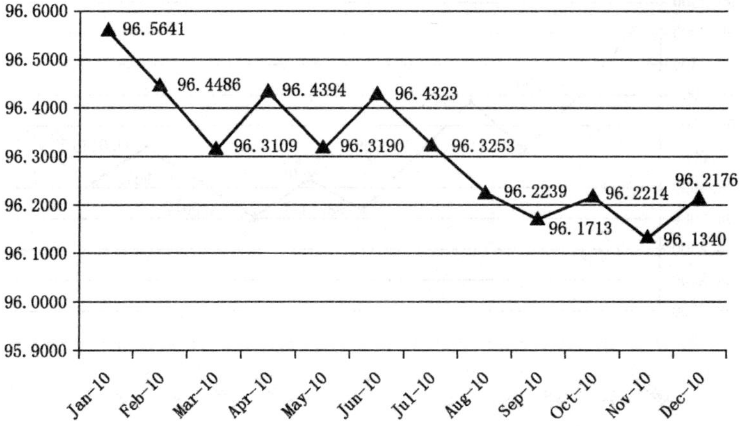

图 6－79　2010——租赁和商业服务业——分项指数——运营活力指数趋势图

投资有所回潮、消费期待拉动的背景下，上半年振荡向下走向、下半年盘整中趋向于上行，从而给人留下了先降后升的期待（见图 6－80）。

5. 租赁和商业服务业财务“四力”指数

在盈利能力、偿债实力、运营活力和发展潜力的综合作用下，全年趋势显现出渐进式向下并略稳的格局，尽管其中某些构成要素涨跌不一，但是，基本平稳的趋势明显而确定（见图 6－81）。

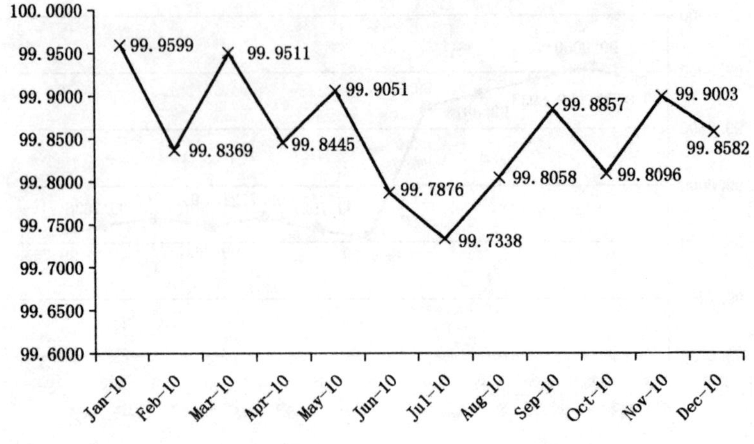

图 6-80 2010——租赁和商业服务业——分项指数——发展潜力指数趋势图

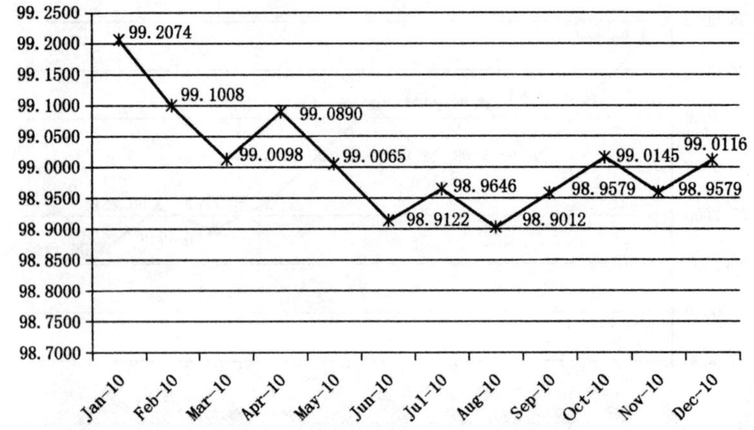

图 6-81 2010——租赁和商业服务业——财务“四力”指数趋势图

（八）2010 年度居民服务、修理和其他服务业分项指数

1. 盈利能力指数

从盈利能力指数趋势分析，全年盈利在阴影区间推进，一直没有回归到正面提升的状况，不过，下半年跌势不再，利润率回到上行方向，各月的表现进一步扩张（见图 6-82）。

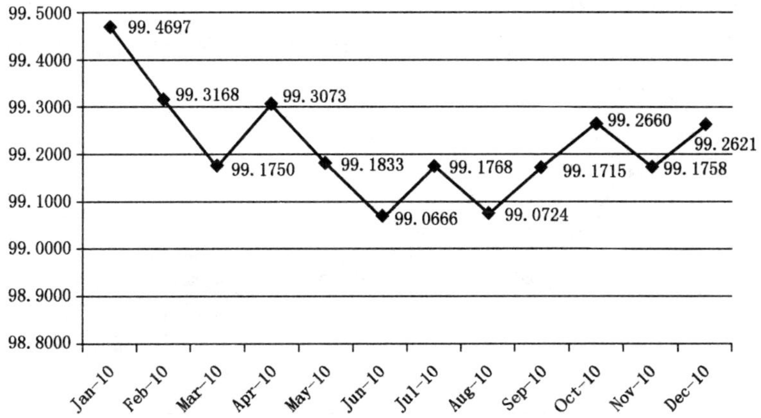

图 6－82　2010——居民服务、修理和其他服务业——分项指数——盈利能力指数趋势图

2. 偿债实力指数

从 2010 年度分月份偿债实力指数趋势分析，全年应该关注的焦点为 5 月份，达到 101.4644 的峰顶。之后下行数月，直到九月才有所转机（见图 6－83）。

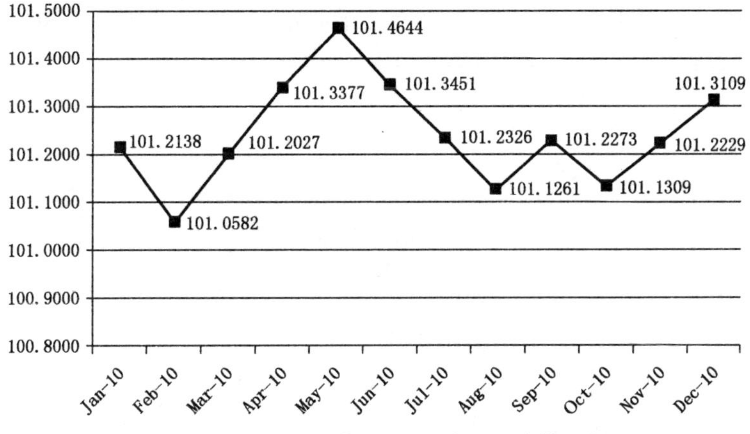

图 6－83　2010——居民服务、修理和其他服务业——分项指数——偿债实力指数趋势图

3. 运营活力指数

从运营能力指数分析，全年一直呈现出阶梯式下降格局，边颠簸边下降，基本没有改变这种格局（见图 6－84）。

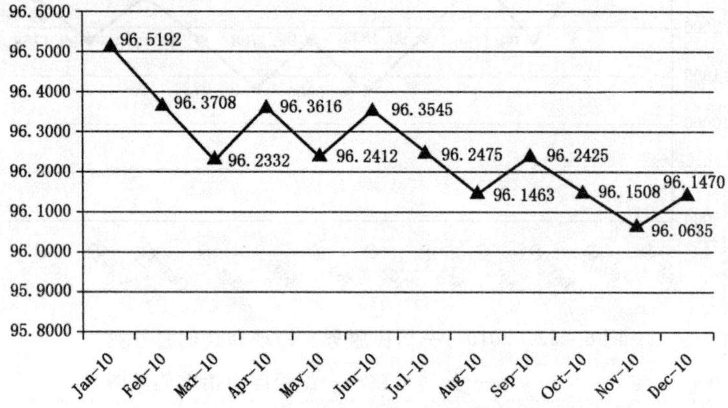

图 6－84 2010——居民服务、修理和其他服务业
——分项指数——运营活力指数趋势图

4. 发展潜力指数

从 2010 年度分月份的发展潜力指数趋势分析，全年上半年与下半年走向分明，前六个月明显地弱不禁风而下行，第三季度小幅起伏，四季度稍为提升，给人有所转机的感觉。然而全年走势不能让人满意（见图6－85）。

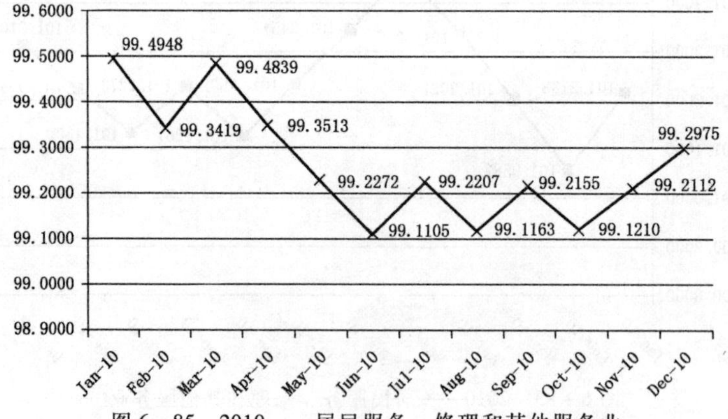

图 6－85 2010——居民服务、修理和其他服务业
——分项指数——发展潜力指数趋势图

5. 居民服务、修理和其他服务业财务“四力”指数

在盈利能力、偿债实力、运营活力、发展潜力的综合防治作用下，全年趋势显现出阶段式向下瞬间转向的格局，其中某些构成要素涨跌不一，但是，基本趋势不容乐观（见图 6－86）。

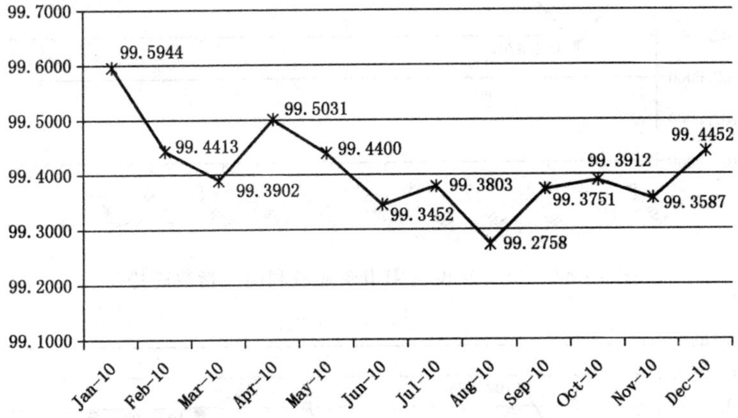

图 6－86　2010——居民服务、修理和其他服务业
——财务“四力”指数趋势图

二、2010 年度富阳市综合财务指数

1. 盈利能力指数

从盈利能力指数的趋势分析，全年持续而稳定的提升趋势比较明确。利润率始终在迈小步、方向明的情形下进一步提振（见图 6－87）。

2. 偿债实力指数

从偿债实力指数的趋势分析，全年波浪式趋势的运行让人捉摸不定，上半年涨幅较大，下半年小涨小跌，偿债实力回到正常水平，每个月的表现进一步强化（见图 6－88）。

3. 运营活力指数

从 2010 年度分月份的运营活力指数趋势分析，先起伏下降，转而起

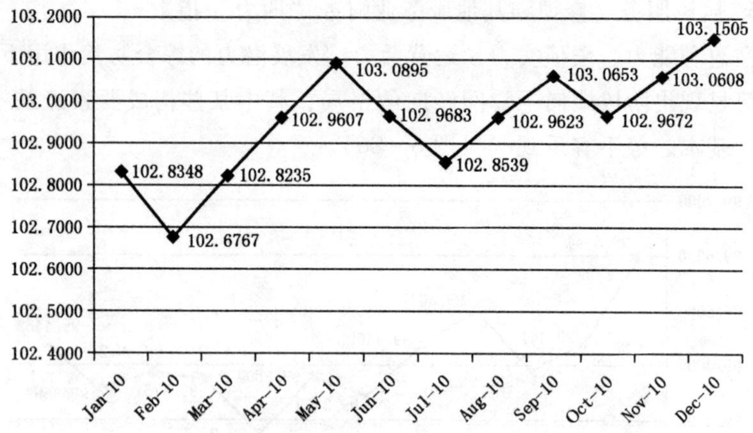

图 6-87　2010 年度富阳市企业盈利能力指数趋势图

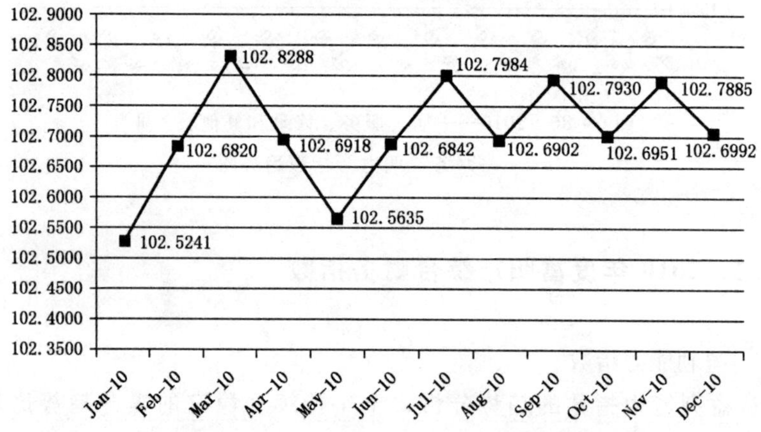

图 6-88　2010 年度富阳市企业偿债实力指数趋势图

伏转折继续有所提升（见图 6-89）。

4. 发展潜力指数

从 2010 年度分月份的发展潜力指数趋势分析，全年前三季度振荡前行，第四季度直线上升，给人一个相当可观的结果，呈现低开稳走、稳中有升的态势（见图 6-90）。

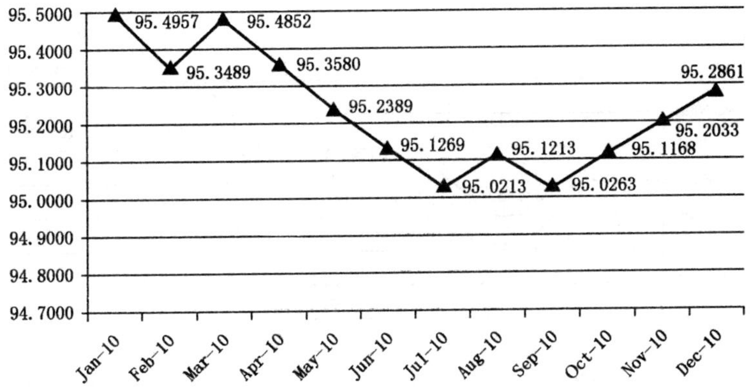

图 6－89　2010 年度富阳市企业运营活力指数趋势图

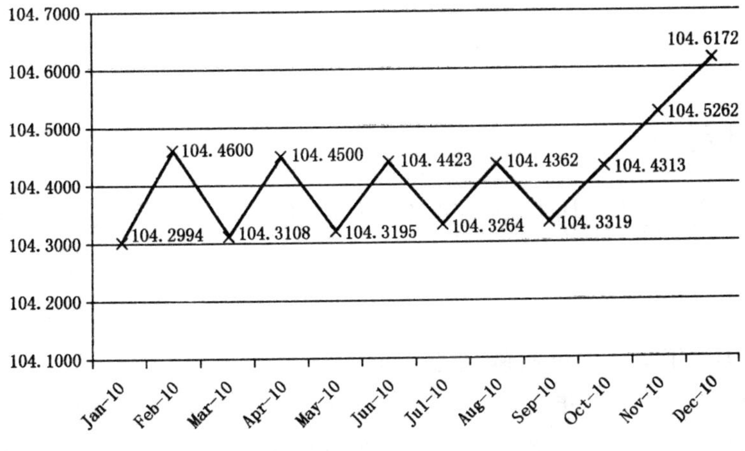

图 6－90　2010 年度富阳市企业发展潜力指数趋势图

5. 2010 年度富阳市企业财务“四力”指数

在盈利能力、偿债实力、运营能力与发展潜力的综合作用下，全年趋势显现出阶段式向上并持续推进的格局（见图 6－91）。

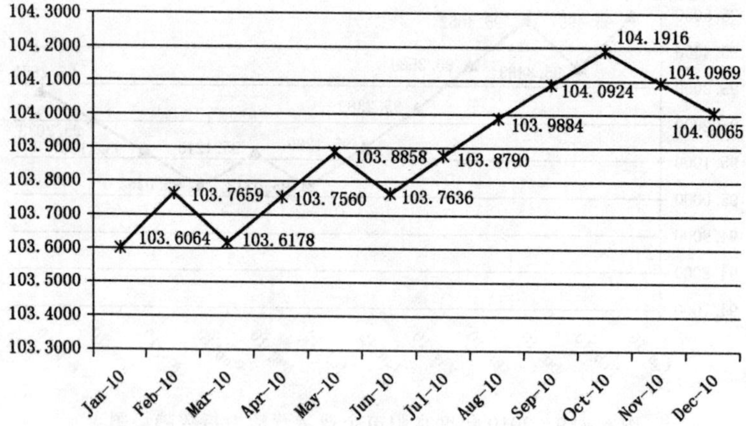

图 6-91　2010 年度富阳市企业财务“四力”指数趋势图

第四节 2011 年度行业与综合财务指数

2011 年是富阳市实施“十二五”规划的开局之年，也是国内外环境极其复杂的一年。一年来，全市人民在市委、市政府带领下，以科学发展观为统领，紧抓发展方式转变和社会管理创新，结构调整和城乡统筹取得新的进展，较好地完成 2011 年度国民经济和社会发展预期目标。

一、2011 年度富阳市分行业财务指数

（一）2011 年度农林牧渔业分项指数

1. 盈利能力指数

从盈利能力指数的趋势分析，全年持续而稳定的提升趋势比较明确。利润率始终在迈小步、方向明的情形下进一步提振（见图6－92）。

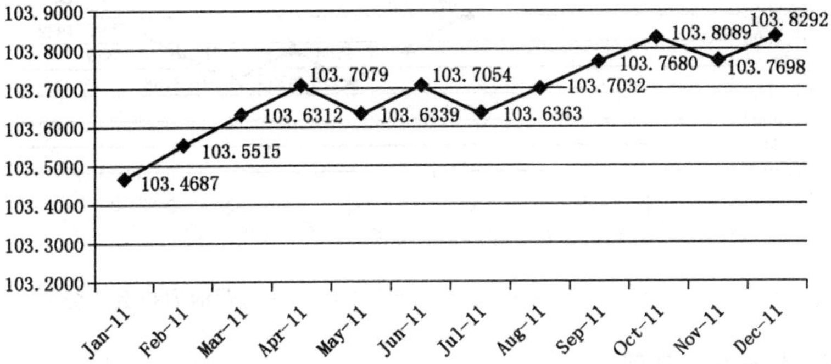

图6－92　2011——农林牧渔——分项指数——盈利能力指数趋势图

2. 偿债实力指数

从偿债实力指数的趋势分析，全年持续而稳定的提升趋势比较明确。在既定的走强大方向下，节奏时快时缓（见图6－93）。

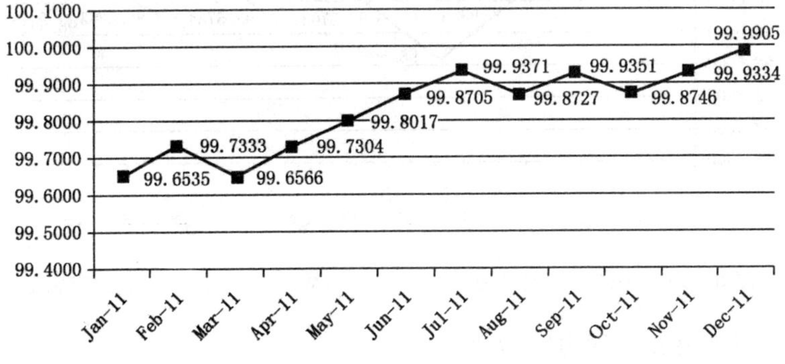

图6－93　2011——农林牧渔——分项指数——偿债实力指数趋势图

3. 运营活力指数

从2011年度分月份的运营活力指数趋势分析，除一季度相对高位振荡外，二季度持续下行，到了三季度再企稳回升，此后随之转向提升，略有转机（见图6－94）。

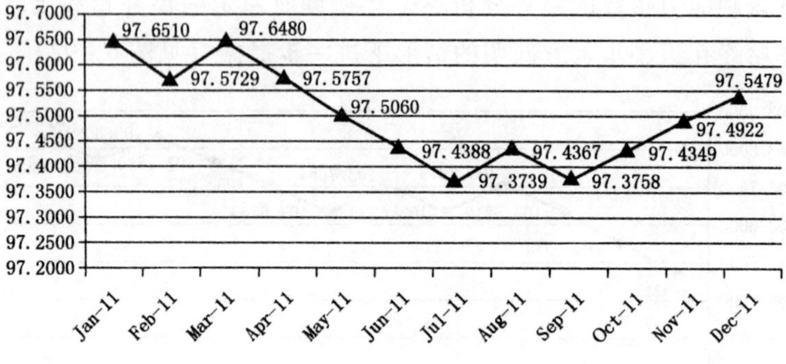

图 6-94　2011——农林牧渔——分项指数——运营活力指数趋势图

4. 发展潜力指数

从 2011 年度分月份的发展潜力指数趋势分析，在二月份略有上升幅度之外，均呈现出一定区间的振荡前行态势（见图 6-95）。

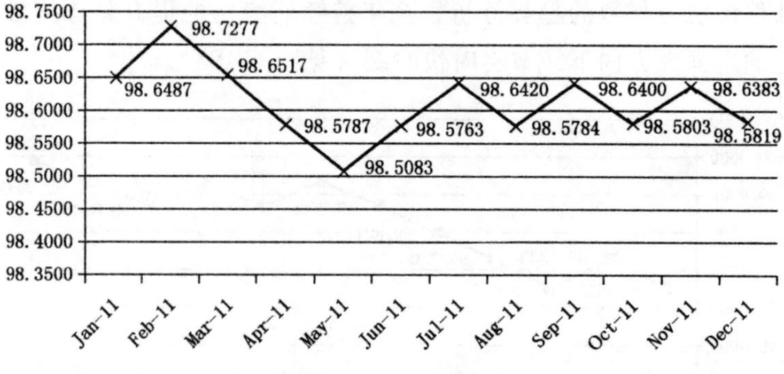

图 6-95　2011——农林牧渔——分项指数——发展潜力指数趋势图

5. 行业财务“四力”指数

2011 年度，在盈利能力的强劲提振下，融合于偿债实力、运营活力与发展潜力等的综合指数，全年趋势显现出稳健而持续的上升趋势，尽管其中个别构成月份有跌落现象，但基本平稳的趋势明显而确定（见图 6-96）。

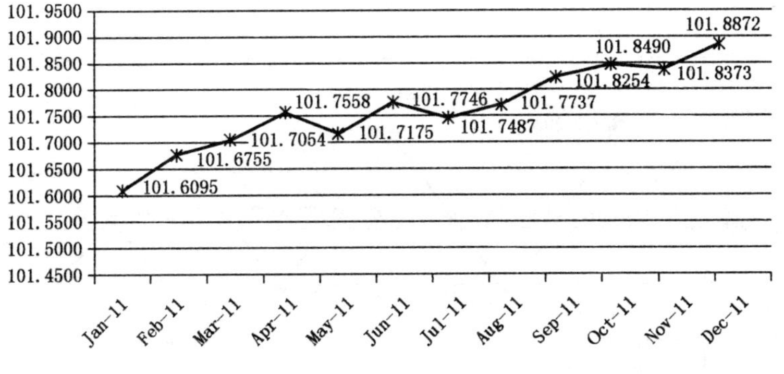

图 6－96　2011——农林牧渔——“四力”项综指数趋势图

（二）2011 年度采矿业分项指数

1. 盈利能力指数

从采矿业盈利能力指数的趋势分析，全年基本上是跌落大势状态下的微整理，一路小幅下沉的情形值得关注（见图 6－97）。

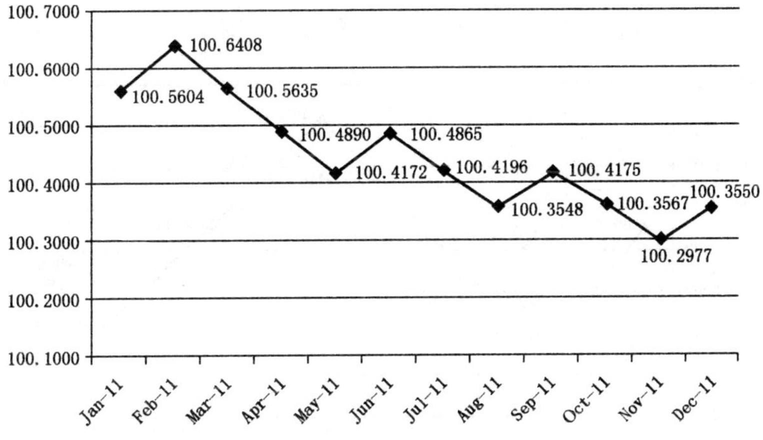

图 6－97　2011——采矿业——分项指数——盈利能力指数趋势图

2. 偿债实力指数

从 2011 年度分月份的偿债实力指数趋势分析，全年高位振荡，最高位 102.3920，最低位在 102.2375（见图 6-98）。

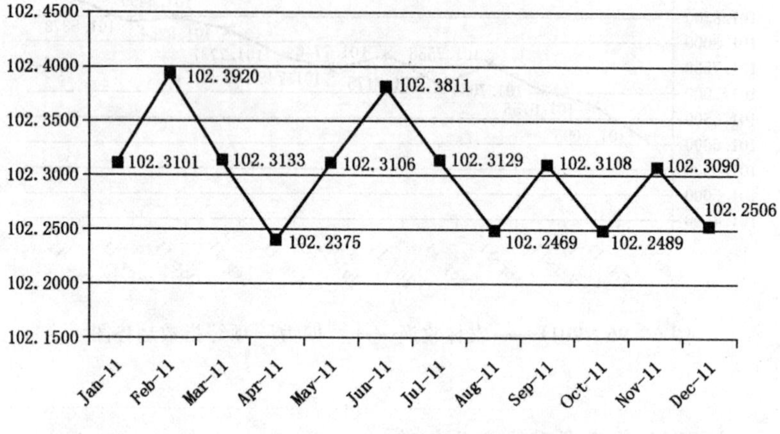

图 6-98 2011——采矿业——分项指数——偿债实力指数趋势图

3. 运营活力指数

从 2011 年度分月份的运营活力指数趋势分析，在一季度振荡后，二季度出现明显的上升通道，进入下半年后，情形则大幅度反转，跳入持续跌落阶段，不过，年终一个月则有企稳迹象（见图 6-99）。

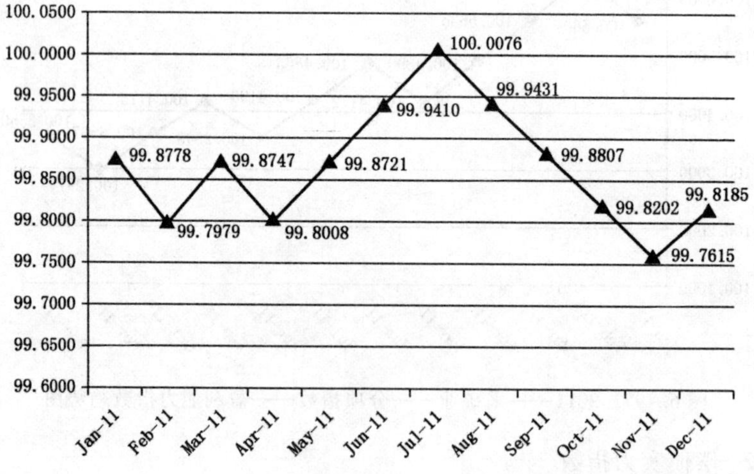

图 6-99 2011——采矿业——分项指数——运营活力指数趋势图

4. 发展潜力指数

从 2011 年度分月份的发展潜力指数趋势分析，上半年明确无疑地下沉，后来在相对较低的区间位置振荡前行（见图 6 - 100）。

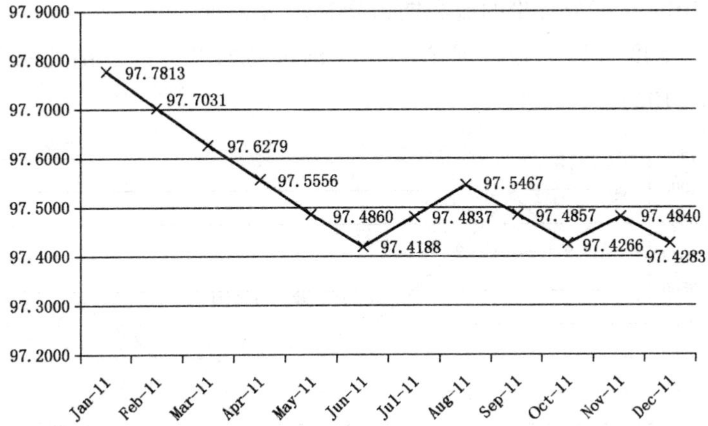

图 6 - 100　2011——采矿业——分项指数——发展潜力指数趋势图

5. 采矿业财务"四力"指数

2011 年度，在盈利能力的负面影响下，融合于偿债实力、运营活力与发展潜力等的综合指数，全年趋势显现出波浪式下降趋势，尽管其中个别构成月份有回升现象，但是，总体下降的趋势明显而确定（见图6 - 101）。

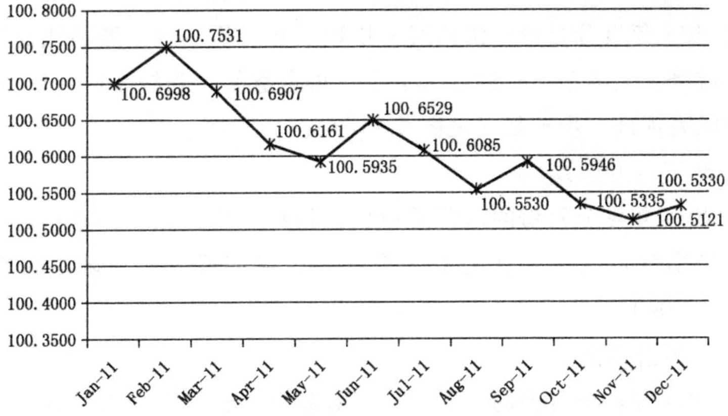

图 6 - 101　2011——采矿业——财务"四力"指数趋势图

（三）2011 年度制造业分项指数

1. 盈利能力指数

从 2011 年度分月份的盈利能力指数趋势分析，除一季度相对高位振荡外，二季度持续下行，到了三季度再企稳回升，此后随之振荡前行（见图 6－102）。

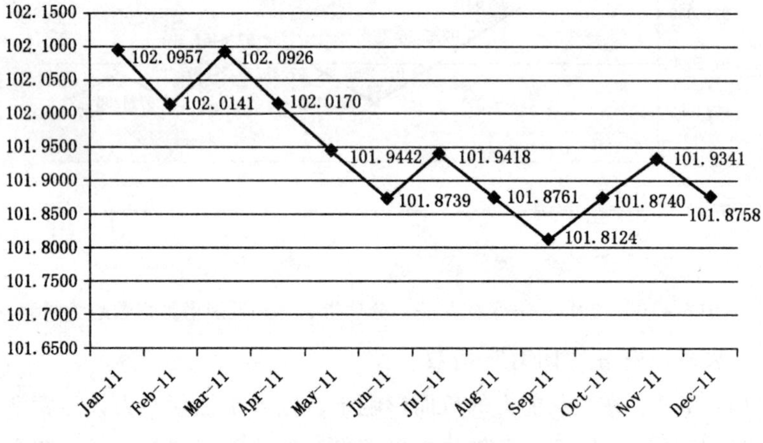

图 6－102　2011——制造业——分项指数——盈利能力指数趋势图

2. 偿债实力指数

从 2011 年度分月份的偿债实力指数趋势分析，全年波浪式提升的态势令人鼓舞，上半年小有涨幅，下半年再有涨幅，利润率回到峰值水平，每个月的表现进一步扩张（见图 6－103）。

3. 运营活力指数

从 2011 年度分月份的运营活力指数趋势分析，除一季度相对高位振荡外，二季度持续下行，到了三季度再企稳回升，此后随之振荡前行（见图 6－104）。

4. 发展潜力指数

从 2011 年度分月份的发展潜力指数趋势分析，全年振荡式下降，关注焦点随之转向。表明尽管宏观环境并未出现转机，呈现低开稳走，稳中

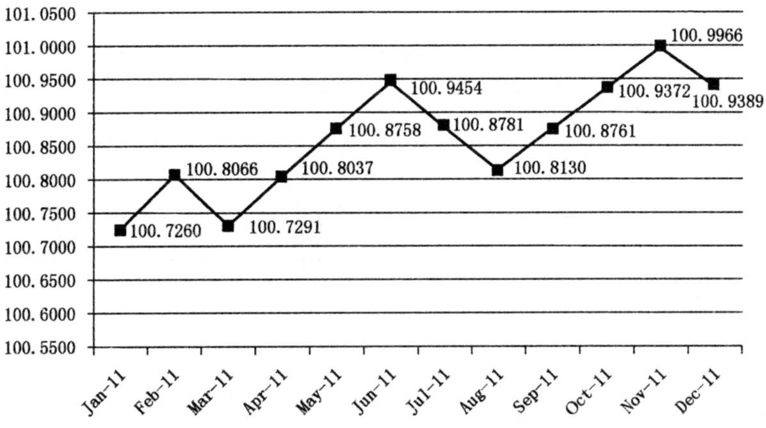

图 6-103 2011——制造业——分项指数——偿债实力指数趋势图

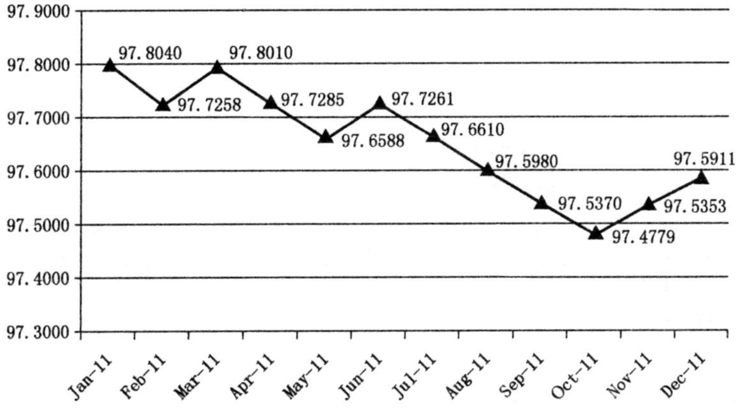

图 6-104 2011——制造业——分项指数——运营活力指数趋势图

有升的态势。这种态势与当地继续高举“工业兴市”大旗不动摇，加大工业有效投入、加快工业转型升级、加大节能降耗力度、加大科技支撑力度的努力是分不开的（见图 6-105）。

5. 行业财务“四力”指数

2011 年度，在盈利能力的巨幅下降趋势影响下，融合于偿债实力、运营活力与发展潜力等的综合指数，全年趋势显现出持续的下降趋势，尽

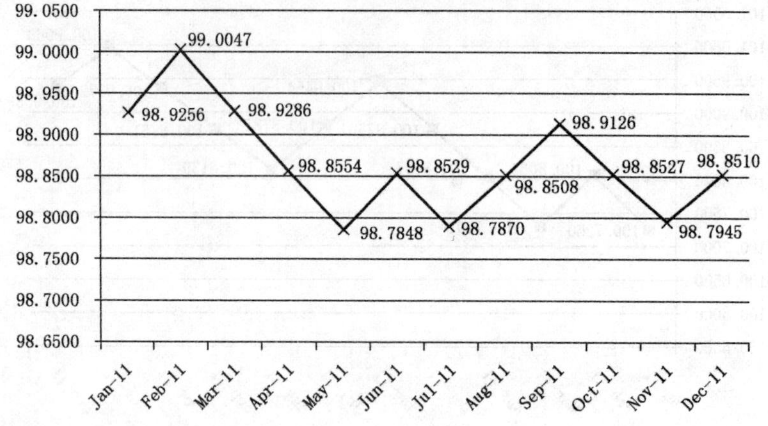

图 6－105　2011——制造业——分项指数——发展潜力指数趋势图

管其中个别构成月份有涨幅，但是，基本平稳的趋势明显而确定（见图 6－106）。

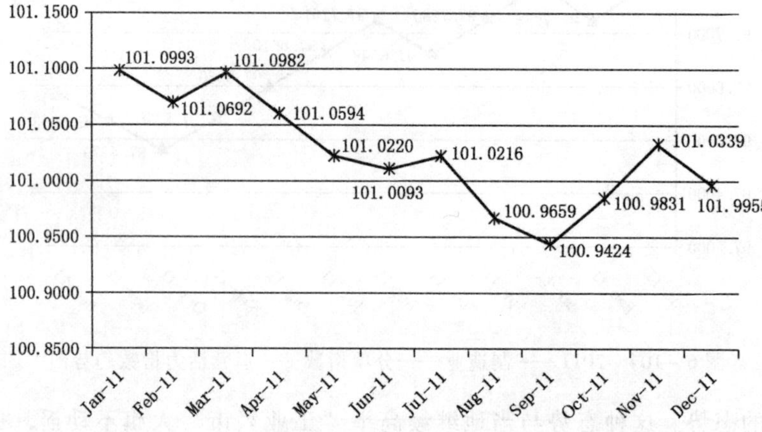

图 6－106　2011——制造业——财务“四力”指数趋势图

（四）2011 年度建筑业分项指数

1. 盈利能力指数

从盈利能力指数的趋势分析，全年涨跌不定，且先有两月小涨，再有四个月明显下跌，再企稳振荡，并没有明显的恢复性迹象（见图6－107）。

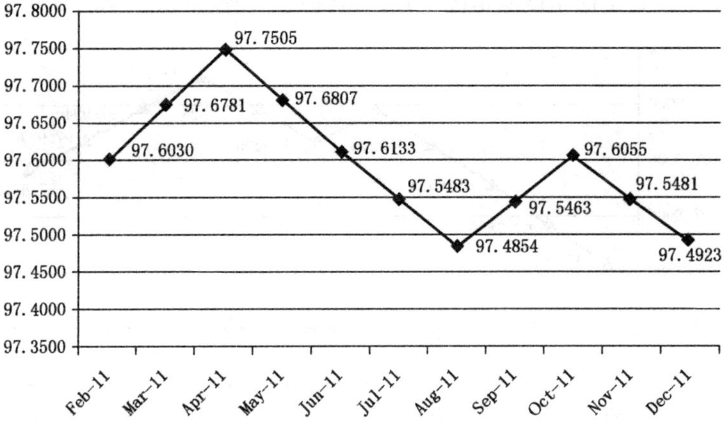

图6－107　2011——建筑业——分项指数——盈利能力指数趋势图

2. 偿债实力指数

从2011年偿债实力指数的趋势分析，全年涨跌不定，且先长达半年的持续下跌，再出现连续三个月上涨，接近年底时则涨跌不定，并没有明显的恢复性迹象（见图6－108）。

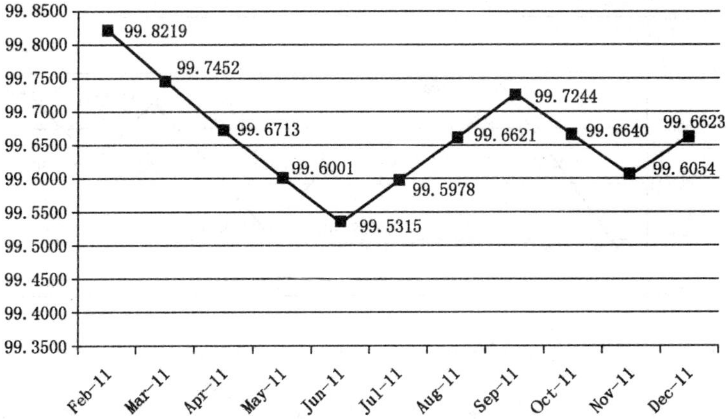

图6－108　2011——建筑业——分项指数——偿债实力指数趋势图

3. 运营活力指数

从2011年度分月份的运营活力指数趋势分析，大半年间一路上涨，进入下半年尤其是四季度后情况反转，运营效率慢慢下跌（见图6－109）。

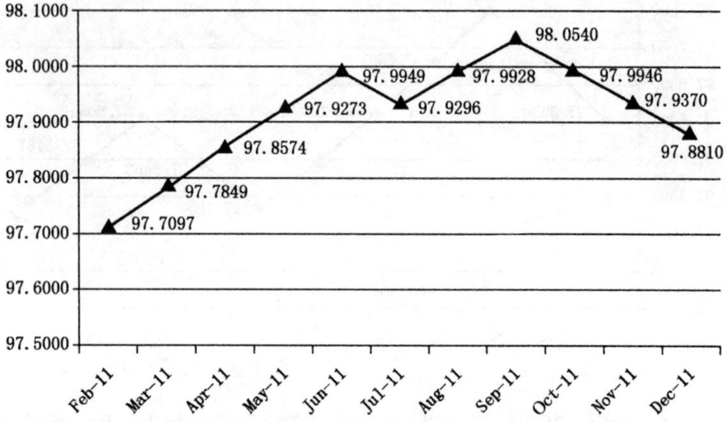

图6－109 2011——建筑业——分项指数——运营活力指数趋势图

4. 发展潜力指数

从2011年度分月份的发展潜力指数趋势分析，全年始终在振荡中一路前行，尽管宏观环境并未出现转机，总体仍呈现低开稳走、稳中有升的态势（见图6－110）。

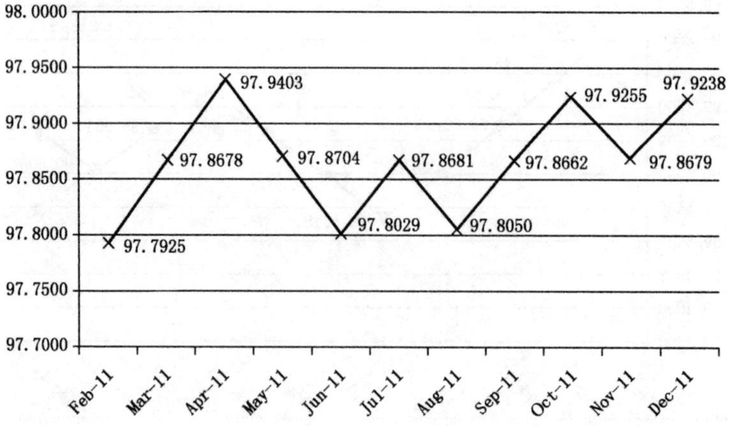

图6－110 2011——建筑业——分项指数——发展潜力指数趋势图

5. 建筑业财务“四力”指数

在盈利能力、偿债实力、运营活力与发展潜力的综合作用下，全年趋势显现出且走且降的温水煮青蛙现象，蚕食了行业利润，让人对其基本趋势多有悲观论调（见图 6－111）。

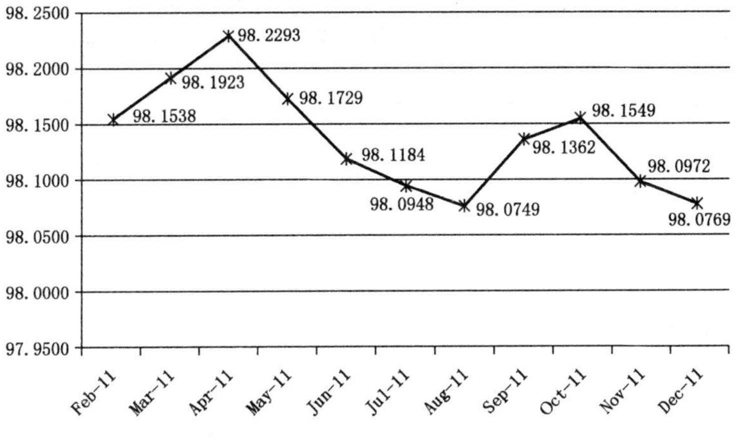

图 6－111　2011——建筑业——财务“四力”指数趋势图

（五）2011 年度批发和零售业分项指数

1. 盈利能力指数

从盈利能力指数的趋势分析，全年前半年有所振荡、持续而稳定的提升趋势比较明确。利润率始终在迈小步、方向明的情形下进一步提振（见图 6－112）。

2. 偿债实力指数

从 2011 年度分月份的偿债实力指数趋势分析，全年波浪式向高的趋势相对明确。表明在宏观环境未出现转机时，企业具体筹划的债务情况则比较满意（见图 6－113）。

3. 运营活力指数

2011 年批发和零售业的运营活力处于渐次上升通道，尽管其中某些构成要素涨跌不一，但是，总体上扬的基本趋势明显而确定（见图

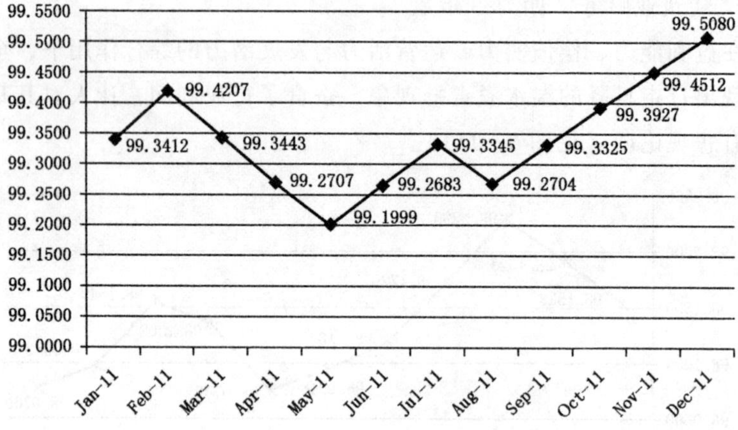

图 6－112　2011——批发和零售业——分项指数——盈利能力指数趋势图

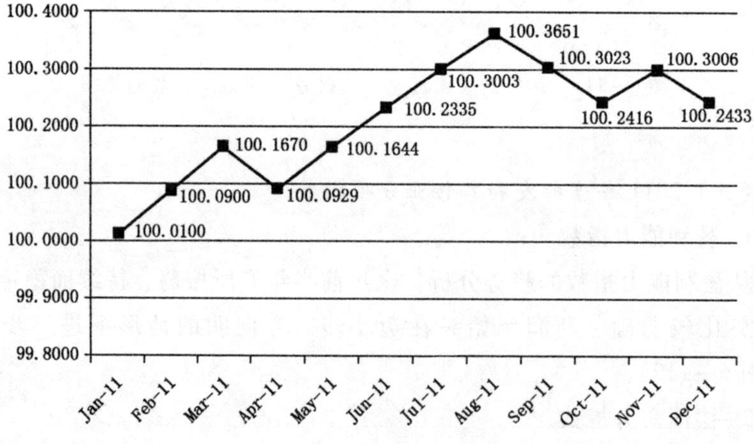

图 6－113　2011——批发和零售业——分项指数——偿债实力指数趋势图

6－114）。

4. 发展潜力指数

从 2011 年度分月份的发展潜力指数趋势分析，前半年处于下坡路，后半年渐渐经过努力拾阶而上，稍有恢复（见图 6－115）。

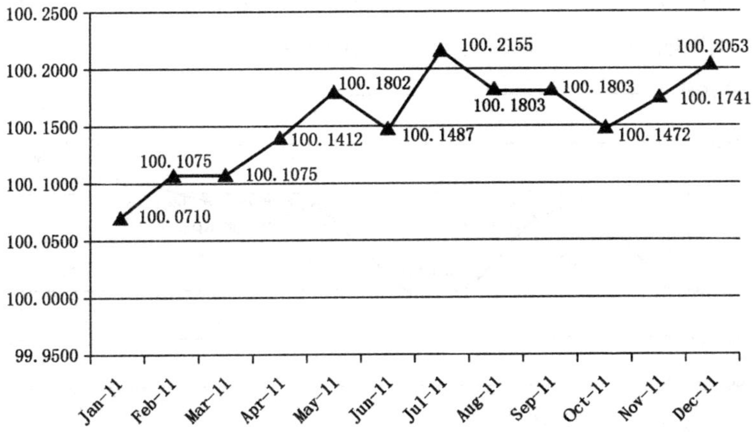

图 6－114　2011——批发和零售业——分项指数——运营活力指数趋势图

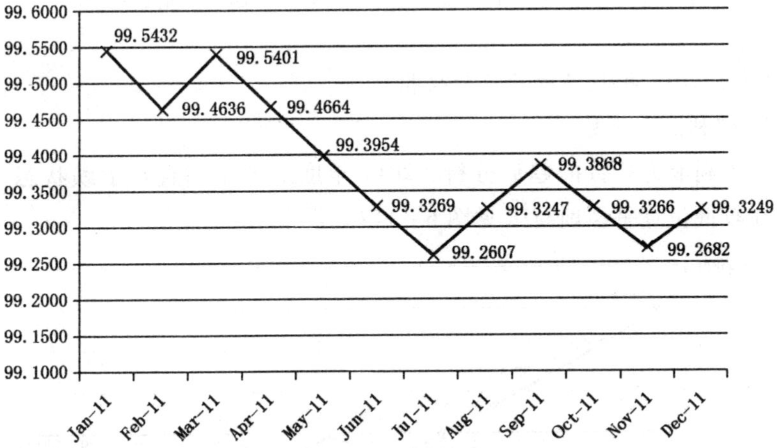

图 6－115　2011——批发和零售业——分项指数
——发展潜力指数趋势图

5. 批发和零售业财务“四力”指数

从 2011 年度富阳市批发和零售行业的盈利能力、偿债实力、运营活力与发展潜力所构成的综合趋势线分析，总体盘升的趋势值得肯定。不过，前五个月则出现了一升三降的“下坡路”情形，直到五月之后，则走上了连续数月接连攀升的格局。这与富阳市政府采取的扶持商业流通、减缓危机影响的地方政策不无关系（见图6－116）。

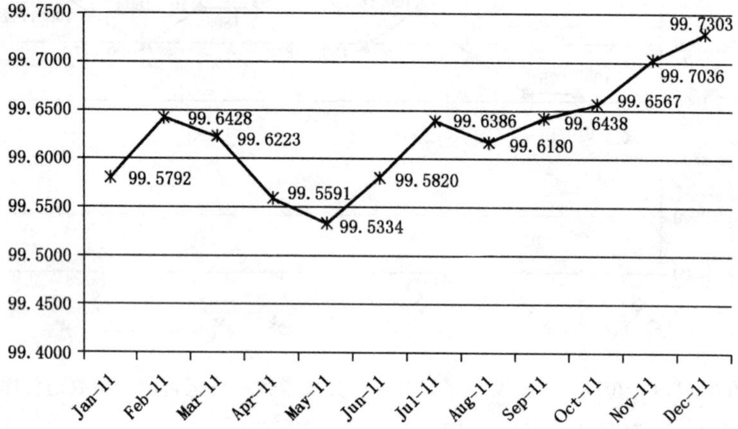

图6－116　2011——批发和零售业——财务“四力”指数趋势图

（六）2011年度房地产业分项指数

1. 盈利能力指数

从盈利能力指数的趋势分析，2011年度上半年一直在下跌状态，后半年在较低位置平缓前行（见图6－117）。

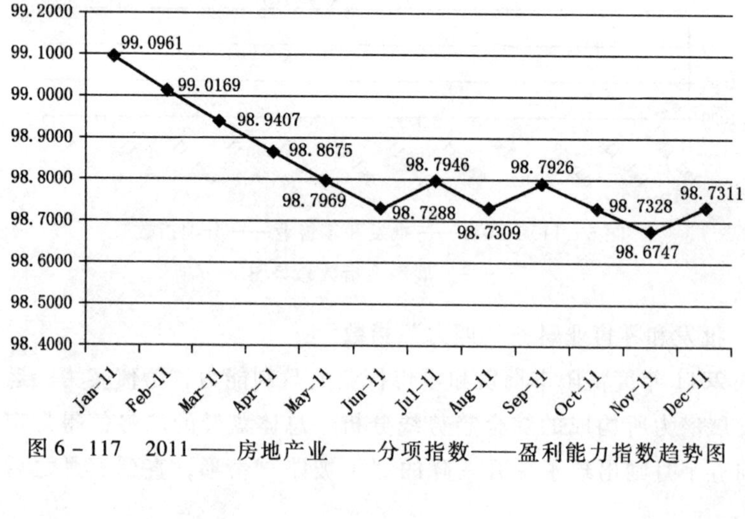

图6－117　2011——房地产业——分项指数——盈利能力指数趋势图

2. 偿债实力指数

从 2011 年度分月份的偿债实力指数趋势分析，前半年处于下坡路，后半年渐渐经过努力拾阶而上，稍有恢复（见图 6 - 118）。

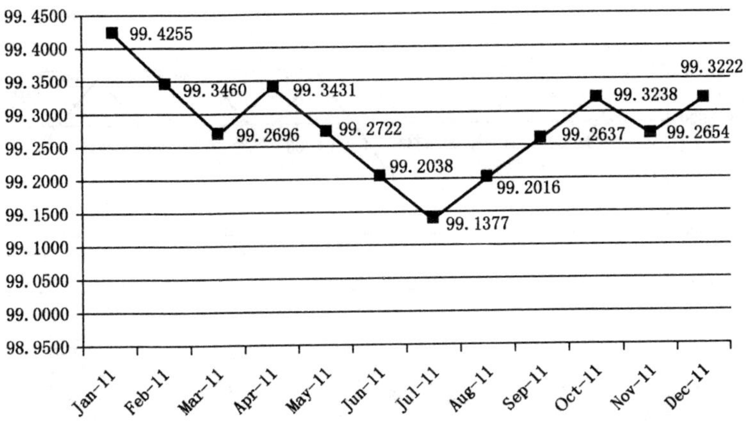

图 6 - 118　2011——房地产业——分项指数——偿债实力指数趋势图

3. 运营活力指数

从 2011 年度分月份的运营活力指数趋势分析，大半年处于振荡下行状态，四季度略有振荡，整体而言，表露出其下滑态势（见图 6 - 119）。

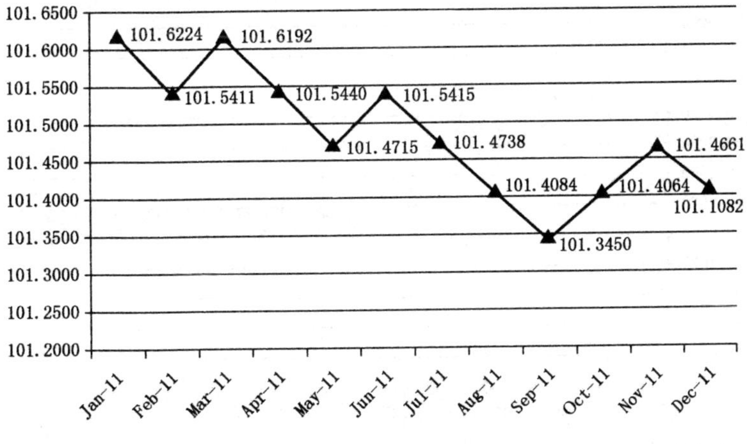

图 6 - 119　2011——房地产业——分项指数——运营活力指数趋势图

4. 发展潜力指数

从2011年度分月份的发展潜力指数趋势分析，全年在99.4622的低位与99.6101的高位振荡运行（见图6－120）。

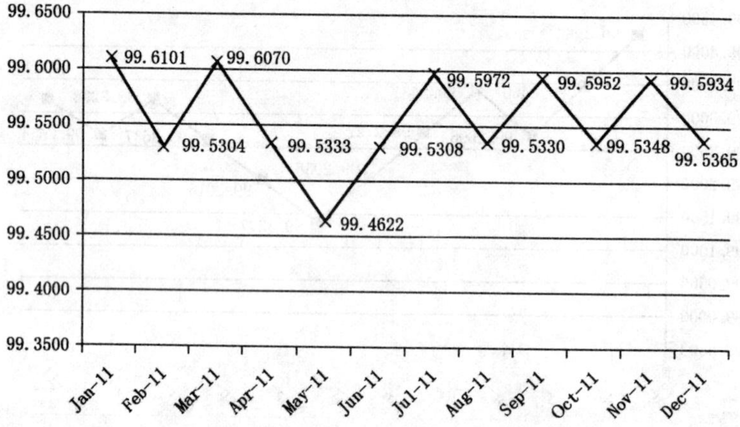

图6－120 2011——房地产业——分项指数——发展潜力指数趋势图

5. 房地产业财务“四力”指数

2011年度，在盈利能力的巨幅下降趋势影响下，融合偿债实力、运营活力与发展潜力等的综合指数，全年显现出持续的下降趋势，尽管其中个别构成月份略有涨幅，但是，基本平稳的趋势明显而确定（见图6－121）。

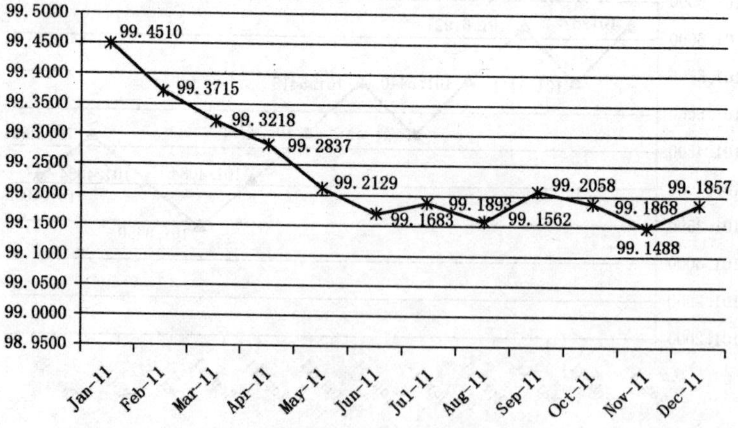

图6－121 2011——房地产业——财务“四力”指数趋势图

（七）2011 年度租赁和商业服务业分项指数

1. 盈利能力指数

从盈利能力指数的趋势分析，全年除了 3 月、4 月和 5 月明确下降外，其他各月显现出小幅振荡的基本格局（见图 6－122）。

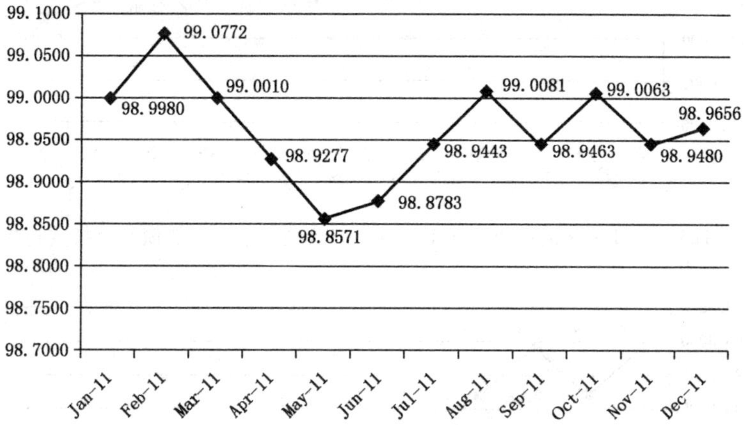

图 6－122　2011——租赁和商务服务业——分项指数——盈利能力指数趋势图

2. 偿债实力指数

从 2011 年度分月份的偿债实力指数趋势分析，全年前七个月直线下降，八月份之后才比较平稳地振荡前行。总体上看，这一行业的偿债能力显现出明显的萎缩与下沉态势，这为相关的企业与金融机构的银企合作关系或多或少地蒙了些许阴影（见图 6－123）。

3. 运营活力指数

从 2011 年度分月份的运营活力指数趋势分析，全年前七个月先振荡、后直线下降，八月份之后才比较平稳地振荡前行，期待回升（见图 6－124）。

4. 发展潜力指数

从 2011 年度分月份的发展潜力指数趋势分析，全年基本保持了振荡上行的状态，尽管宏观环境并未出现转机，但总体呈现低开稳走、稳中有

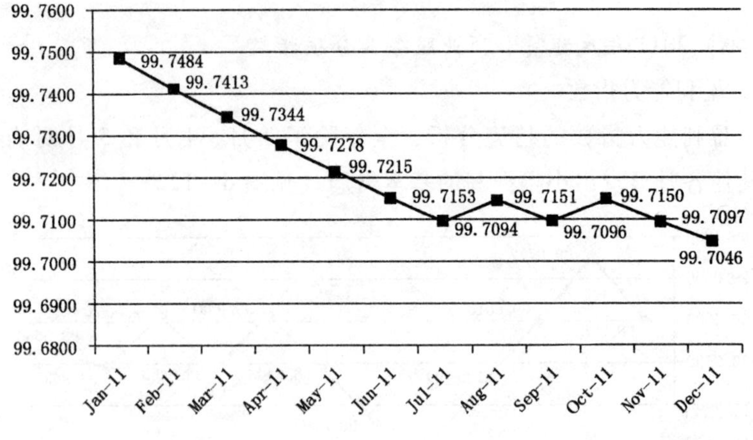

图 6-123 2011——租赁和商务服务业——分项指数——偿债实力指数趋势图

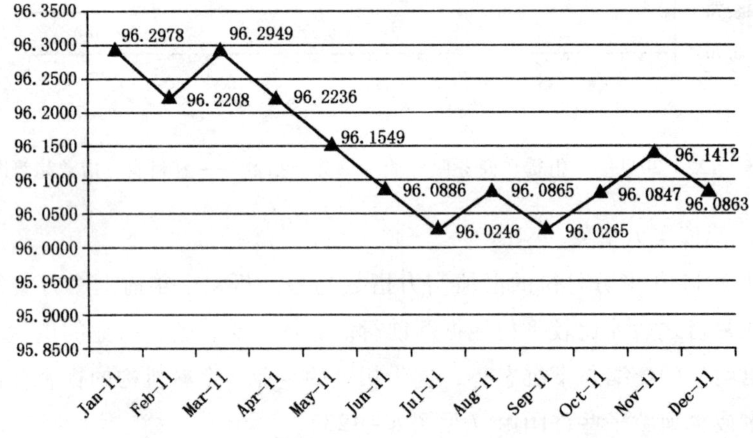

图 6-124 2011——租赁和商务服务业——分项指数——运营活力指数趋势图

升的态势（见图 6-125）。

5. 租赁和商务服务业财务“四力”指数

2011 年度，在盈利能力的巨幅下降通道影响下，融合于偿债实力、运营活力与发展潜力等的综合指数，尽管其中个别构成月份有涨幅，但是，基本平稳的趋势明显而确定。当然，一些不确定因素、结构性矛盾以及企业效益下滑等问题理当引起高度重视（见图 6-126）。

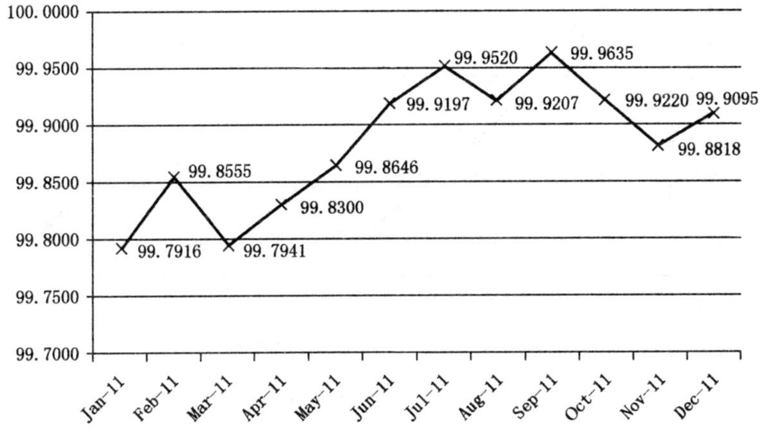

图 6-125　2011——租赁和商务服务业——分项指数——发展潜力指数趋势图

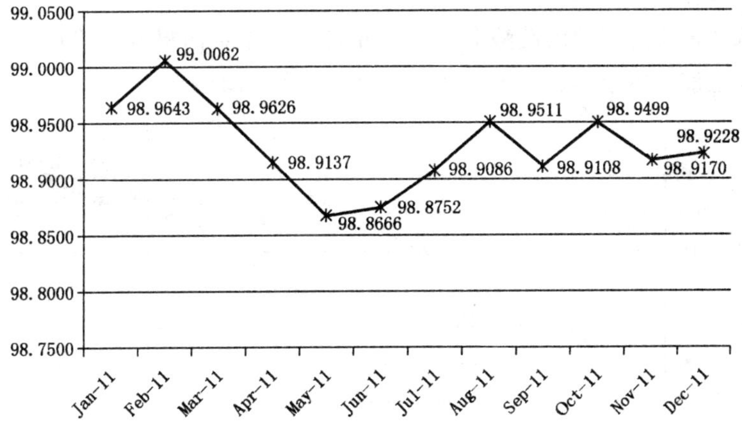

图 6-126　2011——租赁和商务服务业——财务“四力”指数趋势图

（八）2011 年度居民服务、修理与其他服务业分项指数

1. 盈利能力指数

从 2011 年度分月份的盈利能力指数趋势分析，前半年下坡路沿途而下，后半年渐渐经过努力拾阶而上，但是难以恢复（见图 6-127）。

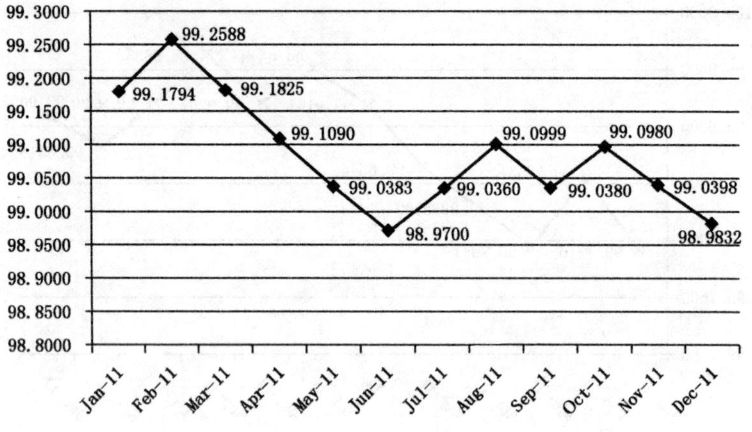

图 6 - 127　2011——居民服务、修理和其他服务业
——分项指数——盈利能力指数趋势图

2. 偿债实力指数

从偿债实力指数的趋势分析，全年持续而稳定的提升趋势比较明确。先直线上涨，后小幅度、波浪式提振（见图 6 - 128）。

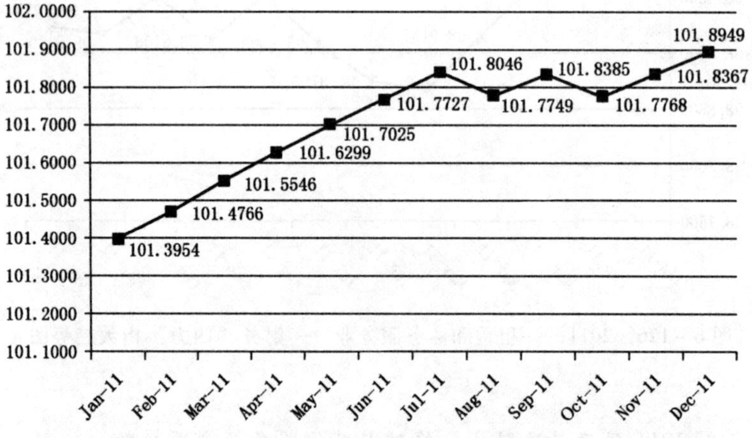

图 6 - 128　2011——居民服务、修理和其他服务业
——分项指数——偿债实力指数趋势图

3. 运营活力指数

从2011年度分月份的运营活力指数趋势分析，全年情况有所变化，前半年下坡路沿途而下，后半年渐渐经过努力拾阶而上，稍有恢复(见图6－129)。

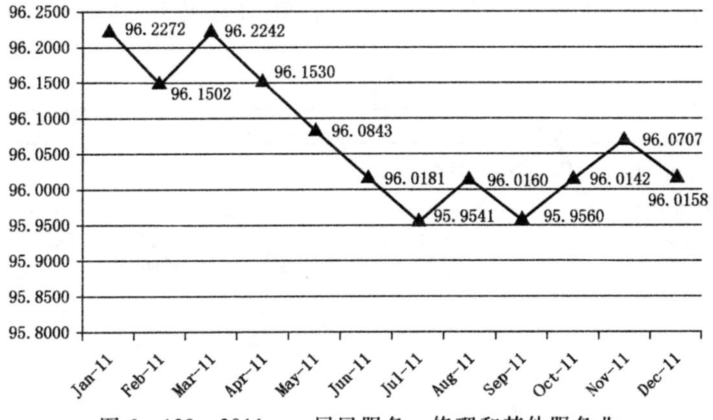

图6－129　2011——居民服务、修理和其他服务业——分项指数——运营活力指数趋势图

4. 发展潜力指数

从2011年度分月份的发展潜力指数趋势分析，五月份之后，即出现振荡中渐渐企稳回升的态势（见图6－130）。

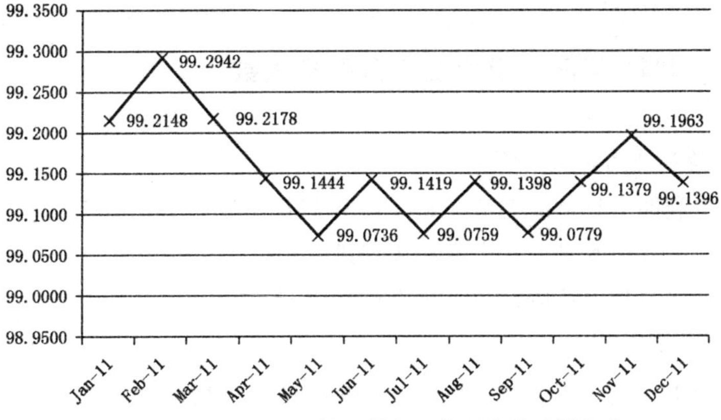

图6－130　2011——居民服务、修理和其他服务业——分项指数——发展潜力指数趋势图

5. 行业财务“四力”指数

2011年度，在盈利能力巨幅下降趋势影响下，融合偿债实力、运营活力与发展潜力等的综合指数，全年趋势显现出持续下降趋势，尽管其中个别构成月份有涨幅，但是，基本平稳的趋势明显而确定（见图6-131）。

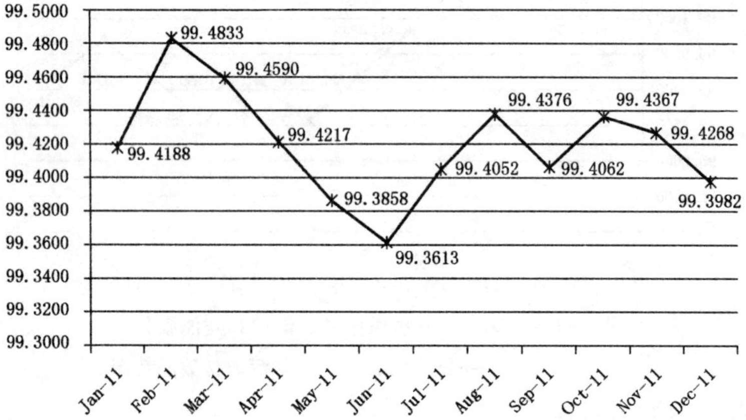

图6-131 2011——居民服务、修理和其他服务业数——“四力”指数趋势图

二、2011年度富阳企业综合财务指数

1. 盈利能力指数

从盈利能力指数的趋势分析，全年起伏不定，关注点随之动摇不定。利润率回到峰值水平，每个月的表现进一步扩张，前半年处于下坡路，后半年渐渐经过努力拾阶而上，稍有恢复（见图6-132）。

2. 偿债实力指数

从2011年度分月份的偿债实力指数趋势分析，全年直逼下降通道。表明尽管宏观环境并未能出现转机，但是企业具体筹划的债务情况比较满意（见图6-133）。

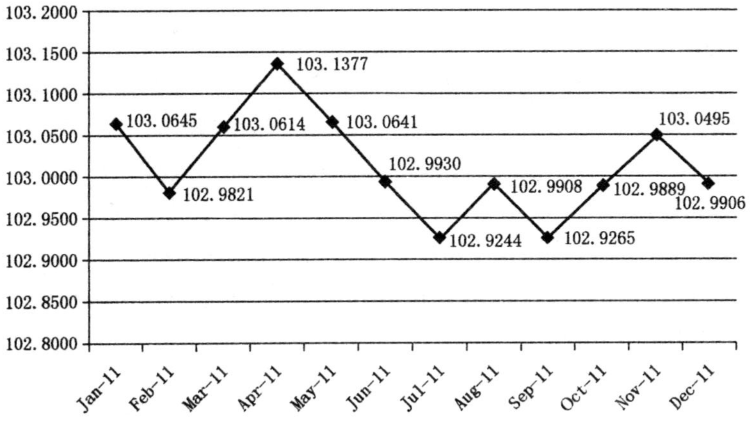

图 6－132　2011 年度企业盈利能力指数趋势图

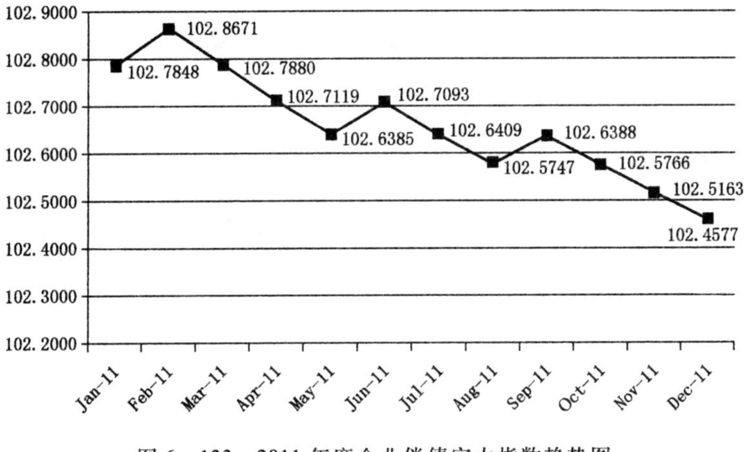

图 6－133　2011 年度企业偿债实力指数趋势图

3. 运营活力指数

从 2011 年度分月份的运营活力指数趋势分析，全年先扬后抑，上半年起伏间整体并不明确下降，下半年终于表露出其下滑态势（见图 6－134）。

4. 发展潜力指数

从 2011 年度分月份的发展潜力指数趋势分析，全年漂忽不定，直到

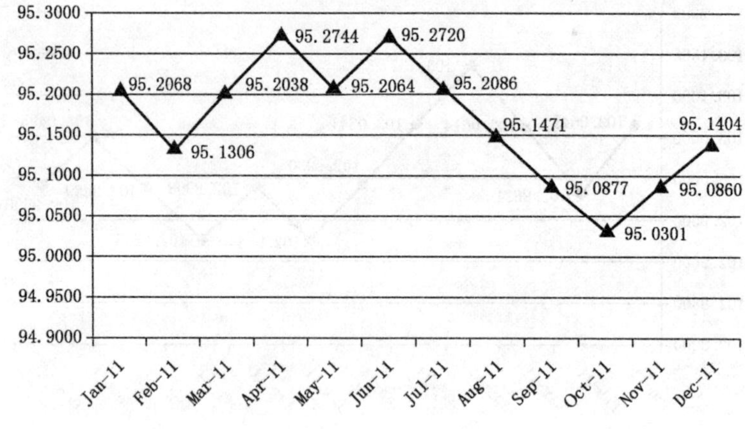

图 6－134　2011 年度企业运营活力指数趋势图

9 月前后才有一个高点，然后再度掉头向下。表明尽管宏观环境并未出现转机，但总体呈现低开稳走、稳中渐变的态势（见图 6－135）。

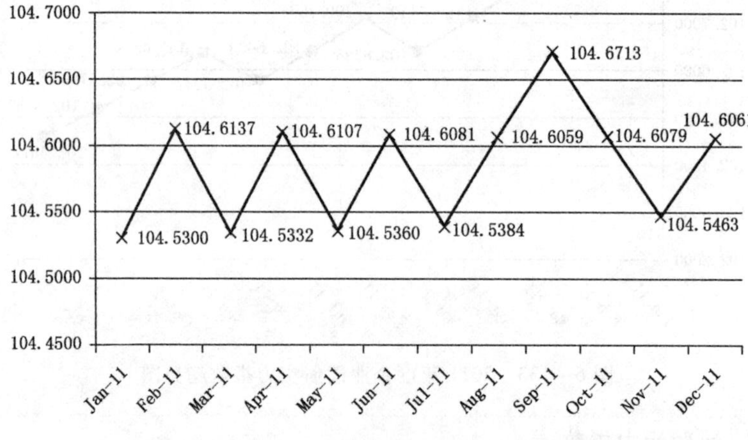

图 6－135　2011 年度企业发展潜力指数趋势图

5. 2011 年度富阳市企业财务“四力”指数

从 2011 年度分月份的发展潜力指数趋势分析，全年先下行，再筑底，后上行。表明尽管宏观环境并未能出现根本性的转机，但是在一些地方，政府应对政策已经见效，县域经济已经呈现低开稳走、稳中有升的态势。

这是富阳市整个县域经济在经历国际金融危机之后，面对严峻复杂的宏观经济形势，经济工作按照稳中求进的总基调，坚持“调结构、抓转型，重投入、兴实体”，扎实推进各项工作的良好结局（见图6－136）。

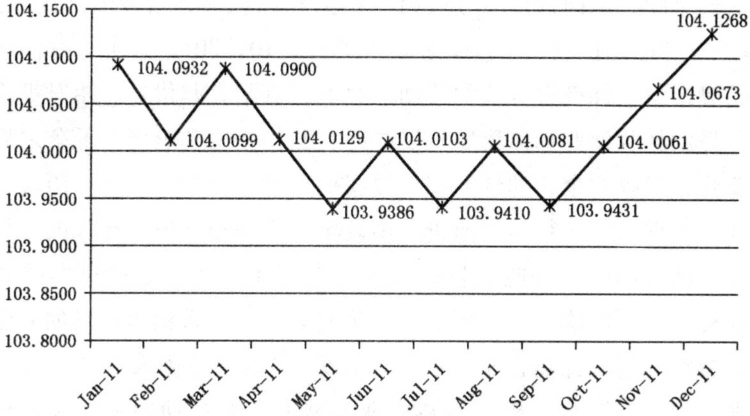

图6－136　2011年度企业“四力”指数趋势图

第五节 指数变异简析与小结

从2008年美国次贷危机引爆到中国启动四万亿元刺激计划的2011年，从历史长河看，弹指一挥间。这三年左右的春夏秋冬，是极不平凡、极不寻常的三年，不论国际经济还是中国经济，正在经历着由上升期进入下行期的关键调整时期。作为外向型经济成分浓烈的浙江省富阳市，其经济走向也面临着前所未有的挑战。前期经济还处于高位增长，随后便缓慢下滑，在宏观调控政策下，走保增长、扩内需、调结构之路，政策扩张预期强烈且持续，政策驱动力酝酿新增长点，制度改革释放的新需求和新市场成为重新启动市场需求和经济增长的引擎，转型升级步伐有所加快，内生动力和活力持续增强，节能降耗取得成效，当年确定的预期目标先后都得到了实现。

从三年间、不同行业的分类财务指数和综合财务指数的演绎轨迹看，分阶段、分项目地具体揭示和挖掘2009、2010、2011年度的内在规律与行为趋势，是一件极有价值的活动。其间，有跌宕起伏、有相对平稳。

一是农林牧渔业总体稳定发展。尽管其间猪价和鸡蛋在低落之后出现逆市反弹，欢呼之余，理性回归，让我们把镜头拉长——透视历次生猪周期，我们发现猪价运行多有曲折，离真正的底部预计还需漫长的等待。而保持长期涨价趋势的可能非特色农产品莫属了，尤其是以早春绿茶为代表，据称生产、收购、加工环节劳工价格升高，导致销售市场的升温和高档茶的持续走俏，此类企业一直经营活跃。“观光休闲农业健康发展+茶叶产业深度开发”成为整个特色农业发展的主要拉动因素。这三年的农林牧渔行业可谓“冻土春耕，秋实在望”。

二是第三产业比重达到新高度。在中国产业经济产能过剩渐渐显现的情形下，范畴广泛的服务业完全可以在供给改善、需求复苏的共同作用下，继续加快形成以服务经济为主的产业结构，第三产业对经济增长的贡献不断增强。相关指数显示，2009、2010、2011连续三年间全市第三产业实现增加值、以及盈利指数、发展潜力等腰三角形特征指标均显示出良好状态。在第三产业中，现代服务业、新兴服务业等发展态势良好，物流快递、电子商务等加快增长。其中，私营企业经济增加值相对突出。

三是工业主导经济的格局稳固。在工业立市战略下，一般制造业依然占居重要地位，集中各种资源向工业倾斜，举全市之力加快工业化进程，使工业成为全市主要的经济增长点。近年来该市工业经济总量不断扩大，工业能源消费量也随之上升，同时能源产出水平明显提高。但由于其化工、建材、造纸、电力等高能耗行业比重大，其规模以上工业的万元产值综合能源消费量明显在全省处于高耗能群体。如何加快富阳经济尤其是工业经济的转型升级步伐，成为该市走新型工业化发展道路所面临的重要课题。同时，对于国际危机影响下的外销业务而言，由于地方政府采取了多种扶持政策，外贸出口规模保持相对稳定，但是出口产品结构尚待优化。

四是房地产业过热过快。随着居民收入增加、消费结构升级，富阳市房地产在2009年短暂降温后又日益升温，房屋销售价格、房屋租赁价格、土地交易价格纷纷上涨。三年间持续走向火爆行情。尽管房地产行业指数显示：房地产市场总体上还是正常的，商品房尚未形成大范围的空置积压；虽然房价上涨较快，但房价在全省仍然最低，房价收入比还未突破合理区间；多数业主看好市场，个人购房的欲望和能力仍有一定的空间和潜力。但在该市房地产行业的景气背后仍隐藏着一些结构性矛盾：房地产企业规模偏小，资质偏低；二是住宅开发基本正常，但商业用房存量过大，而且仍在增加，商业用房价格已达到较高水平。

总之，通过分类财务指数和综合财务指数，深刻反思这三年，把指数编制实践中验证的得失牢记心中，远比具体的一行一业金钱得失更重要。面对企业在市场竞争中的未来环境，无论成功还是失败，如果能以正确的态度对待，未来无论有多大的风浪，自然也能泰然处之。“等知更鸟报春，那春天就快结束了。”历史的列车很快驶过三年，市场的洗礼、危机的阴霾、高度的开朗，渐次形成了边界与底线。

本项目凭借分类财务指数，从2009年到2011年连续三年的关键财务指数角度分析行业特征，作出科学的行业发展预测，帮助您发现更具成长潜力的行业，挖掘行业营销线索，拓展企业管理与控制策略，制定有效的行业营销策略和投资策略。这些都是探索性的，不足之处，恳请大家批评斧正。

第七乐章
终 曲

综合财务指数的乐章，在灿烂、辉煌、明亮的创作前奏之后，是稍快、流畅的理论建构，继而进入财务指数定位的价值观判断与编制方法论基础，再摘取现代综合评价方法的技术精华。而这些篇章，都是为一个地方样本的主旋律提供伴奏的，通过对地处于中国东部富阳市这一县域经济“块”状样本的指数编制，形成了综合财务指数的现代版乐章的基本轮廓。

当我们暂时将综合财务指数的具体研究成果做一阶段性收尾之后。我们的视线自然回归到当今社会科学成果与现实环境接口的一般性问题上来。综合财务指数属于社科成果，按照经济合作与发展组织（OECD）的定义，知识经济就是以知识为基础的经济，即建立在知识的生产、使用、分配与消费基础上的经济。虽然当今西方发达国家已基本进入知识经济时代，知识经济的形态在我国经济、社会的某些领域也已经渐现渐强。现实中，不论是自然科学，还是社会科学，其科研成果的推广应用都存在着“重视生产环节，忽视分配、使用与消费”、“重视研发，忽视应用”的情形。因此，如何加强综合财务指数这一类社科研究成果的转化与应用，在本身理论与案例的探讨结束之后，现针对其落地应用的特性，深入分析一下如图 7 - 1 所示的外部合理性与落地实战性问题。

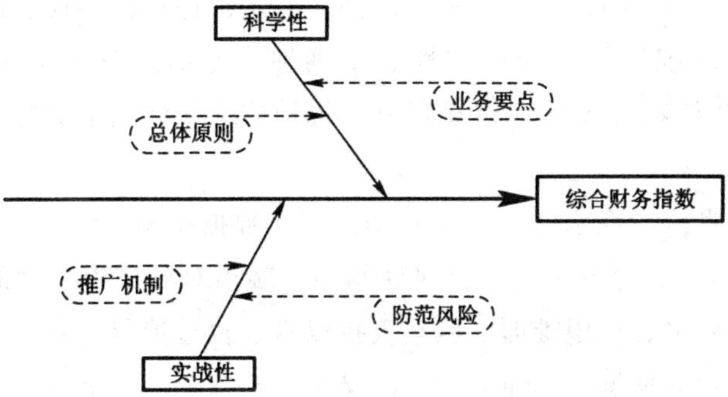

图 7－1　综合财务指数外部合理性与实战性示意图

第一节 提升综合财务指数理论严谨性的思考

一、持续思考综合财务指数落地的总体原则

平心而论，指数是一个高节奏生活环境下人们对事物认知高集成度要求下的新事物，从其出现的哲学视角看，完全符合事物运动和发展的内在机理。

一是牢记“春江水暖”的道理，承认指数是个“晴雨表”。北宋诗人苏轼著名的题画诗《惠崇春江晚景》里有一句让人至今传诵的著名诗句：“竹外桃花三两枝，春江水暖鸭先知”。寥寥几句，勾勒出早春江景的优美画境，尤其是那句“春江水暖鸭先知”，把画家、作者以及读者都没有亲身体验的水温冷暖，描绘得富有情趣、美妙传神。其实，自然界如此，借用定量分析来测度经济领域和社会生活的冷暖也是如此。财务数据分析的目的，本来就是利用问题的基本假定及包含在观测数据中的信息，作出尽量精确和可靠的结论。采取适当的抽样方法确保抽样的代表性，可有效地控制和提高统计推断的可靠性和正确性。比如此诗中除了“江暖鸭嬉”，还有“桃花初放”、“芦芽短嫩”等抽样结果共同来支持早春来临的结论。

二是要明白“在水一方”的哲理：善于数据挖掘。诗经秦风《蒹葭》的“在水一方”，抒发出主人公河畔倘佯，凝望对岸日夜思念的意中人之情，虽望穿秋水、可望难即，但其孜孜以求、执着追寻之意，颇有数据挖掘的意思。数据挖掘（Data mining）又称资料探勘、数据采矿，是指从数据库的大量数据中揭示出隐含的、先前未知的并有潜在价值的信息的一种决策支持过程。通过财务数据能够掘出潜在的模式，帮助决策者调整策略，减少风险，做出正确的决策。针对市场企业而言，数据挖掘是一种透过数理模式来分析企业内储存的大量资料，以找出不同的客户或市场划分，分析出消费者喜好和行为的方法。

三则要领会悟“上善若水”之理，决胜大数据。“上善若水，水善利万物而不争。”语出《老子》，意为最高境界的善行就像水的品性一样，泽被万物而不争名利。海量的大数据，最终能不能成为这样一种水，值得期待。大数据的原理在专业分析者的眼里并不复杂，从海量的、多样的、迅速更新的数据中实时“提纯”出有用信息，就是大数据的意义所在。越来越多的政府和企业，迅速涉足这隐藏在数据汪洋中的大金矿。大数据对数据存储的方式和格式没有特定的限制，这也增加了人们对数据安全性、应用性以及隐私保护的担忧。从良好愿望的角度来讲，大数据将在掌握各类用户行为的海量数据基础上，为人们提供各种最佳决策咨询和方案。而由谁来掌握和引导这些海量的“水”，促其成为“上善”，是在大数据热潮中亟需的冷思考。

二、持续思考综合财务指数落地的业务要点

不过，在此还应该作为尾声来深思这么几个问题：

一是如何增进综合财务指数评价工具的公信力。综合财务指数是一个

综合性指标或标志，不应只满足于简化的市场化排序，应该主要用于相关机构观察或财务管控专业的深度分析。同时，既可以作为一个最终结果（最终产品），也可以当作是一个中间过程（半成品），只要能够传播关于企业运行态势的“冷暖”认知和“风险”预警的正能量就行。

二是如何确保综合财务指数核心宗旨的现实性。针对现实原始财务指标中普遍存在的“多层嵌套”现象，即指标间的相关性与指标值的变异性，应该切实防范两种倾向：由于相关性过高引发信息重叠而删减此信息、或由于变异性过低引发信息缺失而忽略此信息，现实的做法应该是：以不影响指数体系的“全面性”与“代表性”为前提，真正体现“综合”之意，这也是需要引起注意的。

三是如何确保综合财务指数基础主体的有效性。是数据来源与体系构造。其原始基础最好是“公开”与“重复”的，以便将演绎验证作为一个理性选择的“度”。当然，应该通过统一财务数据源、统一信息采集线、统一编制信息流，借助于统一会计准则和相关规则的法定基础，从而确保原始数据、指数成品的可靠性和相关性。在实际工作中，关于编制机构与发布主体，要考虑到一个专业化的公共产品，先期可以通过学术机构产生与发布，或者在相关部门指导下，通过学会之类的社会团体进行编制与发布。

第二节 强化综合财务指数成果实战性的思考

通过上述制约和影响社科成果转化与应用工作的原因分析，针对我国社会科学成果转化与应用工作中存在的问题与社科成果本身的特征，本人认为可以采取以下对策与措施。

一、形成组织系统与市场机制双轮驱动的推广机制

一是认识上重视，组织措施到位。由于财务指数科研成果具有功效上的社会性特征，即一项财务指数科研成果如果推广得好，可以广泛被多个部门、多个企业甚至社会各界广泛应用和借鉴。从这一点看，它具有一定的公益性，有益于社会利益。因此，政府有关部门首先必须高度重视财务指数科研成果的推广应用，让其发挥最大社会效用。尤其是作为大量财务指数科研成果直接应用者的各级政府部门以及企业领导，更应当重视对社科研究成果的学习、了解、借鉴与运用，把相关社科研究成果作为决策的参考或依据，以此不断提高自身素质和科学决策水平。上级政府部门应加强对下级部门的监督，改变某些政府领导凭主观意识盲目决策、意气用事甚至独断专横的官僚主义作风，以减少其决策失误，避免造成重大损失。

二是注意研究相关发育环境及其市场机制。财务指数科研成果对于社会进步和经济发展的效益与自然科学成果的应用结果相比，具有潜在性、间接性、难测性，不如后者来得明显和直观、易统计，这在一定程度上影响了人们对财务指数科研成果转化的重视，制约了其应用与转化工作。

二、在积极推进指数的时代注重技术性风险的有效防范

在大数据时代，我们每天接触大量的数据。在大数据时代，数据的统计应该恰当地应用到它能起作用的地方，既不能把统计神秘化，也不能把统计作为掩盖实事的陷阱。但日常生活中，我们却发现有许多统计数据被误用和滥用的现象，这就需要我们去批判和辨别这些数据。

一是提防食洋不化、半生不熟的“理论”。我们一方面在科学技术方面非常强调与国际接轨，赶超世界先进水平，却忽略了在社会科学方面的研究也必须这样，而另一方面在有些研究领域又全盘西化。虽然西方发达国家他们在社会科学方面的诸多研究已是非常成熟、完善，尤其

是在法制建设、规范化管理等方面，但我们不能生搬硬套，不能全部照抄照搬，因为无论是从社会的体制，还是从人文的环境等诸多方面，我们都与西方发达国家存在非常大的差异。我们只能借鉴他们的这些成果，结合我国的国情和本地区的实际情况来做研究，这样既省力又省时，效果又好。

二是防范以偏概全的“样本”与“陷阱”。2011 年 1 月初，凤凰网与新生代市场监测机构联合主办的一项关于国人生活信条的大调查——“征集中国人的信仰”，凤凰网在网上发布了调查问卷，活动共收集了 63707 个有效样本，组织者称调查覆盖了来自社会各界、各阶层的人士。果真如此吗？对于第一个问题“您有自己的信仰吗?”，有 76.9% 的人回答“有”；然而对于第二个问题“您认为这是一个信仰缺失的时代吗?”，有 92.6% 的人回答“是”。这看似矛盾的结果是由于统计样本覆盖不全造成的，凤凰网将调查问卷挂在网上本身就屏蔽了平时不能上网、知识水平较低、家庭中经济条件不佳等人群，而凤凰网本身面对的受众也主要是受过一定程度教育的人，这类样本与普通中国民众是有一定距离的，因而多数人选择“有信仰”。对于第二个问题，他们依据是对于这个社会的总体印象去回答这个问题的，也就是对于许多受教育程度不如他们的人的印象来回答这个问题，所以看似矛盾的答案是受到调查方式的局限而造成的。

附录：

县域经济的综合样本编制之行业大类

		行业编码	行　　业
10000		10000	农、林、牧、渔业
	10100	10100	农业
	10200	10200	林业
		10210	林木育种和育苗
	10300	10300	畜牧业
	10400	10400	渔业
		10410	水产养殖
	10500	10500	农、林、牧、渔服务业
20000		20000	采矿业
	20600	20600	煤炭开采和洗选业
		20610	烟煤和无烟煤开采洗选
	20700	20700	石油和天然气开采业
	20800	20800	黑色金属矿采选业
		20810	铁矿采选

续表

		行业编码	行　　业
	20900	20900	有色金属矿采选业
	21000	21000	非金属矿采选业
		21010	土砂石开采
	21100	21100	开采辅助活动
30000		30000	制造业
	31300	31300	农副食品加工业
		31310	谷物磨制
	31400	31400	食品制造业
	31500	31500	酒、饮料和精制茶制造业
	31600	31600	烟草制品业
	31700	31700	纺织业
	31800	31800	纺织服装、服饰业
	31900	31900	皮革、毛皮、羽毛及其制品和制鞋业
		31910	皮革鞣制加工
	32000	32000	木材加工和木、竹、藤、棕、草制品业
		32010	木材加工
	32100	32100	家具制造业
	32500	32500	石油加工、炼焦和核燃料加工业
	32600	32600	化学原料和化学制品制造业
	32700	32700	医药制造业
		32710	化学药品原料药制造
	32800	32800	化学纤维制造业

续表

		行业编码	行　业
	32900	32900	橡胶和塑料制品业
	33000	33000	非金属矿物制品业
		33010	水泥、石灰和石膏制造
	33100	33100	黑色金属冶炼和压延加工业
		33110	炼铁
	33200	33200	有色金属冶炼和压延加工业
	33300	33300	金属制品业
		33310	结构性金属制品制造
		33321	切削工具制造
	33400	33400	通用设备制造业
		33410	锅炉及原动设备制造
	33500	33500	专用设备制造业
		33577	棉花加工机械制造
	33600	33600	汽车制造业
		33610	汽车整车制造
	33700	33700	铁路、船舶、航空航天和其他运输设备制造业
	33800	33800	电气机械和器材制造业
		33810	电机制造
	33900	33900	计算机、通信和其他电子设备制造业
	34000	34000	仪器仪表制造业
	34100	34100	其他制造业
		34110	日用杂品制造

续表

		行业编码	行　　业
	34200	34200	废弃资源综合利用业
	34300	34300	金属制品、机械和设备修理业
40000		40000	电力、热力、燃气及水生产和供应业
	44400	44400	电力、热力生产和供应业
		44410	电力生产
	44500	44500	燃气生产和供应业
	44600	44600	水的生产和供应业
50000		50000	建筑业
	54700	54700	房屋建筑业
	54800	54800	土木工程建筑业
	54900	54900	建筑安装业
		54910	电气安装
	55000	55000	建筑装饰和其他建筑业
60000		60000	批发和零售业
	65100	65100	批发业
		65125	盐及调味品批发
	65200	65200	零售业
70000		70000	交通运输、仓储和邮政业
	75300	75300	铁路运输业
	75400	75400	道路运输业
		75410	城市公共交通运输
	75500	75500	水上运输业

续表

		行业编码	行　业
		75510	水上旅客运输
	75600	75600	航空运输业
		75610	航空客货运输
	75700	75700	管道运输业
	75800	75800	装卸搬运和运输代理业
	75900	75900	仓储业
		75910	谷物、棉花等农产品仓储
	76000	76000	邮政业
80000		80000	住宿和餐饮业
	86100	86100	住宿业
	86200	86200	餐饮业
		86210	正餐服务
90000		90000	信息传输、软件和信息技术服务业
	96300	96300	电信、广播电视和卫星传输服务
	96400	96400	互联网和相关服务
		96410	互联网接入及相关服务
	96500	96500	软件和信息技术服务业
		96510	软件开发
100000		100000	金融业
	106600	106600	货币金融服务
	106700	106700	资本市场服务
		106710	证券市场服务

续表

		行业编码	行　　业
	106800	106800	保险业
	106900	106900	其他金融业
		106910	金融信托与管理服务
110000		110000	房地产业
		117010	房地产开发经营
120000		120000	租赁和商务服务业
	127100	127100	租赁业
	127200	127200	商务服务业
130000		130000	科学研究和技术服务业
		137300	研究和试验发展
		137400	专业技术服务业
		137410	气象服务
140000		140000	水利、环境和公共设施管理业
		147600	水利管理业
		147800	公共设施管理业
		147810	市政设施管理
150000		150000	居民服务、修理和其他服务业
		157900	居民服务业
		157910	家庭服务
		158000	机动车、电子产品和日用产品修理业
		158010	汽车、摩托车修理与维护
		158100	其他服务业

续表

		行业编码	行　业
160000		160000	教育
		168200	教育
		168210	学前教育
170000		170000	卫生和社会工作
		178300	卫生
		178310	医院
		178400	社会工作
		178410	提供住宿社会工作
180000		180000	文化、体育和娱乐业
	188500	188500	新闻和出版业
	188600	188600	广播、电视、电影和影视录音制作业
	188700	188700	文化艺术业
		188710	文艺创作与表演
	188800	188800	体育
	188900	188900	娱乐业
190000		190000	公共管理、社会保障和社会组织
		199000	中国共产党机关
		199190	其他国家机构
200000		200000	国际组织
		209600	国际组织

主要参考文献

1. （法）让－路易·布尔森（Jean－Louis Boursin）著，戴达民译：《价格指数》，商务印书馆2004年版。

2. （英）彼得·坦普（Peter Temple）著，李月平译：《神奇的指数——走进经济指数》，经济科学出版社2003年版。

3. （美）罗纳德W. 希尔顿（Ronald W. Hilton）著，杜美杰、陈宋生译：《管理财务学：在动态商业环境中创造价值》（原书第7版），机械工业出版社2009年版。

4. （英）唐纳德. 沃特斯著，林润生、吴雅辉、陈树良译：《用数字管理公司》，中国市场出版社2010年版。

5. （美）约翰J. 怀尔德（John J. Wild）著，孙坤等译：《财务为决策提供的信息》（原书第4版），机械工业出版社2008年版。

6. 王保平、陈满娜著：《综合财务指数——大数据时代的会计新能量》，中国财政经济出版社2013年版。

7. 刘亮等著：《工业生产指数理论、编制、实践》，中国统计出版社2000年版。

8. 李维安等著：《公司治理评价与指数研究》，高等教育出版社2005年版。

9. 黄世忠主编：《财务报表分析：理论·框架·方法与案

例》，中国财政经济出版社 2007 年版。

10. 王军："深入贯彻企业会计准则通用分类标准，促进会计更好地服务经济社会发展"，《会计研究》，2011 年第 2 期。

11. 王化成等："加强会计指数研究全面提升会计在经济社会发展中的影响力"，《会计研究》，2012 年第 11 期。

12. 许娟："中国上市公司财务指数的初步构建"，西南财经大学论文，2004 年。

13. 杨轶、张友棠："时序多指标动态决策方法财务指数综合评价"，《财会通讯》(综合)，2008 年第 5 期。

14. 马春爱："企业财务弹性指数的构建及实证分析"，《系统工程》，2010 年第 10 期。

15. 赵德武等："中国上市公司财务指数编制：意义、思路与实现路径"，《会计研究》，2012 年第 12 期。

后　记

在这个以海量信息为特征的市场经济与网络环境高度融合的时代，不论是传统的规则数据，还是非结构化数据，都将在经过专业数据挖掘之后成为富含价值的“金矿”。因为这些数据包含着一定的能量，只需要你我能够慧眼洞察。面对庞杂的数据海洋，急需一个有效的工具去抽丝剥茧，既需要从源头上去管理好组织好数据，又需要对产生出来的数据进行专业挖掘，这将是一项使命性的专业创新。作者于2007年完成“国有资本监管博弈论”的研究之后，就开始考虑如何选取一个新的研究切入点。经过美国次贷危机对中国企业尤其是外贸依存度极高的长三角地区的企业冲击之后，2009年夏末秋初，作者开始启动“中国企业综合财务指数”这一项目的研究工作。此后，一直平淡而艰难地在时冷时热中推进，在深秋里收获，而今适逢一场好大雪，瞬间将北京妆扮成一个银装素裹的美丽的冬世界。正所谓太史公在《史记——太史公自序》中说：“夫春生夏长，秋收冬藏，此天道之大经也。弗顺则无以为天下纲纪。”这场雪仿佛在提醒我们，到了该盘点、收藏和为明春准备种子的时候了。

回顾2007年的换题开始，到现今的“收获”到手，这可能是碰到了那个敏感的数字“7”的缘故。据说七年之痒是有生理学道理的，其核心内容是说人的细胞更新要经历一个七年的周期。通俗地说，七年前的那批细胞在七年后的今天将带着它们所饱含的情感与理性退出“历史的舞台”。如果一对恋人或者夫妻严重依赖于七年前的“细胞”基础而不追求 co - development（即所谓与时俱进之意），那么他们则有遭遇七年之痒的极大风险。

就我们自身的科研经历而言，一个项目的推进过程必须是夹杂着痛苦的过程，而不可能一帆风顺。当此项目完成并将文稿整理成书之际，这种过程中的种种痛苦经历涌上心头：一曰，痛苦意味着精力上的自我挑战。创新的科研课题绝对是对科研工作者思维和精力的一种挑战，我们只是普通思考者，而非什么科研天赋超常之人，是通过自身加倍的“卖力”期待换取一个好的科研成果。经常感觉是这样，一天两天不阅读、不动笔，就生怕荒废了而拾不起来。而当集聚精力潜伏于一件事近乎极限状态时，又必然在夜读参考书、上网查资料、跑数据等长时间伏案中唤醒了颈椎病的一阵痛过一阵。二曰，痛苦意味着知识深度应用的挑战。我们为了解决一个个技术问题而搜肠刮肚、冥思苦想，这恰恰是在不断深化曾经学过的知识，是一种不断的提炼和加工，最终得到有意义的组合，或许才能解决一个有挑战的问题。对于一个知识点而言，一般性学习与实战性、应用性的使用完全是两个层次的。科研项目中的知识点应用，显然并不是轻松的，这需要更加深邃的知识理解、需要重新认知与梳理排列，需要肩负着深度加工与适度改造。三曰，痛苦意味着黑夜中摸索之后光明的到来。做科研没有一条康庄大道，也没有完全可复制的成功之路，每一个成功者必定都是耕耘者，但是许多耕耘者却没有最终走向成功。没有精准的方向感、没有成熟的技术和联络渠道，一切都是不确定的“雾霾”，这种心态会时不时伴随着你并可能让你抑郁。不过，风雨之后，就有可能赢得彩虹。四曰，痛苦意味着自我承认的开始。科研领域是一个相对平等的世界，大家都必须独立自主地创造，都必须面对既有文献与专业的挑战，并最终获得承认。但是获得承认的过程常常会是一个艰难的去除拐杖的过程，甚至是一个恐惧或失落的痛苦过程。

科研过程的痛苦体验可能就是一个想担当科研重任者的基本素养吧！我们觉得围绕财务指数的研究之路，既不是第一次痛苦之旅，也不可能是最后一次痛苦之旅。同时，陪伴我们前行并给予我们指导的大有人在：

财政部财政科学研究所前所长贾康研究员、中央财经大学王君彩教授和浙江省财政厅蒋振成教授级高级会计师全程参与了此项目的筹划与思路的规划，他们也认为这次研究与创作在一定意义上是对科学发展观的一次实践，我们非常认同、非常感谢。

重庆工商大学计量经济学专家刘成杰教授给予了相关数学模型方面的指导性见解，让我们茅塞顿开。

加拿大麦吉尔大学王榛楠，中央财经大学研究生应佳、杨萍，浙江工商大学研究生唐一玉在协助数据整理与处理方面作出了相应的工作，在此一并致谢。

我们直接采集富阳市[①]的原始数据是在没有经验可资参照的情况下的锐意探索，属于摸着石头过河。我们在“痛”过数年

① 在本书即将付梓之际，2014 年 12 月 25 日媒体报道了国务院关于同意浙江省富阳市撤市设区、以原先富阳市行政区域为杭州市富阳区行政区域的新闻。当然，本书业已成品，原样记载为妥。

之后，重新反省，大胆创新。不敢说我们所做的是非常科学的，但至少是秉承科学精神的一个良好开端。西窗含雪色，回首看评选。

杀青之际，伏案良久，希望本书能成为创造性地使用财务数据的一次有益的尝试。

作　者

2014 年 11 月 12 日